数字经济管理系列丛书

利益相关者视角下战略性企业社会责任与企业非财务绩效关系的实证研究

付鸿彦　著

中国财富出版社有限公司

图书在版编目（CIP）数据

利益相关者视角下战略性企业社会责任与企业非财务绩效关系的实证研究／付鸿彦著．—北京：中国财富出版社有限公司，2020.6

（数字经济管理系列丛书）

ISBN 978－7－5047－7180－3

Ⅰ.①利…　Ⅱ.①付…　Ⅲ.①企业责任—社会责任—关系—企业绩效—研究—中国　Ⅳ.①F279.2

中国版本图书馆 CIP 数据核字（2020）第 110031 号

策划编辑　张　茜　谢晓绚　　**责任编辑**　张冬梅　李　如
责任印制　尚立业　　**责任校对**　卓闪闪　　**责任发行**　白　昕

出版发行　中国财富出版社有限公司
社　　址　北京市丰台区南四环西路 188 号 5 区 20 楼　　**邮政编码**　100070
电　　话　010－52227588 转 2098（发行部）　　010－52227588 转 321（总编室）
　　　　　010－52227588 转 100（读者服务部）　　010－52227588 转 305（质检部）
网　　址　http：//www.cfpress.com.cn　　**排　　版**　宝蕾元
经　　销　新华书店　　**印　　刷**　天津市仁浩印刷有限公司
书　　号　ISBN 978－7－5047－7180－3/F·3171
开　　本　710mm×1000mm　1/16　　**版　　次**　2020 年 7 月第 1 版
印　　张　18　　**印　　次**　2020 年 7 月第 1 次印刷
字　　数　304 千字　　**定　　价**　68.00 元

前 言

《利益相关者视角下战略性企业社会责任与企业非财务绩效关系的实证研究》终于如期出版了。本书着眼于我国经济发展进入新常态的现状，在保持经济平稳健康发展的同时实现就业稳定、民生改善和生态良好，离不开企业对社会责任的切实履行，如何指导企业积极承担社会责任，使其成为有竞争力和生命力的企业成了当前学界的一个前沿研究领域。

本书借鉴利益相关者理论，从与客户创造共享价值的视角，探讨企业社会责任为企业创造非财务绩效的途径和机制，落实习近平总书记在网络安全和信息化工作座谈会上强调的“只有积极承担社会责任的企业才是最有竞争力和生命力的企业”的要求。

本书主要分为理论和实证两个部分。在理论部分：首先，本书分别阐述了战略性企业社会责任和非财务绩效的内涵和定义。其次，对前人关于企业社会责任对非财务绩效影响的研究结论进行了归纳与总结，再根据利益相关者理论将企业的社会责任划分为企业对客户的责任和对员工的责任，进而从理论上分别分析了企业对这些利益相关者履行社会责任对非财务绩效的影响。最后，根据突出利益相关者理论，单独分析战略性企业社会责任与员工和客户的关系及其对企业非财务绩效的影响。在实证部分：首先，基于质性研究的扎根理论，研究两个特大型代表性企业的员工和客户这两个突出利益相关者群体的典型案例，历时 2 年，调查 900 多人次，开创性地提出并验证了员工和客户社会责任满意度的指标体系，针对员工和客户这两个突出利益相关者构建了具体衡量企业社会责任的定量指标。其次，选取组织学习、创新绩效和企业形象作为衡量企业非财务绩效的指标。最后，选取了 400 余家制造业上市公司为样本进行实证研究，通过构建模型对战略性企业社会责任和非财务绩效之间的关系进行了回归分析，根据回归分析的总体结果来看，战略性企业社会责任和非财务绩效之间基本是正相关关系，这说明企业履行社会责任是能够明显提高其非财务绩效的。

本书将质性研究与量化研究相结合，既有理论构建，又有实践反思。通过对文献的梳理，明确了战略性企业社会责任的内涵与外延，确定了研究的范围。研究基于利益相关者群体的权力性、合法性和紧迫性等核心要素分析，突出利益相关者的识别标准、识别程序及重要意义，探索出一套识别企业社会责任领域突出利益相关者的程序、标准，结合案例，分析企业如何识别传统社会责任与战略性社会责任，如何正确履行战略性企业社会责任，如何识别和区分突出利益相关者群体并给企业带来积极的回报。在现有的研究基础上创造性地提出以客户为中心的战略性企业社会责任模式，并结合一个特大型制造业企业和一个特大型新能源企业的案例，分析企业如何履行战略性企业社会责任，如何识别突出利益相关者，如何将突出利益相关者的关系管理与企业社会责任履行及企业战略的实现有机结合起来。选取400余家制造业上市公司为样本进行实证研究，直面经济新常态过程中企业社会责任意识淡薄、战略定位不高等新情况、新问题，回答企业履行社会责任能不能有非财务回报，怎样有非财务回报以及有什么样的非财务回报等企业关心的重大理论与现实问题，提出企业只有尊重和满足突出利益相关者的需求，例如保障员工和客户群体的利益，与各个突出利益相关者建立良性、和谐的互动关系，才能营造良好的内外部环境，增加企业提高非财务绩效的机会。这种将来自突出利益相关者的压力转化为动力的过程，正是企业履行社会责任由盲目随性到战略自觉的过程。

本书的适用对象为企业中高层管理人员、高校师生以及其他相关研究工作者。本书凝结着众多人的智慧。感谢河北大学管理学院段洪波院长的大力支持与指导！感谢承担本书出版的中国财富出版社有限公司，全社上下为本书编辑出版付出了辛勤劳动，在此表示由衷感谢！感谢河北大学外国语学院的李然、张宇平、姚少品、徐文倩、许欣、邹雅同学，他们在英语资料的收集与整理方面做了大量工作，李然、张宇平承担了本书的校对工作，李然还统筹了一部分书稿。感谢河北大学管理学院的高仕鹏、戈蕊珍、艾心同学，他们在数据分析与整理方面亦贡献了智慧和力量。最后还要对为本书出版给予关心与支持的其他领导与师友表示衷心感谢！

目　录

1 绪论

本章主旨在于对全书内容进行简要介绍，从研究问题背景入手梳理研究思路，确定本研究的关键点和维度，解释如何严格运用科学量化方法步骤，从利益相关者视角下展开战略性企业社会责任对企业非财务绩效影响的重点研究，结合理论与实践需要，简单说明现代企业在新的时代发展条件下提升企业社会责任战略绩效的创新内容。

1.1 问题的提出与研究意义

1.1.1 研究背景

随着企业发展进入全方位竞争时代，企业社会责任的履行成为构成核心竞争力的不可或缺的关键要素之一。企业社会责任思想融入企业经营发展规划的研究最早起源于20世纪初的美国社会，Howard R. Bowen在其1953年出版的《商人的社会责任》中首次对其适用性进行了论证。早期的企业社会责任由于缺乏系统的理论指导，以及第一次工业革命后直观反映出的社会问题是贫富差距的悬殊，企业社会责任的履行较为简单地体现为捐赠，更多的是企业所有者的一种自愿性帮扶行为，通过捐款、食物发放等慈善行为打造企业品牌，拓宽产品的销售市场，扩大经营效益。到了20世纪50年代，美国民众生活水平整体获得提升，社区事业得到蓬勃发展，这一时期众多美国企业为了履行企业整体责任逐步参与社区发展事业中并扮演了不可或缺的角色，这一时期的企业家们将企业社会责任受益主体从消费者开始扩大，开始更多地关注企业相关者。而到了20世纪60年代中期，在能源革命促进工厂大生产的背景下，生态环境问题日益随着社会整体生产规模的扩大而被放大，企业开始被迫关注制约生产力与产品质量的生态问题，承担起更多的企业社会责任。而20世纪80年代至今，企业社会责任发展到了全新的阶段。由于20世纪50年代在美国开始的企业“双权分离”变革，企业的实际管理者和所有者发生了分离，企业社会责任履行主体也就转移到实际管理者身上。利益相关者理论的诞生，一开始带来了企业管理责任制的转变，企业管理者不再对企业主负责而更多对股东负责，企业社会责任的决策也更多地体现在股东权益上。经过长时间的演变与沉淀，企业社会责任的履行得到多数企业的认同，企业经营者为实现更大的企业效益主动寻求、承担社会责任。根据三重底线原则，企业经营过程中的经济效益、社会效益与环境效益三者结合最大化时才能实现企业整体效益的最大化。这就代表着企业履行社会责任的初衷由单纯追求利润最大化到实现企业可持续发展，这种改变带来的企业社会责任也转变为战略性企业社会责任。当然这其中单一地考虑消费者、客户来制订企业社会责任实施方案也不合时宜，现代企业要考虑股东、员工、供应商等内部角色，还要考虑同业竞争者、政府等外部角色，这种利益相关者扩大和战略性企业社会责任有着必然的联系，所以本书主要参考利益相关者理论展开研究。

自20世纪80年代开始，我国开始将企业社会责任思想引入企业具体经营中。改革开放初期，众多企业处于生命周期的萌芽阶段，资本积累以及利润最大化是企业经营者最为注重的，这样的经营策略带来了生态环境破坏、资源利用效率低下等一系列问题，在此背景下，我国企业履行企业社会责任的主要方式便是改善环境。近年来，企业外部科学技术条件的升级带动了产业升级，促进资源转化比率持续上升，这些变化也对新的时代发展背景下的企业社会责任有着新的要求。自党的十八大以来，我国一系列“保就业、保民生”的政策措施相继落地，企业在此背景下，为实现自身核心竞争力提升，要不断保障就业环境和员工素质水平，不再单一地依靠价格而是综合运用品牌以及产品服务质量来赢得口碑，不断重视供应链区间协作能力提升来保障投资回报率，重视内外部技术研发，扩大产品附加值。

通过这些改变不难发现，这些举措从企业内外部各个角色入手，实现企业可持续发展的战略性企业社会责任，但更多地从考虑财务指标的优化转变为非财务指标的优化。

通过对现有利益相关者战略性企业社会责任的研究梳理发现，近年来，该研究主体受到了国内外学者的广泛讨论，一些学者从利益相关者的角度为企业更好履行战略性企业社会责任以提升经济效益提出新的思路，还有部分学者重点关注战略性企业社会责任的内涵，以优化企业内外部战略规划为出发点提出新的发展道路。基于利益相关者视角对战略性企业社会责任的非财务绩效的研究较少，原因在于缺乏相关统计量表，但随着该研究的深入，对于非财务绩效的运营绩效和企业效能的量化模型已初步构建，基于此，本研究具有良好的理论和现实研究背景，可填补我国在战略性企业社会责任的非财务绩效影响方面的空白。

1.1.2 研究意义

1.1.2.1 理论意义

本书对于影响战略性企业社会责任的利益相关者进行了建模细化。目前对于企业社会责任的利益相关者研究多数从企业内外部进行划分，也有少数学者从企业内外的重视关联度进行划分，这种分类方式下重点关注的是调查者的整体特性，选取调查对象的随机误差带来的干扰选项众多，最终皆无法保证研究具有充足科学论证性。本研究从利益相关者理论内部的人文属性的多样性入手，剖析众多利益相关者所分属的特性阵营，以不同的分类属性进行分化，使得企业内部管理主体重点关注与实际的利益相关者的实质关系，进而实行具有针对性、保障性的战略性企业社会责任措施。本研究参考企业社会责任模型的分类标准将利益相关者划分为潜在型、可自由裁量型、苛求型、主导型、依赖型、危险型以及确定型。通过这种分类重点优化属性间的利益组合，找到最优变量的拟合区间，以补充现有理论中对于相关者的契合性排列。

研究重点解决在现有理论框架中缺乏战略性企业社会责任的非财务绩效研究空白问题。本研究将企业社会责任相关的非财务绩效进行分析说明，重点通过交叉比对找到企业绩效中的财务绩效、运营绩效和企业效能之间的差异点，进行详细论证。通过过程论证，构建多方联动下的模型基础，将非财务绩效指标加以明确统计，重点关注员工与客户的非财务绩效相关战略性企业社会责任评价，运用质性方法从期望角度分别归纳总结6大提升企业社会责任感的主题。从量化角度对5个假设加以证明，明确企业战略举措、主要利益相关者与企业社会责任之间的关系，从多维度把握利益相关者对战略性企业社会责任的显性影响，证伪了企业规模能够调节战略性企业社会责任与企业非财务绩效的联系，验证了整体理论模型的科学性。

1.1.2.2 实践意义

首先，本研究得出从非财务绩效角度来看，顶层设计发挥更多的指导性作用，能切实鼓励企业完善自身战略性企业社会责任。通过质性研究过程来看，强制性政策的实际落地效果并非良好，且目前的重点在于缺乏规范企业履行战略性企业社会责任的法律体系，本研究将从各个量化指标的实际测量效应为科学立法提供实用性建议，从与我国多个行业领域内多名杰出企业家的实际访谈中归纳总结出企业实际发展过程的切实需求，保障政策引导过程中的适用性。通过实际案例分析，证实企业在履行战略性企业社会责任过程中自发形成的正向效应，借此明确政府在管理企业履行社会责任、实现社会价值中应扮演疏导角色的现实合理性。

其次，本研究论证了企业将积极履行社会责任纳入经营原则的关键性。本研究运用企业社会责任模型的相关数据，检验了要素之间的实际关联性，明确验证了主动制定战略性企业社会责任履行措施的企业在市场竞争中的显著优势，被动性、简要式的社会责任履行短期内会使企业社会价值短暂增加，但从长远来看这将加速一个企业的毁灭。通过对成功企业的经验总结得出，设立责任部门将企业责任观注入具体的经营行为将最大化延长企业生命周期，同时实现经济效益与非财务绩效的双重提升。为解决资源限制性问题，企业应引入企业战略责任规划，重点把握国家发展战略的窗口期，打造自身优势，提高经济、社会资源占有率，以进一步占据领先地位。通过实证检验的方法验证通过履行战略性企业社会责任提升非财务绩效有助于实现企业长期效益目标。

本研究还关注厘清企业与利益相关者的非财务绩效的关系，促进企业发展过程中与利益相关者的良性互动形成。现代企业发展与升级处于整体社会和生产供应链中，一味地恶意竞争与破坏社会生态最终会加速自身被淘汰，除了积极采用自身积累的经济优势、加强与周边环境内的各个利益相关主体协作互助以外，企业更应该通过积累创新绩效，探索在新形势下与包括第三方在内的社会主体展开深度合作的模式。通过非财务绩效指标的研究，拓宽企业履行社会责任的范围，企业固有资金投入能改善经营环境，输血式的企业社会责任行为能够快速帮助企业积累单位内品牌附加值，从而增强企业影响力，但这并不能给企业带来持续的积极影响，随着一些消极案例的出现，甚至有些企业因为内外部因素停止类似简单慈善行为后会遭到来自社会和帮扶对象的非议，反而阻碍企业进一步履行社会责任，严重的将影响到企业的品牌形象，进而破坏其生存发展的路径。而关注履行战略性企业社会责任的企业，持续培养员工、提供就业岗位帮扶、注重新型科技开发、强化责任企业文化、加深人文管理等措施不仅在企业内部获得良好的部门协作范式，更在企业外部建立良好互助的合作氛围，为促进造血式联动打好坚实的基础，最终实现企业与企业、企业与政府、企业与员工等利益相关主体之间的联系加深，形成共生体，形成多方共赢的局面。

1.2 研究的目的和范围

1.2.1 研究目的

本研究的总体研究目的是基于利益相关者理论，重点剖析企业履行战略性企业社会责任对于非财务绩效的影响路径和内部机理，为众多企业积极履行社会责任提供前瞻性建议。同时，通过相关统计模型和计量模型分析，对影响战略性企业社会责任的非财务绩效的因子系数进行测量，为政府加强推进企业履行社会责任引导性作用找到着力点。此外，本研究也着重分析利益相关者这一中间要素对于履行战略性企业社会责任的非财务绩效指标的实际调节作用的影响程度，帮助企业对利益相关者进行重点调整。

为了更翔实地研究上述两方面内容，本研究在总目的的指导下设置以下几个分问题。

（1）关键利益相关者对公司的企业社会责任活动有何期望？

（2）战略性企业社会责任与利益相关者的期望之间是否存在关系？

（3）满足利益相关者的期望是否会带来积极的企业非财务绩效？

（4）战略性企业社会责任与企业非财务绩效之间是否存在正相关关系？

（5）利益相关者的期望是否在战略性企业社会责任和企业非财务绩效之间起中介作用？

（6）企业规模是否调节了战略性企业社会责任与企业非财务绩效之间的关系？

为了充分合理地回答上述几个基本问题，本研究选择以下几个分目标展开科学研究。

第一，确定关键利益相关者群体，重点关注员工和客户对于企业履行战略性企业社会责任获得的非财务绩效指标的影响程度和内部具体影响因子。明确利益相关者的群体范围，并分析各个群体的利益相关者与战略性企业社会责任的相关性。

第二，研究战略性企业社会责任是否能满足利益相关者的期望。研究基于满足利益相关者而实行的战略性企业社会责任措施的施行效果到底如何，是否在施行环节中存在偏差、干扰导致既定目标无法如期实现，对于策略调整提出有针对性的科学建议。

第三，探讨满足利益相关者的期望是否会改善公司非财务绩效。在研究满足利益相关者对于提升战略性企业社会责任的期望后，重点从企业角度考察在企业非财务绩效指标是否由于此原因发生显著变化，并对各个指标的具体变化进行具体测算，为企业设定相关措施提供依据。

第四，研究战略性企业社会责任是否能提高企业非财务绩效。确立非财务绩效指标的考量标准，细化内部测量因子，再经过企业履行战略性企业社会责任的过程将相关因子进行对比计量，确定战略性企业社会责任与企业非财务绩效之间是否显著相关。

第五，研究利益相关者的期望是否在战略性企业社会责任与非财务绩效之间起中介作用。以利益相关者为研究入手点，考察其相关期望内容是否会使战略性企业社会责任与非财务绩效之间形成边际效应，是否具有正向相关性。

第六，评估企业规模是否调节战略性企业社会责任与企业非财务绩效之间的关系。通过结构方程分析法来计算企业规模的大小是否影响企业履行战略性社会责任得到的非财务绩效的多少。

1.2.2 研究范围

本研究主要侧重于影响企业非财务绩效的两个因素，即战略性企业社会责任和利益相关者的期望。由于本研究的总体目的是通过利益相关者的期望的中介变量来研究战略性企业社会责任是否会引起企业非财务绩效的提高，本研究将重点放在战略性企业社会责任与利益相关者的期望这两个自变量和中介变量对因变量的传导过程上。

在研究作用机制之前，本研究首先对于测量变量的适用范围加以明确。对于战略性企业社会责任的衡量最早开始于1986年，Burke和Logsdon提供了一个有用的框架，他们将战略性企业社会责任定义为：①对企业资源和资产组合（中心性）提供一致的关注；②在获取战略因素（前瞻性）时预测竞争对手；③通过客户对公司行为（可见性）的了解建立声誉优势。现有的关于战略性企业社会责任的研究普遍基于此定义展开。本研究在利益相关者期望的科学测量中，着重选择了两组利益相关者，即员工群体和客户群体。这两个利益相关者群体从利益相关者的显著性理论的角度来看，与在战略性企业社会责任作用下对企业非财务绩效影响的相关度最高。第3.2.1节和第3.2.2节中讨论了利益相关者的显著性理论。

本研究选择的企业调查对象范围限定在积极履行企业社会责任的国内大型制造业企业内。首先，在考虑调研对象的适用性方面，优先选择在主动承担社会责任、已经过长时间考验具有成熟经验且将履行企业社会责任纳入公司核心经营范围的企业。这样有助于进行多角度横向对比和历史纵向追踪，测量措施实施效果。而且只有将履行企业社会责任与本企业核心业务相联系，才能达到实现战略性企业社会责任的基本要求。

其次，在行业选择上，本研究将重点放在了制造业上，主要利益相关者是客户与员工。此行业拥有广泛、多样的客户与员工群体，可以充分保证统计样本的科学性和有效性。目前公布的企业社会责任报告中，制造业企业的数据与样本作为科学研究的参考性较大，且企业社会责任履行状况排名靠前的企业也多集中在制造业。经过广泛慎重考察后，将具体调研对象确定为国家电网有限公司（简称国家电网）、英利集团、长城汽车股份有限公司（简称长城汽车）三家企业。

最后，从利益相关者角度看，影响战略性企业社会责任的非财务绩效的其他调节变量也是本研究关注的基本内容之一。在整个作用机制中，外部政策环境、企业规模、企业内部主动性等都属于这个链条上的调节变量，它们都可能对最终的结果有一定程度的影响。本研究将考虑这些因素，采用结构方程模型分别对其进行测算，并将最终的测算结果对应各个变量主体，如政府、第三方企业、企业内部管理主体等，分别提出科学合理的适用性建议。这也将是本研究重要的研究成果之一。

1.3 研究内容与框架

1.3.1 研究内容

自现代企业进入科学管理时代以来，企业竞争由单一竞争走向多元化竞争，企业社会责任的履行得到了企业管理者和专家学者的广泛关注。

研究表明，企业社会责任被定义为考虑利益相关者的期望和经济、社会和环境绩效三重底线的特定环境的组织行动和政策，创造共享价值和影响利益相关者的利益有助于公司经营业绩和利润的提高。因此，当战略性企业社会责任包含了利益相关者的期望时，可以认为它与企业的绩效呈现正向相关的关系。然而，经过系列分析发现，企业社会责任活动对企业绩效的影响并不具备一致性，企业的总体业绩水平为好坏参半的状态。这一现象引起了众多学者的研究兴趣，尽管对企业社会责任与企业绩效之间的关系进行了广泛的研究，但学者们尚未得出能对这一现象进行合理解释的明确结论，现有的研究仍然无法准确说明企业社会责任活动的预测因素和结果之间的潜在运作机制。对这一现象研究的曲折过程从侧面反映了企业社会责任与企业绩效之间可能还存在着对应关系不确定的情况，这也在一定程度上表明现有的对企业社会责任领域的研究还处于起步阶段。Ansong、Madueño、Aguinis 和 Glavas 以及其他学者强调了文献中关于企业社会责任与企业绩效之间不确定关系的空白，并呼吁开展此类研究，本研究将围绕以下几方面的空白展开。

第一，目前对企业社会责任的研究中较少有专门针对利益相关者的期望这一关键要素开展的研究。对企业社会责任概念的定义目前存在争议，而不同的定义范围也就代表不同的研究范围和研究方向，这也将导致对同一对象的测量应用各种测量方法。目前针对企业社会责任的测量方法为以下几种：如 Alexander 和 Buchholz、Blackburn、Doran 和 Shrader 的 CEP（经济优先权委员会）指数，Salev、Brown 和 Hackett 的 Folksam 公司责任指数和 Kinder、Lydenberg 及 Domini 创立的 KLD 指数（社会责任投资指数）。早期对企业社会责任的研究将其概念更多地偏向于卡罗尔在 1979 年发表的《企业绩效的三维概念模型》一文中的定义，即“社会在给定时间内对组织的经济、法律、道德和自由裁量的期望”。然而，后来，随着企业的发展，卡罗尔对企业社会责任的定义遭到了质疑，部分学者认为卡罗尔的定义忽略了企业参与这四方面社会责任活动的情况，这样的定义无法充分表达利益相关者的利益。弗里曼于 1983 年提出的利益相关者理论，标志着明确代表不同利益相关者群体（如员工和客户）的期望的理论诞生，该理论可以帮助企业调查其社会责任措施的实施对其业务和社会价值所创造的具体贡献的多少。但是从实践的角度来看，很少有学者详尽地讨论如何从利益相关者角度出发，完善对企业社会责任期望的构建，并使其与企业绩效保持一致。因此，确定利益相关者的企业社会责任期望对于理解利益相关者在战略性企业社会责任决策中的作用非常重要，本研究将对这一空白展开详细的研究。

第二，基于科学的定量分析方法，评估战略性企业社会责任是否能更好地满足利益相关者的企业社会责任期望。利益相关者理论所强调的，应该是利益相关者对企业社会责任的期望。通过现有企业的良好实践结果我们可以发现，战略性企业社会责任的积极履行，改善了企业与主要利益相关者的关系。研究表明，企业参与的与核心业务相关的企业社会责任活动可以根植于企业管理者在追求企业社会责任实践中感知到的潜在战略价值。Barnett 和 Salomon 认为，从事对社会负责的活动并将这些行为作为其业务战略的一部分而持续下去的企业，会增强与利益相关者之间的关系。研究人员还认为，企业应采取对社会负责的行为，在运营时考虑到其利益相关者，并从社会中获益。如果不满足利益相关者的期望，企业就无法建立自己的企业声誉并实现长期发展。如果一定数量的利益相关者对企业持有负面看法，现代商业组织的发展将受到阻碍和损害。虽然两者之间有着如此关系，但是战略性企业社会责任与利益相关者的社会责任期望之间的关系尚未得到研究证实，本研究将从两者的内部因素展开剖析，并对相应作用因子做相关性分析研究，据此说明影响机理和重点战略内容。

第三，开展满足利益相关者的企业社会责任期望是否能提高企业绩效的实证研究。目前仅有的针对此内容的研究也多停留在表面，未展开深层次的分析说明。利益相关者理论表明，利益相关者更容易倾向于信任和奖励具有社会责任感的企业。根据利益相关者理论，可以预见，针对主要利益相关者的企业社会责任活动将改善企业与这些利益相关者的关系，从而从长远上改善企业绩效。此外，与利益相关者（如员工）的良好关系可能会激励员工，吸引优秀人才加入企业，员工自身素质也得以保障，这一系列的良性循环能够帮助企业提高生产力和盈利能力。此外，与客户建立有效的利益相关者关系也对企业提升自身效益和价值有所帮助，比如企业可以通过区分产品和服务来提高收入，而这样的运营策略可以为企业争取到更多的社会责任敏感类型客户。在产品质量和安全领域履行企业社会责任可以提高客户对企业产品和服务的满意度，进而提高企业的销售额或降低运营成本。然而，在企业社会责任研究中，研究企业绩效的文献并没有广泛地研究满足利益相关者的期望是否会导致企业绩效的提高，这为本研究留下了很大空间。

第四，明确战略性企业社会责任与企业非财务绩效之间的科学关系。通过回顾 1972 年至今关于战略性企业社会责任与企业绩效关系的实证研究，发现其中有约 167 项侧重研究企业绩效与战略性企业社会责任之间的关系。而现有的研究中对于它们关系最终的结论是好坏参半（Soana，2011）。第一组研究人员（例如，Arshad，2009；Bakar、Sheikh 和 Ameer，2011；Oeyono、

Samy 和 Bampton，2011；Orlitzky 等，2003；Van Beurden 和 góssling，2008）认为，战略性企业社会责任与企业财务绩效之间存在正相关关系。他们认为，企业通过提高员工敬业度和生产力以及最小化成本等具体战略性企业社会责任行为，从相关活动中获得实际的价值与品牌收益。第二组研究人员表示，战略性企业社会责任与企业财务绩效呈负相关。Friedman 提出，战略性企业社会责任的履行过程中会增加大量的企业运营成本，而且成本的上升速率超过了利润的上升速率，长此以往对于企业经营发展和内部稳定会产生不利的影响。第三组研究人员发现，战略性企业社会责任与企业财务绩效之间并没有关联（例如，Aupperle、Carroll 和 Hatfield，1985；McWilliams 和 Siegel，2000；Waddock 和 Graves，1997）。Raza 等人分析 1972 年至 2019 年的相关研究内容，调查了有关企业社会责任与企业绩效之间关系的各种文献。在 76 项研究中，4 项研究发现了混合关系，8 项研究发现了消极关系，48 项研究发现了积极关系，16 项研究发现没有关系。由于之前的研究结果不确定且参差不齐，研究人员无法得出企业社会责任是否会改善企业非财务绩效。因此，在不同的环境和研究背景下，需要更多的研究来确认这种关系。

为了进一步探讨与公司核心业务有关的企业社会责任与企业绩效的关系，引入了战略性企业社会责任的概念。Burke 和 Logsdon（1996）提出了企业社会责任的五个战略维度模型，该模型可能影响企业创造价值的能力。他们认为，通过企业社会责任创造价值需要对所有战略维度进行积极调整，这些维度包括中心性、专用性、前瞻性、自愿性和可见性。战略性企业社会责任不同于企业社会责任，因为战略性企业社会责任是一个过程，通过这个过程，贡献目标服务于直接商业利益，同时服务于受益组织。企业社会责任指的是“超出公司利益和法律要求的，似乎有助于促进某些社会利益的行为”。战略性企业社会责任回应了越来越多的批评，即企业社会责任并没有为公司及其股东创造价值，而是实际参与了企业社会责任活动。波特和克莱默是第一批讨论战略性企业社会责任商业案例的人。正如波特和克莱默所建议的，企业应该运用其在特定竞争环境中有效的独特优势，选择特定的企业社会责任举措。波特和克莱默提出，从事战略性企业社会责任活动的企业往往会享受到企业绩效的改善。然而，关于战略性企业社会责任与企业绩效之间关系的实证证据有限。对于战略性企业社会责任与企业绩效之间的关系缺乏共识，这是一个需要解决的问题，本书将对这一问题进行研究。

第五，通过本研究形成一个完整的、系统的框架，来说明战略性企业社会责任对企业非财务绩效的影响机制。战略性企业社会责任的实施与企业绩效之间是否存在直接或中介关系尚未从多方利益相关者的角度进行调查。研究发现，不同的利益相关者会根据自己的利益、需求和期望，从不同的角度看待企业履行的战略性企业社会责任活动。例如，客户从产品安全或质量的角度来看待企业应履行的战略性企业社会责任，而员工则是从薪酬制度或工作环境优劣的角度看待企业应履行的战略性企业社会责任。甚至在同一行业的不同企业之间，利益相关者的期望也可能存在很大差异。一些研究人员还发现，利益相关者关系是战略性企业社会责任—结果关系的潜在中介，如客户满意度、客户—组织契合度和客户信任度。因为不同的利益相关者可以通过影响潜在收入（如客户）、资源（如员工）从而影响公司的生产活动来对公司施加压力，组织需要确定不同利益相关者的期望，并检查满足利益相关者的企业社会责任期望是否会提高企业非财务绩效。

第六，对战略性企业社会责任与企业非财务绩效之间的潜在调节者进行深入研究。企业规模被认为是战略性企业社会责任领域中一个重要且相对来说未经研究的变量。由于企业往往从企业社会责任活动中获得战略价值，了解企业各种内外部属性的影响对于最终的研究结果是很重要的，不同的企业属性会带来不同的企业特征，可能会影响企业社会责任履行。企业规模不同，企业所处的平台也就不同，不同平台的企业的影响力差距明显，具有较大影响力企业的任何行为都将具有更大的作用和效果，所以企业规模在一定范围内可以影响企业战略，从而对企业履行战略性企业社会责任产生积极影响。然而，仍然缺乏实证研究来证明战略性企业社会责任与企业绩效之间的关系，同时考虑到不同规模的企业。因此，本研究旨在探讨企业规模对战略性企业社会责任与企业非财务绩效关系的调节作用。

1.3.2 研究框架

本书的研究框架如图 1－1 所示。

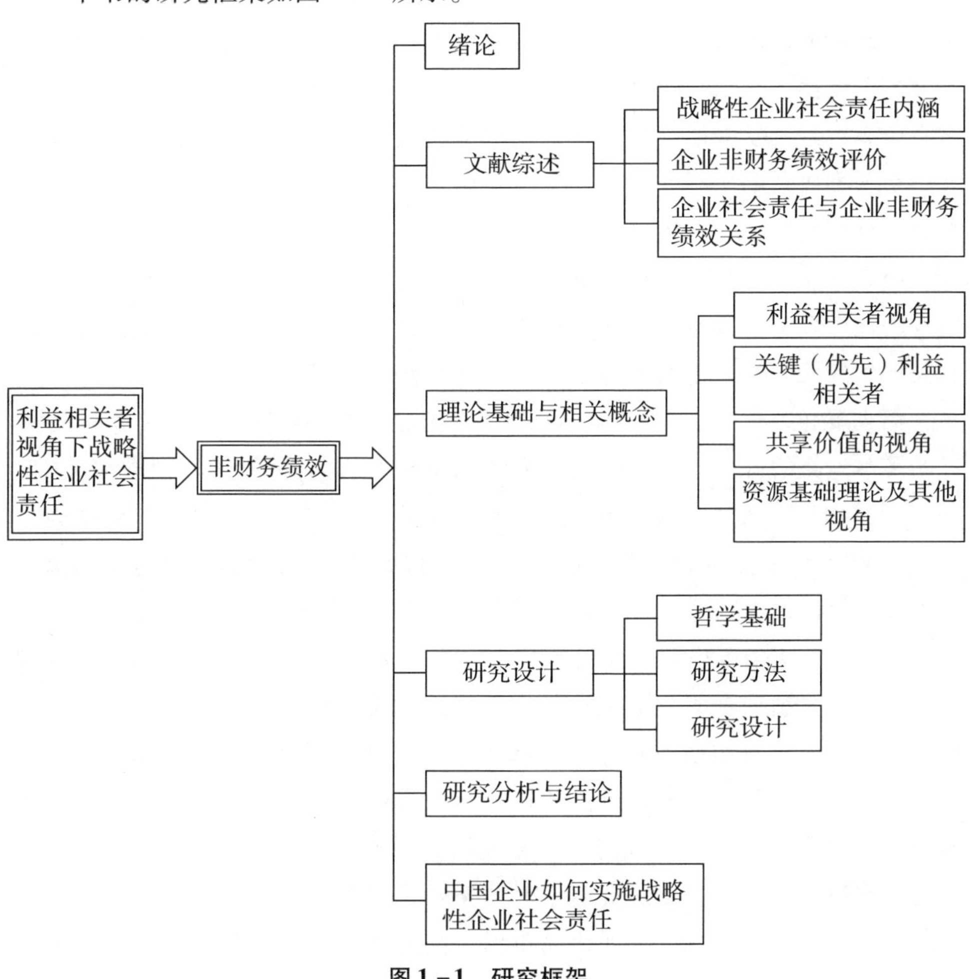

图 1－1 研究框架

1.4 研究思路与方法

1.4.1 研究思路

本研究严格遵循科学的研究逻辑，按照标准的科研范式展开，主要由 6

章组成。

第 1 章介绍了本研究的背景信息，并对研究主题进行了概述，包括战略性企业社会责任、企业非财务绩效、利益相关者的研究意义与研究范围。明确了本研究的范围、问题陈述、研究目的和研究问题。同时，详细说明了本研究的重要性。此外，阐述了本研究的贡献和本书的结构。

第 2 章是文献综述。我们尽一切努力收集和查阅现有文献，文献综述深入分析了本研究的主线，即本研究的关键结构、企业社会责任的演变、战略性企业社会责任、利益相关者和非财务绩效指标、理论框架和总结。

第 3 章明确了理论基础和相关概念。第 2 章的文献综述为模型的建立和假设的提出奠定了基础。第 3 章提出了一些理论观点，使讨论更加流畅。在相关概念的研究之上建立了研究模型，接下来根据研究目的提出了假设。

第 4 章详细介绍了本书的研究设计。从实证主义和后实证主义角度详细说明了本论题的哲学基础；确定本书的基本研究方法是质性研究里面的访谈法（无结构访谈法和结构式访谈法）和定量分析法（基于偏最小二乘结构方程模型分析法）；从质性、量化以及双重结合的研究设计进行伦理考量的选择和论证，最后给出结论。

第 5 章给出了本研究的定性和定量数据分析结果。采用半结构化访谈的方法，从两家制造企业收集定性数据。采用人工编码对数据进行分析，回答研究目标问题。对访谈数据进行信度和效度检验，验证访谈数据的有效性。对研究结果进行总结，进行定性数据分析。借助社会科学项目统计软件包和 SEM（结构方程模型）进行初步数据分析，回答研究目标问题。利用 PLS - SME（偏最小二乘结构方程模型）对测量模型和结构模型进行了验证。该验证包括两个阶段：第一阶段评估测量模型的有效性；第二阶段评估结构模型以检验假设。

第 6 章是本书的最后一章。第 6 章对定性和定量分析结果进行了讨论，将研究结果与现有文献进行了比较，总结了本研究的意义，提出了未来的研究方向和本研究的局限性，确定了本研究的意义和由此发现的新知识。

1.4.2 研究方法

研究方法是开展科学研究的基础，是进行后续研究的工具，基于正确的理论指导开展的研究，只有选择符合科研对象特点的研究方法才能更贴合实际，成果才更加具有可信性。借助好的研究方法，研究所体现的研究思路清晰，研究建议与对策的逻辑性和说服力得到了充分体现。由此可见，在开始正式研究之前，了解研究对象，选择具有高度适用性的研究方法是研究成功的关键。对于本研究，研究方法的选择是遵循发现问题、分析问题和解决问题的思路来进行的。

本书采用文献研究与案例研究相结合，定量研究与质性研究对应不同考察对象的方法。在文献研究方面，查阅收集有关战略性企业社会责任的书籍和论文对主要研究变量的适用范围和概念进行总体回顾，借助中介变量利益相关者，在此理论基础上分析战略性企业社会责任对企业非财务绩效的影响。在案例研究方面，根据提出的相关假设，确定战略性企业社会责任和非财务绩效的衡量因子，构建统计模型，根据抽样调查、发放问卷、跟踪访谈等方式从相关企业收集实验样本数据，然后利用智能统计分析软件对相关的数据进行回归分析，用基于偏最小二乘法的结构方程分析法衡量利益相关者中介作用下战略性企业社会责任对非财务绩效的影响作用。

本研究采用的研究方法主要有文献分析法、案例分析法、定量分析法，具体分述如下。

（1）文献研究法：通过对前期收集的研究战略性企业社会责任、利益相关者和企业非财务绩效的相关文献进行整理分类，梳理出三个主要研究变量之间具有分别对应关系的研究文献，在阅读总结现有材料的基础上分析现有研究存在的缺陷，结合我国企业在战略性企业社会责任方面的实际发展状况，明确研究目标。通过文献研究，奠定了研究的理论基础，明确了逻辑分析框架以及实证研究的理论假设、变量选取、模型构建和检验方法。

（2）案例分析法：本研究借助多个理论对研究模型中的各变量分析过程加以规范。本研究主要依据的基础理论包括共享价值理论、利益相关者理论、资源基础理论、竞争优势理论等。对战略性企业社会责任内涵、非财务绩效以及利益相关者等主要概念进行界定，提出将利益相关者的期望作为测量指标进行量化分析。从理论出发，证明战略性企业社会责任对企业非财务绩效起促进作用的假设。从企业责任价值观驱动机制角度分析自主履行社会责任对非财务绩效影响的一致性和差异性以及带来的财务风险。基于无结构访谈法和结构式访谈法，明确主要利益相关者员工和客户对企业社会责任的期望问题。

（3）定量分析法：借助 PLS（偏最小二乘法）软件，对战略性企业社会责任影响非财务绩效的假设采用面板数据多元回归方法进行量化回归分析；对于企业绩效与主要利益相关者社会责任期望之间存在正相关关系的研究，采用中介效应模型进行统计计量；在企业规模能够调节战略性企业社会责任与企业非财务绩效之间的关系研究中，采用了调节效应模型进行计量估计；对企业社会责任战略举措与主要利益相关者的社会责任期望之间存在正相关关系的研究，使用了主成分分析法和面板随机前沿分析法。

1.5 创新点与贡献

1.5.1 创新点

本研究的创新之处主要体现在以下几个方面。

在研究思路上，本研究将利益相关者作为中介变量与自变量战略性企业社会责任相搭配，将两者纳入一个分析框架，探讨其对非财务绩效的作用机理，实现了战略性企业社会责任研究的全面性。目前已有的关于战略性企业社会责任与企业绩效的研究中，虽然很多学者将利益相关者与战略性企业社会责任相结合，但大多数研究都集中在将两者与企业财务绩效相联系进行深入分析，得出的研究结论仅代表单一方面，对于战略性企业社会责任实践的现实启示价值的认识存在局限。本研究在对企业社会责任运动的发展脉络进行梳理的基础上，将其与我国企业实际发展状况相结合，对中心性维度、主动性维度、可见性维度与主要利益相关者的社会责任期望之间存在的正相关关系展开分析，有助于全面揭示战略性企业社会责任影响非财务绩效的不同路径及机理，弥补了现有研究中，对于基于利益相关者视角下战略性企业社会责任对企业绩效的非财务绩效部分影响的空白，也为后续研究提供了一个更加完整的理论分析框架。

在研究视角上，目前基于利益相关者理论展开对战略性企业社会责任的研究众多，但本研究聚焦于利益相关者期望这一视角，重点考察客户和员工这两个相关主体对于战略性企业社会责任履行过程中的影响和效果的评估，进一步考察了对非财务绩效影响的边际动态效应，将利益相关者具体细分为潜在型、可自由裁量型、苛求型、主导型、依赖型、危险型、确定型 7 种类型，测量不同类型利益相关者的期望在战略性企业社会责任履行过程中对非财务绩效影响的变化趋势。本研究弥补了已有文献中未对战略性企业社会责任偶发性投入和连续性投入加以区分的缺陷，为战略性企业社会责任经营绩效和企业效能后续研究提供了更为严谨的经验证据。

在研究内容上，本研究基于企业社会责任模型，借助面板数据进行多元回归分析，采用中介效应分析和调节效应分析等手段，检验了员工感知期望在战略性企业社会责任与企业非财务绩效关系中的中介作用，揭示了主动性维度、透明性维度与主要利益相关者的社会责任期望之间存在正相关关系的内在机制。还检验了中心性维度与主要利益相关者的社会责任期望之间存在非明显正相关的关系，从而得到了企业社会责任战略举措与主要利益相关者的社会责任期望之间存在着正相关关系，使战略性企业社会责任与企业非财务绩效的因果关系更具有完整性和科学性，为深入揭示企业履行战略性企业社会责任影响非财务绩效的内在作用机理及作用条件提供了新的解释。

1.5.2 理论与实践贡献

本研究有助于确定利益相关者的企业社会责任期望，并提出一种机制来解释战略性企业社会责任与企业非财务绩效之间的不一致关系。本研究对理论和实践的具体贡献如下。

1.5.2.1 理论贡献

本研究从利益相关者的角度探讨战略性企业社会责任与企业非财务绩效的关系。本研究假设一个新的模型能够从利益相关者参与的角度加强当前的企业社会责任，从而提高组织的绩效。本研究具有以下四个具体的理论贡献。

首先，本研究确定了两个主要利益相关者（员工和客户）的企业社会责任期望及其对企业社会责任活动的反应。这一点很重要。因为从利益相关者理论的角度来看，不同的利益相关者对什么构成合理和一致的活动有不同的看法。只有当一个企业能够有效地平衡利益并为其利益相关者，而不仅仅是为股东等传统利益相关者创造价值时，它才被认为是成功的。基于利益相关者的利益和期望，提出一种将利益相关者利益纳入企业社会责任研究的方法是必要的，因为企业可以专注于满足利益相关者的期望，而这种战略可以提高企业非财务绩效。根据世界可持续发展工商理事会的报告，内部利益相关者和外部利益相关者的谈判价值是企业社会责任应该考虑的内容。很明显，企业的利益相关者在很大程度上具有不同的属性，因为一些属于企业的内部利益相关者，而另外一些属于企业的外部利益集团。对于一家企业来说，了解相关的利益相关者群体是谁、他们需要什么以及企业如何满足他们的期望非常重要，这样，他们的需求和利益就能得到平衡。在这方面，有效的利益相关者管理可能是一种同时为股东创造利益和满足其他利益相关者期望提供成功解决方案的方法。本研究通过对具有代表性的企业内外的主要利益相关者群体进行半结构化访谈，阐明员工和客户这两个利益相关者群体的企业社会责任期望。

其次，重要的是确定战略性企业社会责任是否能满足利益相关者对企业社会责任活动的期望。这是因为，并非所有的企业社会责任活动都能为利益相关者创造价值。社会行为如何创造价值仍然是企业社会责任理论的一个关键问题。本书的研究方法是将企业社会责任视为战略价值创造者，即战略性企业社会责任。Burke 和 Logsdon 的战略性企业社会责任框架为本研究提供了一个有用的起点。在他们的研究中，作者检验了这样一个假设：具有战略性企业社会责任活动的企业设计和管理，已创造更强的可见性、中心性和主动性，更有可能对资源和能力进行有利的重组，从而为利益相关者创造更大的价值。可见的企业社会责任活动可能会对企业的声誉产生积极影响，进而实现更高效的客户沟通。企业社会责任计划是企业使命的核心，更可能满足利益相关者的期望，因为企业在解决社会问题方面开发了资源和能力，这些资源和能力可以应用到企业活动中，从而提高产品质量和员工福利。选择积极主动社会活动的企业似乎能比不采用这种做法的企业更快地发现不断变化的社会趋势和需求，而这往往是创新的一个关键因素，这些企业也可以以此满足利益相关者的期望。

再次，本研究对战略性企业社会责任与企业绩效的关系提供了重要的视角。波特和克莱默解释了为什么先前的研究未能发现战略性企业社会责任与企业绩效之间的密切关系。这可能是由于两个原因：①企业将业务方面与社会方面分开；②企业总体上考虑了社会责任，而不是根据企业战略进行调整。

如果企业社会责任活动可能影响企业的核心业务、盈利能力和可持续性，则企业社会责任活动将成为战略性活动。为了增强竞争优势，企业必须从事更具战略性的社会责任活动，这样社会责任计划的成本才能产生明确的投资回报。Husted 和 Allen 强调了这一点，指出一个成功的社会责任战略不仅会带来社会效益，而且会产生利润。研究战略性社会责任对企业绩效影响的文献仍然很少。有研究表明，具有战略价值的社会责任活动对企业价值有影响。战略管理文献表明，企业社会责任是一种竞争优势的来源，可以用来提高企业绩效。本研究假设战略性企业社会责任对企业非财务绩效有影响。在本研究中，战略性企业社会责任是通过三个维度来衡量的，即中心性、主动性和可见性。企业绩效分为财务绩效和非财务绩效。本研究旨在证明战略性企业社会责任是否能提升企业非财务绩效，同时考虑其与利益相关者期望的关系。

最后，本研究通过将利益相关者的期望作为战略性企业社会责任与企业非财务绩效之间的中介来填补文献的空白。目前文献中的研究仍然缺乏一个综合、系统的框架来说明企业社会责任能够提高企业非财务绩效的机制。本研究希望通过提供一种机制来填补这一空白，该机制通过利益相关者对企业社会责任活动的评估来解释战略性企业社会责任是如何实现非财务绩效改善的，并将利益相关者的期望的中介影响纳入企业社会责任与企业非财务绩效的关系。

1.5.2.2 实践贡献

本研究的第一个实践意义是为企业提供可行的解决方案，以促进战略性企业社会责任的实施和企业非财务绩效的提高。本研究提供了一个框架，解释了利益相关者的期望对战略性企业社会责任与企业非财务绩效之间关系的中介效应。了解企业社会责任活动改善企业非财务绩效的过程，将使管理者更好地了解企业社会责任与企业非财务绩效之间的因果关系，并指导管理层积极主动承担企业社会责任，鼓励企业积极参与企业社会责任活动。例如，如果本研究发现，利益相关者的期望对企业社会责任履行和企业非财务绩效之间的关系有显著影响，组织将采取必要的策略来满足其主要利益相关者的期望，并在其与企业社会责任相关的决策过程中考虑这些期望。此外，本研究可以激励管理者积极理解其主要利益相关者群体的期望，并确保实施系统性活动前已与利益相关者接触，确保准确理解他们的期望。因此，本研究的结果可以形成系统的项目，让利益相关者参与到组织中来，作为企业战略的一部分，以确保行动基于准确的利益相关者期望。当企业社会责任活动与利益相关者的期望相一致，并将资源引导到这些活动中时，它们能够最大限度地提高企业社会责任效益，从而提高企业非财务绩效。在从事企业社会责任活动时，如果企业在履行企业社会责任时将其社会责任举措与利益相关者的企业社会责任期望联系起来，并将企业社会责任资源用于实现与这些企业社会责任期望相关的战略目标，则企业将看到其对非财务绩效的积极影响。另外，通过实施履行企业社会责任的战略方法，企业可以与其利益相关者建立协同关系，从而实现长期可持续发展。

本研究的第二个实践意义是，希望企业承担战略性企业社会责任，这是可见的、积极的、中心的企业使命和愿景。战略性企业社会责任可作为一种工具，用于构建基于可持续性和与利益相关者共享价值创造的长期发展观。具体来说，如果本研究的结果表明，战略性企业社会责任能够有效地为利益相关者创造价值，那么企业可以采用企业内部和外部利益相关者都能看到的企业社会责任计划，采用积极主动的企业社会责任活动来履行企业内部和外部的社会责任，这是企业业务使命的核心。本研究的结果可能有助于企业通过与利益相关者进行更多的社会接触，从事系列的企业社会责任活动来提高非财务绩效。它可以树立企业形象，帮企业获得各利益相关者的支持，向世界展示企业的价值。

2 文献综述

1924 年，西方学者谢尔顿首次提出“企业社会责任”一词。通过对理论界和实务界的看法进行梳理和归纳，可以发现，研究者们对于企业社会责任的各种不同定义有着不同的研究角度和背景，但不同学者都不约而同地认为企业社会责任追求的是非单一的利润目标、对利益相关者的责任目标的平衡，并且具有多维性。

1985 年，Wartick 和 Cochran 发表了基于 Carroll 企业社会责任金字塔模型的研究综述，并构建了包括企业社会责任原则、社会回应过程和社会议题管理三方面的企业社会表现整合框架，将企业与社会关系领域中三大主流研究方向整合在一起。1987 年，Miles 通过研究分析发现，社会表现好的企业都追求协作解决问题的外部关系战略，且都能较好地保持企业风险与外部关系设计之间的适应度。20 世纪 90 年代，企业开始主动与各方利益相关者交流并保持良好关系。环境的变化和物价的上涨等现象提醒人们，地球是有生态极限的，各大企业对环境问题日益关注。

在此社会背景之下，在企业社会责任理论的基础之上，Burke 和 Logsdon 率先提出战略性企业社会责任概念，认为传统的企业社会责任行为对利益相关者而言是有价值的，但对企业而言是非战略性的，而战略性社会责任能够为企业的核心业务提供支持，从而带来商业利益。

人们对非财务指标的关注起源于实务界在经营活动中的需要。20 世纪 70 年代后，企业开始将营销、生产、研发、财务和人力资源各职能部门协调统一，从整体上来研究绩效评价指标。20 世纪 80 年代开始，人们不仅关注过去经营阶段经营活动的成果，同时更关注企业以后的发展能力和获利能力，所以开始系统地将诸如客户满意度、质量管理水平、战略及学习与创新能力等非财务指标引入企业绩效评价中去。一些美国跨国公司就开始思考非财务指标在业绩评价中的使用，比如 Genera Electric Company（通用电气公司）、Motorola Corporation（摩托罗拉公司）等，就强调在实际生产经营过程中采用客户满意度、产品生产周期、生产能力等非财务指标来对企业的业绩情况做出相关评价。

对于战略性企业社会责任与非财务绩效的问题，各国学者从不同的角度进行了大量的理论和实证研究，但缺乏系统性，现有必要对这些研究归纳、梳理、分析和比较，结合对战略性企业社会责任研究焦点演进过程的分析，从而形成一些基本认识，为本书提供思路，并依此提出本书的主要内容：利益相关者视角下战略性企业社会责任的非财务绩效研究。

2.1 战略性企业社会责任内涵研究综述

战略性企业社会责任是主动的战略行为，企业自主地将社会责任与企业的战略管理予以融合，将承担社会责任列为企业愿景，融于企业的经营理念，贯穿企业的生产经营活动，塑造出亲和力高、号召力强的企业文化和品牌形象，使社会资源得以有效整合，创造利于企业发展的内外环境，提升企业的社会责任竞争力，奠定企业的可持续发展基石。

战略性企业社会责任是完全不同于传统企业社会责任的新概念，并且将社会问题在企业中的地位提升到一个新的高度，将其纳入企业的内在核心价值体系。承担战略性企业社会责任是企业获取可持续竞争优势，充分发挥对社会的积极影响，创造共同价值的战略机会。战略性企业社会责任给企业实现自我价值提供了一种崭新的思路。它要求企业基于共生的社会理念，将社会利益归入企业内部的核心价值体系，并且把企业的积极社会影响视作企业整体战略的重要组成部分。

国内外现有相关文献主要涉及战略性企业社会责任的概念研究、战略性企业社会责任与财务绩效的关系研究、战略性企业社会责任对企业竞争力的影响研究、战略性企业社会责任创造共享价值的研究、传统企业社会责任和战略性企业社会责任的比较研究等。

2.1.1 国外战略性社会责任内涵研究综述

Wartick 和 Cochran 将企业社会责任金字塔模型中的社会议题管理分为政治议题（与立法问题相关）管理、战略议题（与企业战略有关）管理和社会议题（与社会价值和态度问题有关）管理，并认为社会议题管理为长期以来被批评为虚化的、与企业真实目标相背离的企业社会责任研究提供了具体方法。

Miles 通过对保险行业大公司高层领导、生产线资深管理人员、外部关系职业人员深入系统的观察和密切的个人接触，对企业的社会责任实践进行了较为充分的整理和归纳。

Burke 和 Logsdon 在 *How corporate social responsibility pays off*（《企业社会责任如何获得回报》）这一研究中提出了战略性企业社会责任概念，认为传统的企业社会责任行为对利益相关者而言是有价值的，但对企业而言是非战略性的；战略性企业社会责任能够为企业的核心业务提供支持，从而带来商业利益。这一概念为之后的研究提供了新的方向。研究指出，战略性企业社会责任是能够提升生产效率、凝聚核心竞争力并带来长期利润的企业社会责任，研究提出了战略性企业社会责任的五个维度，即中心性、专用性、前瞻性、自愿性和可见性。

John Elkington 指出企业必须将利润、社会正义和环境质量同时作为企业生存和发展的三个基本“底线”，并纳入企业发展战略。

Baron 按照企业活动的动机差异将企业社会责任行为明确区分为三种类型，分别是以利润最大化为目的、以应对社会活动家的威胁为目的和以利他为目的的社会责任行为，并认为以利润最大化为目的的社会责任行为具有明显的盈利指向性，就是战略性企业社会责任行为。但是利润最大化是个短期目标，而战略具有长期性、全局性特征，他的“盈利指向性就是战略性”的观点并没有被学术界广泛接受。仅根据动机来区分是否为战略性企业社会责任也难以做到界限分明。

Lantos 从行为动机的视角指出战略性企业社会责任是企业实现社会福利和商业目标的长远性和战略性的慈善行为。Lantos 从责任性质和责任动机两个方面，将企业社会责任划分为战略性、伦理性和利他性三种类型。他认为战略性企业社会责任指能够作为营销手段提升企业形象、增进企业利润的社会责任；伦理性企业社会责任指使企业日常经营对社会的损害最小化的社会责任；利他性企业社会责任指所有能够提高整个社会福利水平和生活质量的慈善行为。Sarre 也认为，虽然法律和法规能够发挥一定的作用，但把企业社会责任纳入企业管理，发展战略性企业社会责任，形成企业社会责任文化，能够有效防范不遵守商业道德而导致的企业灾难甚至社会灾难。

Porter 和 Kramer 认为，企业从事公共事业的目的并不局限于获得社会认同，而是专注于企业竞争力的培育。2006 年，在 *Strategy and society*：*The link between competitive advantage and corporate social responsibility*（《战略与社会：竞争优势与企业社会责任之间的联系》）这项研究中，Porter 和 Kramer 以竞争优势理论为基础，对战略性企业社会责任进行了阐述，提出企业与社会的共享价值。履行战略性企业社会责任的目的就是企业在解决社会问题的过程中追求企业与社会的共享价值，获得生存和发展的可持续性优势。他们将其划分为战略性企业社会责任和回应性企业社会责任：前者不仅包括慈善活动，还包括一些能对社会产生积极影响并强化企业价值链的活动；后者包括两个方面，企业一方面应该适应利益相关者的社会关注，另一方面应该缓解或消除已存或将有的负面影响。2011 年，Porter 又在《创造共享价值》中指出，企业可以通过创造共享价值来提升社会责任竞争力，而创造共享价值的过程就是企业履行战略性企业社会责任的过程，并在文中详细介绍了创造共享价值的方法及相关理论。这一概念与 Porter 在战略管理领域内的研究成果一脉相承，使其概念框架更为完整，他根据企业应对社会问题的不同行为模式，将战略性企业社会责任活动的创新划分为企业价值链创新和竞争环境投资分析。以此作为战略性企业社会责任履行的出发点，也能够较好地指导企业实践。因此，这一概念一经提出，立即引起理论和实务界的热议，被后来的学者广泛采用。

Paine 认为，对商业道德的重视可以提升风险管理水平，改善内部职能，促进市场定位，进一步提高企业的形象和地位。Waldman 等将战略性领导理论应用于企业社会责任，他们的研究展示了企业领导者的某些行为与企业倾向于承担企业社会责任存在正相关关系，而且这些领导者是在战略性运用企业社会责任活动。

Werther 和 Chandler 认为企业在履行社会责任时，应该根据其内部优势和外部机会，并根据企业的愿景来制定发展战略，进而在满足社会要求的前提下实现经济目标。

Husted 和 Allen 将传统企业战略、传统企业社会责任和战略性企业社会责任进行了比较分析，认为战略性企业社会责任有以下特点：使利益相关者对含企业社会责任价值的产品建立意识；管理企业与利益相关者关系，增加企业价值；积极参与法律要求之外的社会活动；与社会问题相关的产品、服务创新可以创造价值；从预期社会问题中寻求当前的市场机会。他们在 Burke 和 Logsdon 所提出的中心性、专用性、前瞻性、自愿性和可见性五个维度的基础上比较了战略性企业社会责任和传统企业社会责任，指出战略性企业社会责任的优势在于它将社会问题融入企业的战略范围中，在寻找解决社会问题方法的过程中探索市场机会，进行适当的创新，创造新的价值。

McWillams 和 Siegel 则提出了一个广义的战略性企业社会责任定义，认为能使企业获取持续竞争优势的一切“负责任的”行为，即能够提升企业竞争力的履责行为都属于战略性企业社会责任行为。

David Chandler 在其著作《战略企业社会责任——利益相关者、全球化和可持续价值的创造》中，提出了优先利益相关者的理论，该理论将企业的利益相关者分为三个层次：组织利益相关者、经济利益相关者以及社会利益相关者。他们分别代表了企业股东、消费者和政府，企业将根据自己的发展战略对三者进行排序，然后根据排序情况来决定优先满足哪一方的需求。该理论是在传统的利益相关者理论上的延伸。该书在该理论视角下讨论战略性企业社会责任的概念，提到最成功的企业是那些能够对其他利益相关者优先于股东进行考虑的企业。在此基础上，该书还提出了可持续价值的概念，这与波特提出的共享价值概念如出一辙，他们从资源与产业视角，阐述了战略性企业社会责任的意义。

2.1.2 国内战略性社会责任内涵研究综述

王志乐认为，应该把履行企业社会责任与培育竞争优势结合起来，履行企业社会责任是为中国企业培育竞争优势的主要切入点，并由此提出了软竞争力的概念。陈留彬通过确定权重加成的方法将企业在各个社会责任项目中的实践程度进行计算，得出一个可以衡量企业履行社会责任程度高低的测度指标，为研究企业履行社会责任的总体程度奠定了基础。关于战略性企业社会责任的概念，国内学者杨东宁认为，战略性企业社会责任是企业从战略视角出发，自主履行企业社会责任，继而影响企业价值的战略行为。基于可持续发展的理念，许正良和刘娜从计划、分析、实行和控制等方面构建了企业社会责任与企业战略目标管理相融合的框架。

杨继瑞等将社会责任战略分为消极反应、抵御、适应和提前采取行动四种战略。消极反应战略指没能甚至不愿意按照社会责任方式行动，并尽可能地躲避或隐瞒的不负责任行为；抵御战略指采取不积极的防御战略，得过且过；适应战略指比较自觉地使企业的行为与公共法则保持一致，尽力对公众的期望负责，以适应社会对企业的要求；提前采取行动战略指在责任到来之前采取行动，肩负起社会赋予企业的责任，以防患于未然。

陈明提出企业应以承担社会责任为愿景，将诚信经营、节约能源、爱护环境、善待员工、热心社会公益的经营理念贯穿企业采购、研发、生产、销售以及市场服务等价值链的各个环节，塑造具有高度亲和力和感召力的企业文化和品牌形象，更加有效地整合社会资源，创造有利于企业经营和发展的内外部环境，进而打造企业的社会责任竞争力，获取竞争优势，保证企业可持续发展。

刘斌等提出企业社会责任创新战略。他们通过构建动态规划模型和对社会需求模型进行修正，分别从宏观和微观角度分析可持续发展和社会需求下的企业社会责任创新战略，并用严格的数学模型证明企业承担社会责任是实现企业可持续发展和国家可持续发展目标的必由之路。他们将企业社会责任战略定义为，企业为获取相对于竞争对手更为有利的地位与发展潜能，根据环境变化和自身能力而对资源运用所做出的全局性、综合性、策略性的规划和部署，以实现企业在持续和谐环境下追求长期价值最大化的目标。

汪建新等从战略的高度来看企业社会责任。他认为企业社会责任本质是在经济全球化背景下企业对其自身经济行为的约束，它既是企业的宗旨和经营理念，又是企业用来处理与利益相关者关系的准绳，它超越以往企业把赚取利润作为唯一目标的传统理念，更强调企业对人的价值的关注，对消费者、对环境和对社会的贡献，以及通过实施企业社会责任来获得战略收益。

刘思华通过探讨企业社会责任内涵及其战略意义，对企业社会责任进行战略思考。他认为应通过对企业价值链分析，找出与企业交叉的社会问题，企业在承担社会责任的同时实现价值创造，并设立专门的社会责任管理机构来负责管理。

张旭、宋超、孙亚玲通过实证研究，表明承担企业社会责任可以提升企业竞争力。

邓玉华在其博士论文中，对企业社会责任竞争力给出了更加具体的定义：企业社会责任竞争力是企业利用自身专业能力和优势缓解或消除发展过程中面临的社会或经济问题，实现社会价值和经济价值创造的统一，使履行社会责任成为为企业和社会创造共享价值的能力。他认为应该将企业社会责任与企业日常运营相结合，将培育企业社会责任竞争力作为提升企业竞争优势的重要组成部分，这是企业未来持续发展的重要保证。

王守霞等在《战略性企业社会责任研究》一文中表示，战略性企业社会责任相对于传统的企业社会责任更容易在企业中得到支持，战略性企业社会责任从创造商业机会、增强企业核心能力和降低企业风险等多方面提升企业的共享价值，为企业的长期发展带来经济绩效。企业不仅满足了服务于社会的意愿，而且在帮助他人的过程中自身得到了提升，履行了对股东的责任。文中还提出战略性企业社会责任可以从边界研究的角度进行进一步研究。例如，大学教授在学校教书育人的同时担任某公司的顾问，医院的医师从事多点执业等，这些情况下关于哪一方应该承担社会责任或者哪一方应承担更多的责任是存在争议的，尚须进一步明确。关于战略性企业社会责任的实证研究也需要从多个层面进一步深入探讨。比如，研究战略性企业社会责任的运行特征、决策机制、管理模式等，使战略性企业社会责任体系的研究更加全面和完善。在实证研究中最好能够引入某个企业的案例作为实践支撑，从而使实证研究更具可靠性。

孟维祯在《战略性企业社会责任、共享价值与企业社会责任竞争力——以中国保险业为例》中提到，战略性企业社会责任就是将对企业社会责任的考虑包含在企业战略和目标的设定过程中，将企业社会责任延伸到企业的整个价值链，具体来说，应主要从四个方面进行定义：第一，企业将社会责任视角纳入其战略设计过程；第二，企业所采取的任何行动与核心运营相关；

第三，包含利益相关者视角；第四，管理资源和与核心利益相关者的关系的视角是从短期发展到中期以至于长期。这四个重要方面的结合，保证了强制性企业社会责任与非强制性企业社会责任的有机结合，从而使其具有战略性。

2.1.3 国内外研究述评

战略性企业社会责任理论中重要的是，战略性企业社会责任对财务绩效的影响不仅仅是短期的，应具有一定的长期性。在管理企业资源和利益相关者关系时应该从短期视角转移到中长期视角。如果高管们将他们的视线从下个季度或者下个年度转移到未来十年甚至更久以后，他们会自觉地改变如今所做的决定，优先顺序将会改变，例如长期建立起来的基于信任的关键利益相关者的价值将会以指数形式增长。

通过对国内外战略性企业社会责任相关研究的归纳与分析，可以发现，战略性企业社会责任正在受到越来越多的关注。战略性企业社会责任这一概念起源于国外，国外的相关研究不断深化，已经从定性分析为主转为定量分析为主。而国内针对此概念的研究起步较晚，还处在概念辨析和理论研究阶段，相关的实证研究较少，且缺乏系统性。在借鉴和学习国外相关研究成果的基础上，我们应尽快建立适应我国企业特点的战略性企业社会责任模型，以促进我国企业健康发展。

2.2 企业非财务绩效评价研究综述

传统的以单纯的财务指标作为其构成要素的企业绩效评价机制已经越来越明显地暴露出了弊端。要对企业的绩效进行客观评价，绝不能仅仅满足于财务绩效方面的评价。换言之，财务绩效评价只是企业综合绩效评价机制的一部分。而将财务指标与非财务指标结合起来，共同对企业绩效进行评价，越来越受到理论界和实务界的重视。20 世纪 80 年代以后，企业组织形式发生了巨大的变化，出现了战略联盟、跨国企业、横向联合、虚拟企业等新的企业组织形式，同时企业在经营过程中逐渐加深对外部环境的认识，重视与供应商、销售商、客户建立协作伙伴关系，而一些新的管理方法和理论诸如 JIT（适时制）、BPR（业务流程重组）、CIMS（计算机集成制造）、CE（并行工程）等也加速了企业自身在经营管理上的变革。这些变化都冲击了已有的企业绩效评价模式，因此，企业和学术界对企业绩效评价模式的发展和完善做了积极的探索和研究，尝试将市场份额、产品和服务质量、技术创新、人力资源和客户满意度等方面内容纳入企业绩效评价体系中。特别是1992年卡普兰和诺顿提出的平衡计分卡，除了采用财务指标对企业的经营成果进行反映外，还提出了从客户满意度、内部流程及学习、成长与创新三个方面来对企业绩效进行测评，得到广大企业界和学术界的认可。在此以后，非财务指标在企业绩效评价中的理论和应用研究越来越受到国内外学术界的重视。

2.2.1 国外企业非财务绩效评价综述

国外对非财务指标的关注最早起源于实务界在经营活动中的需要。早在1951年，美国通用电气公司就将市场份额、员工积极性、公众反应等非财务指标引入企业绩效评价。20世纪70年代，企业开始将营销、生产、研发、财务和人力资源各职能部门协调统一，从整体上来研究绩效评价指标。进入20世纪80年代，美国多数企业意识到仅依靠财务指标并不能反映企业绩效的真实情况，只能反映短期经营状况，长期发展能力无法在财务报表中得到体现。因此，之后的绩效评价体系中出现了非财务指标内容。人们不仅关注过去经营活动的成果，同时更关注企业以后的发展能力和获利能力。企业开始系统地将诸如客户满意度、质量管理、产品生产周期、战略及学习与创新能力等非财务指标引入企业绩效评价中去。国外学术界根据实务界的这种现实需求对非财务指标在业绩评价中的应用进行相关的规范和实证研究。

20世纪末和21世纪初，出现了许多各具特色的融入非财务指标的业绩评价系统，有代表性的有德鲁克以改革为核心的观点，罗伯特·霍尔的四尺度论，凯文·克罗斯（Kelvin Cross）和理查德·林奇（Richard Lynch）的业绩金字塔模型，卡普兰和诺顿的平衡计分卡。

罗伯特·霍尔认为评价企业的绩效需以四个尺度为标准，即质量、作业时间、资源利用和人力资源开发，通过对这四个尺度的改进，企业可以减少竞争风险。其中，质量尺度分为外部质量、内部质量和质量改进程序三种。外部质量是指客户或企业组织外部的其他人对其产品和服务的评价，它是产品和服务的精髓。具体指标包括客户调查情况、服务效率、保修及可靠性等。

内部质量代表企业组织的运营质量，包括总产量、生产能力、检验比率以及残次品和返工率等。质量改进程序是企业组织采用的确保高水平的外部和内部质量的程序或一系列的公式化步骤。作业时间是把原材料变为完工产品的时间段，具体包括工具检修时间、设备维修时间、改变产品和工序设计的时间、项目变更时间、工具设计时间和工具建造时间等。资源利用尺度用以计量特定资源的消耗和与此相关的成本，如直接人工、原材料消耗、时间利用和机器利用。前两项指标是制造产品和提供劳务的直接成本，后两项既包括直接成本，又包括间接和机会成本。人力资源开发尺度是指企业需要有一定的人力资源储备和能恰当评价和奖励雇员的管理系统。霍尔同时承认，要求企业做出全方位的改变是困难的，企业通常只能在一段时间内从这四个尺度逐渐改进。需要注意的是，任何指标的改进不应以牺牲其他指标为代价，如作业时间的改进不应以降低质量为代价，同样，质量方面的改进也不应以牺牲资源为代价。

为了凸显战略性业绩评价中总体战略与业绩指标的重要联系，1990 年，克罗斯和林奇提出了一个把企业总体战略与财务和非财务信息结合起来的业绩评价系统——业绩金字塔模型。在业绩金字塔模型中，企业总体战略位于最高层，由此产生企业的具体战略目标，并向企业组织逐级传递，直到最基层的作业中心，战略目标的传递呈多级瀑布式传递。制订了科学的战略目标之后，作业中心就可以建立合理的经营业绩指标，以满足战略目标的要求，然后，这些指标再反馈给企业高层管理人员，作为企业制订未来战略目标的基础。

1992 年卡普兰与戴维·诺顿在《哈佛商业评论》上发表了《平衡计分卡——业绩衡量与驱动的新方法》，首创新型业绩评价体系与战略管理工具——平衡计分卡。平衡计分卡是一种先进的衡量绩效的工具。平衡计分卡将战略从四个不同角度分成不同的运作目标，并依照这四个角度分别设计适当的绩效衡量指标。因此，它不但为企业提供了有效运作所必需的各种信息，克服了信息的庞杂性和不对称性的干扰，更重要的是，它为企业提供的这些指标可量化、可测度、可评估，从而更有利于对企业进行全面系统监控，促进企业战略与远景目标的达成。

Simon 通过研究发现，企业绩效与产品质量、市场地位、组织结构等企业经营战略有关系；同时企业经营战略与非财务指标有着紧密的联系，它们之间的关系越紧密，股东的投资回报率就会越高。

Banker 在一项为期六年的研究中发现，客户满意度与企业未来的财务绩效显著相关，其含有财务指标未能揭示的其他信息，是非财务绩效的衡量指标之一。

Ittner、Larcker 和 Taylor Randall 通过对 140 家美国上市公司的财务服务机构进行的相关调查研究发现，包含财务指标和非财务指标的综合评价指标体系相比单一财务指标体系更能全面地反映企业的绩效情况。此外，他们还从客户、业务单元和公司三个层面对其中 2 个财务服务性公司分别进行了检验，客户和业务单元层面的检验显示客户满意度和企业的未来财务绩效呈正相关，而公司层面的检验结果未能验证此关联关系。

Hassan 对企业高管薪酬激励合约中是否包含非财务指标做了实证研究，发现非财务指标与企业特性以及有盈利的业绩成果之间的恰当匹配是影响一个企业是否在高管薪酬激励合约中保留非财务指标业绩评价的关键因素，其研究结果表明，只有企业特性与非财务指标的采用达到一定的匹配度时企业才会取得更好的绩效，如果实际情况不是这样，企业会放弃使用非财务绩效评价指标。

Dennis Campbell 研究了在利用财务及非财务指标对企业基层管理人员进行绩效评价后，其对自身职务升降的敏感程度。结果发现，以非财务指标评价美国的快餐行业商店管理人员的服务质量，其对职务的升降是敏感的。也就是说，将非财务指标用于基层管理人员的绩效（或其他方面）的评价，他们会对评价结果做出积极的反馈，从而可以对企业的绩效产生影响。

Chong M. Lau 基于只有当员工认为企业绩效评价准则是公正的时候才会做出反应这一假设，对英国 149 个经理人进行调查研究，发现在英国，员工一般认为企业非财务指标的设计程序是合理的，员工会对相关非财务指标的设置做出反馈，非财务指标的设置是有效的。他认为，许多研究主要关注的是企业使用非财务指标的目的是克服传统仅使用财务指标进行企业绩效评价的不足。

2.2.2 国内企业非财务绩效评价综述

王化成和刘俊勇评价 Kaplan 和 Norton 的平衡计分卡，认为平衡计分卡的最大贡献就在于它引入了非财务评价指标。之后的发展则使它超越了仅仅作为企业的一个业绩评价系统的功能，成为一套行之有效的战略管理系统，将所有员工的极限工作能力以及具体实践知识综合应用，以实现公司的长远战略目标。

2005年，潘飞教授对截至2004年年末我国企业高管人员薪酬激励契约进行研究时发现，只有3家上市公司在评价高管人员绩效时采用了非财务绩效指标。而截至2005年年末，在总样本为220家上市公司的问卷调查中发现有10家将非财务指标用于高管薪酬计划，说明我国关于非财务指标的研究与应用呈现逐年上升的良好趋势。

张川和潘飞通过对76家国有企业进行研究，较为系统地分析了客户满意度与企业财务绩效的关系。他们证明了企业的客户满意度越高，企业盈利能力就会越高，从提高客户满意度来改善绩效评价效果这一层面来看，企业可以通过提高单位产品利润率和增大销售量来提高盈利能力，张川等发现，企业相对来说更可能采用前者。2008年，他们又对158家企业进行了问卷调查，分析了非财务指标采用程度对企业绩效的影响，分析发现对非财务指标的采用程度越高越会带来更高的企业绩效。但是无论是财务指标还是非财务指标，企业对其重视程度都有不足，仅仅提高对评价指标的重视程度不会影响企业绩效，同时，非财务指标与财务指标的采用程度都显著低于它们被认为的重要程度。

杜胜利博士认为非财务指标注重企业未来的绩效发展，与企业发展战略密切相关，但非财务指标的改进和利润的关系比较模糊，非财务指标之间关系不够明确甚至是相互矛盾的。所以他认为理想的绩效评价体系应该是财务指标与非财务指标的结合，他认为评价指标应该从六个方面着手：财务方面、客户方面、过程方面、质量方面、员工方面和研究开发方面。

张蕊认为传统财务指标评价体系追求短期利益，而且只能反映过去的经营成果，所以缺乏相关的评价指标；传统财务指标重视资产等有形资产，忽视了技术专利、创新与学习能力等无形资产；传统财务指标注重局部利益，轻视整体效益。财务指标有局限，不利于企业的长期竞争和发展。她认为应以创新、客户、内部经营和员工等几个方面的非财务指标来建立企业绩效评价指标体系。

曾峻通过对文献的归纳总结系统地分析了非财务指标在业绩评价中应用

的基本理论依据，论述了非财务指标的选择与设置以及财务指标和非财务指标在业绩评价中的综合应用。但其运用权重加成方法计算企业履行社会责任程度仍带有一定的缺陷。其一，利用一个总指标来研究企业社会责任有较高的主观性；其二，采用一个加成的总测评指标来研究企业社会责任会掩盖社会责任的结构和分类问题；其三，衡量社会团体的满意度跟企业履行社会责任情况的指标并不是完全成正比的线性关系。事实上，如果企业履行某项社会责任达到一定的程度，它就已达到相应社会团体的满意水平，而权重加成测评则忽略了这一点。

杨军芳等在《商业银行业绩评价的非财务指标设计》这一研究中将商业银行作为研究对象，认为传统的商业银行业绩评价体系以应用财务指标为主，仅对商业银行过去经营行为做静态描述，不能全面地反映商业银行的业绩情况。而非财务指标能够对商业银行的经营管理过程及无形资产进行衡量，能反映商业银行业绩的更深层次内容。因此，非财务指标的应用是商业银行业绩评价体系的有效补充，是进行综合业绩评价不可或缺的部分。

孟显仕认为非财务指标在企业绩效评价中的应用是绩效评价发展的一个趋势，企业应根据自身的实际情况来选择和设置非财务指标，以完善企业绩效评价指标体系。

吕峻在《基于非财务指标的财务困境预测及征兆分析——来自制造业上市公司的实证研究》中指出，通过对比正常公司和财务困境公司在一些非财务指标上表现出的差异，可以发现公司发生财务危机前的一些迹象。通过比较正常公司和财务困境公司在股权结构、治理水平、上市时间等非财务指标上的差异，分析公司遭遇财务困境的征兆。在此基础上，以非财务指标建立Logistics 财务困境预测模型进行检验，发现企业遭遇财务困境之前的第 4 年的预测精度不低于下一年度。

2.2.3 国内外研究述评

要对企业的绩效进行全面客观的评价，一定要突破传统的仅以财务指标为衡量手段的评价机制，将非财务指标引入评价体系。但这并不是否定财务指标的重要性，也不是绝对地夸大非财务指标的作用，而是辩证地处理二者的关系。非财务指标有很多优点，当然也存在一定缺陷。过分重视财务绩效，企业易产生短视行为，影响长期发展；但只关注非财务绩效而忽略财务绩效，则容易因为财务缺乏弹性而失败。

事实上，财务绩效与非财务绩效都是企业总体绩效的组成部分。财务绩效是通过会计信息系统获得的表象、结果和有形资产的积累，非财务绩效则是通过经营管理系统获得的内因、过程和无形资产的积累，对企业长远的盛衰成败关系极大，是本质的东西。信息时代的高科技环境，使得工业时代望尘莫及的非财务评价指标引进成为可能。随着竞争环境的变化和企业经营理念的转变，将非财务评价指标与财务评价指标有机结合，共同对经营行为和企业绩效进行评价，将是大势所趋，这也将帮助企业在薪酬激励计划中建立一套内容广泛而有用的绩效评价指标体系，并与长期股东价值最大化目标有机地结合在一起。

另外，对国有企业和国有资本金绩效评价指标体系的探索，可以加快建立现代企业制度，有助于解决企业的发展动力问题。利用平衡计分卡，可以了解企业如何为现在和未来的客户创造价值，如何提高内部生产力，以及如何为提高未来经营效率而对人员和系统进行投资。这样的评价体系使得企业的战略目标在各个环节得以落实，从而使国家的利益得到保障，确保了国有资本的保值增值。

就目前国内外对非财务指标的相关研究来看，非财务指标在企业绩效评价中应用还存在以下问题。

（1）目前对非财务指标概念的内涵和外延，学术界还没有一个统一的认识，对非财务指标的认识有待进一步探讨。

（2）未能形成一个比较统一的非财务指标理论体系，对非财务指标体系逻辑框架的构建以及具体构成要素的确定有待进一步研究。

（3）非财务指标本身存在难以度量的困难，这直接影响到关键非财务指标的确定和选取、非财务指标评价标准的确定以及非财务指标体系的绩效评价方法的确认。因此，对关键非财务指标的选取、非财务指标评价标准的确定和非财务指标体系的绩效评价方法的确认也需做进一步研究。

2.3 企业社会责任与企业非财务绩效关系研究综述

社会的变革必然引发企业的变革，企业不再单一追求经济目标，而是同时追求经济目标和社会目标。企业社会责任也符合当前倡导的“科学发展”的经济理念、“以人为本”的发展格局。因此，企业社会责任的履行越来越受到实务界和学术界的普遍关注。以往学术界关于企业社会责任与企业财务绩效的研究非常多，而涉及企业社会责任与企业非财务绩效的研究却少之又少，这可能会限制企业履行社会责任的行为选择和方式。我们将目光转向企业社会责任行为对非财务绩效的影响，可能会有助于我们进一步拓宽研究思路，强化对企业社会责任的理解。

2.3.1 实证研究综述

徐光华等人的《战略绩效评价模式：企业社会责任嵌入性研究》一文中构建了企业的战略绩效评价时钟模型，将企业共生战略绩效划分为经营绩效、财务绩效和社会绩效，这三大绩效呈现循环上升的趋势，社会绩效就是对企业履行社会责任情况的评价。

杨兵、柯佑鹏在非财务指标影响上市公司财务危机预测能力的实证研究中，通过分析我国财务危机预测领域的研究状况，研究了样本的选取对于研究结果的影响以及非财务指标在财务危机预测中的作用，发现非财务指标的引入可以大幅度地提高上市公司财务危机预测的准确程度，特别是在上市公司遭遇财务困境前几年会达到良好的预测效果。

在《零售企业战略性企业社会责任与消费者响应》一文中，郭晓凌和陈可立足于零售行业的环境保护方面，分析了客户中心的战略性企业社会责任和利润中心的战略性企业社会责任对消费者响应的影响，具体体现在客户认知、态度和行为三个层面，通过实证研究得出战略性企业社会责任能够使消费者产生企业社会责任联想，并提高其购买意愿和忠诚度。

Margaret Lindorff 等对赌博、烟、酒等特殊行业的战略性企业社会责任进行研究，在 *Strategic corporate social responsibility in controversial industry sectors: The social value of harm minimisation*（《有争议的行业部门的战略性企业社会责任：损害最小化的社会价值》）一文中，他们认为存在争议的、具备一定负面性的行业内的企业同样应该履行战略性企业社会责任，并共同形成一定的行业约束。

Belu 和 Manescu 研究发现，战略性企业社会责任对财务绩效的影响比传统企业社会责任对财务绩效的影响更具相关性，同时，战略性企业社会责任可以兼顾利润最大化原则，因为它不损害企业的经济利益。近年来，战略性企业社会责任的实证研究要略少于战略性企业社会责任的理论研究，并且结论难以达成一致。

刘刚和刘静在探索企业动态能力对企业绩效的影响时，选用的非财务指标有股东满意度、供应链上下游企业满意度和企业社会责任的履行程度。

许英杰和石颖以沪深 300 指数企业为例，研究了战略性企业社会责任的影响因素。他们在《中国上市公司战略性社会责任影响因素研究——以沪深 300 指数企业为例》一文中提出，战略性企业社会责任主要包括企业规模、营利性、股东控股性质、行业可见性、总部地区分布五个方面的因素。

王志娟在实地调研的基础上，实证研究、分析了企业的人力资本心理养护对非财务绩效的影响。其认为企业人力资本心理养护与企业非财务绩效呈正相关关系，但是，企业人力资本心理养护的四个维度——客户、内部经营与创新、学习和成长、社会责任对企业非财务绩效作用的显著性各不相同。企业人力资本心理养护对企业非财务绩效有正向影响，自我效能感和心理资本在其中起中介作用，情感承诺和组织支持感在其中起调节作用。

2.3.2 国内外研究述评

综合国内外相关研究可以发现，战略性企业社会责任与企业财务绩效的相关理论或实践研究颇多，研究结论皆显示两者具有正相关性。而战略性企业社会责任下的非财务绩效实证研究甚少。谢蓉蓉在《企业社会责任未来研究方向》一文中，在从财务绩效到非财务绩效研究，从整体社会责任评价到具体利益相关者评价研究两个方面为企业社会责任与非财务绩效的关系研究提供了思路。企业社会责任行为对非财务绩效的影响可从以下几个维度进行探索。一是对企业自身的影响。企业履行社会责任能提高企业自身声誉，为企业塑造正面形象，这种良好且正面的形象能否在企业面临危机和困境时发挥积极作用。企业履行社会责任是否对企业文化产生影响，而企业文化是否会进一步影响组织整体的运行效率和方式。二是对员工的影响。企业履行社会责任对企业内员工满意度、员工离职率、员工工作效率、高技术人才吸引能力的影响。三是对供应链的影响。企业履行社会责任是否能够对供应链产生影响，例如对商业信用的影响。四是对其他利益相关者的影响，例如对消费者满意度、消费者回头率等的影响。

在中国社会和经济发展进入了一个新的阶段后，企业在产品质量保障、员工权益保障、消费者权益保障、环境保护等方面都应承担相应的责任。因此，本书在回顾企业社会责任和非财务绩效相关文献的基础上，着眼于中国经济新常态，借鉴利益相关者理论，从与客户创造共享价值的视角，使用质性研究里面的访谈法和定量分析法对战略性企业社会责任为企业创造非财务绩效的途径和机制进行了分析和探讨。

3 理论基础与相关概念

3.1 利益相关者视角

3.1.1 利益相关者理论的缘起和发展

利益相关者理论发源于战略管理领域，然后发展成为组织理论和商业伦理的一部分。利益相关者理论的社会责任论述使此理论融入了管理学中的社会问题，近年来，利益相关者理论开始涉及关于可持续发展的讨论。这一理论在20世纪90年代中期才崭露头角，它在1995年中国科学院主办的《管理评论》特刊中受到关注，并在20世纪90年代后期走向高潮。

3.1.1.1 弗里曼利益相关者理论的发展

瑞典的莱曼等认为，过去利益相关者的合法性是建立在对企业的所有权和专业管理技能的基础上的，而现在这种观点正受到抨击。一些消费者对企业社会责任提出了新的要求。工人们要求在政策制定和决策过程中拥有发言权，而这与此前的管理思想是相悖的。与国家经济实力相当的大型跨国公司的出现，使人们认识到，这些私营机构对人类生活的影响可与政府的政治影响相提并论，因此，它们的权利影响到哪些人的福祉，就要为哪些人承担责任。尽管如此，弗里曼是第一个在他的开创性著作《战略管理：利益相关者方法》中全面阐述利益相关者理论框架的学者。弗里曼借鉴了企业规划、系统理论和企业社会责任等理论，以发展利益相关者理论。他认为，现有的管理理论没有能力应对商业环境中正在发生的变化，这些变化包括收购增加、激进主义、外国竞争、劳资关系变革、全球资源市场、超国家组织、不断兴起的消费者运动、日益增长的环境问题以及通信技术的改变。为了证明他的观点，弗里曼援引了一系列案例，如在1970年美国的*Clean Air Act*（《清洁空气法》）颁布后，通用汽车公司未能与高品质和高燃料效率的日本进口产品进行有效竞争，石油输出国组织（OPEC）推动油价上涨。

弗里曼（1984）认为，这些环境“转变”发生在内部利益相关者（所有人、客户、员工和供应商）和外部利益相关者（政府、竞争对手、客户权益主张者、特殊利益组织和媒体）之间。因此，他提醒经理人需要考虑所有能影响企业经营活动或被企业经营活动影响的团体或个人。他进一步提出，应利用市场的细分技术对利益相关者进行分类，以更好地了解他们的利益，并预测他们的行为。弗里曼详细介绍四种利益相关者一般管理策略，即进攻策略、防御策略、摇摆策略和保持策略，这些策略可以补充波特的基本竞争战略。此外，他认为利益相关者理论应该用于股东和公司董事会，并提出应该修改法律，赋予管理人员对所有利益相关者（不仅仅是股东）的信托责任。这一提议在后来几年引起了很大的争议。总体而言，弗里曼的利益相关者理论在内容上具有高度的战略意义，因为人们认为，将利益相关者的利益纳入考量范围，在提高企业绩效方面起到了重要作用。

后来，弗里曼与埃文合作撰写了《战略管理：利益相关者的方法》，并与吉尔伯特合作撰写了《公司战略与企业伦理》。这两部作品都将利益相关者的管理与道德哲学融合在一起，这背离了他最初的工作战略重点，但是为规范性的利益相关者理论的诞生铺平了道路。这导致该理论受到第一批实质性批评，因为它把利益相关者作为达到目的的手段和目的本身。弗里曼的基本论点是，不同哲学家所支持的道德叙述的多元性不应该受期望的影响而趋同，利益相关者管理也不应该囿于这些叙述中的任何一种。因此，他认为解决分离问题的根据在于“管理”利益相关者理论。他进一步解释了这一隐藏的缺陷，并指出：我们需要将利益相关者理论视为管理理论，这与商业实践、价值创造和贸易密切相关。从重新定义价值创造和贸易实践的意义上讲，这是其最初的推动力，以确保那些对此实践具有“利害关系”的人予以关注。弗里曼在与合作者一起努力完善和捍卫这一理论。他们共同努力，使利益相关者理论重新适应其自由主义的根源，部分是为了驳斥“利益相关者的方法来自社会主义世界观”的观点。他们纠正了一些善意的误读，比如认为利益相关者理论需要修改法律，或者认为它是一种全面的道德学说。此外他们澄清了一些重要的曲解，包括断言利益相关者理论是管理机会主义的借口。他们还为利益相关者理论辩护，反对 Sundaram 和 Inkpen 的批评，因为该批评指出利益相关者理论阻碍企业承担风险，并使公司治理复杂化。在 20 多年的时间里，弗里曼撰写了几十篇关于这个主题的文章、书籍，并继续担任利益相关者理论的高级受托人。

3.1.1.2 重要发展和定义时期

通过对现存文献内容的分析，我们发现，利益相关者理论经历了三个主要阶段。第一阶段，从 1984 年到 1991 年，我们称之为孵化阶段。在此期间，新兴的利益相关者文献主要局限于会议记录、论文、从业者期刊和书籍，Wood（1991）对当时文献的回顾和利益相关者理论的引用列表就是证明。值得注意的是，Carroll（1989）发布了一本以利益相关者理论为核心的有影响力的商业和社会教科书。

1991 年到 1998 年的这个阶段，我们称之为增量增长阶段，它促进了利益相关者理论的发展。在这一阶段，一些重要的学术期刊上出现了开创性的论述。例如，利益相关者理论在 1995 年的《管理评论》特刊中有专题报道，其中包括 Donaldson 和 Preston 的文章。该文章区分了利益相关者理论的三个分支：描述性（企业如何行为）、规范性（企业应该如何行为）和工具性（行为如何影响绩效）。在我们的样本中，除了 36 篇文章之外，其他所有的文章都符合这个类型（53 篇描述性文章，63 篇规范性文章，27 篇工具性文章）。在同一问题上，Clarkson（1995）总结了 70 个领域的研究，支持“关注利益相关者问题比关注一般的社会问题更有利于公司绩效”的观点。在这一阶段利益相关者理论还得到了三个专门学术会议的支持：会议两次在加拿大多伦多举行，一次在芬兰于韦斯屈莱举行。这些会议试图促使利益相关者理论作为商业和社会领域被广泛接受的范例而兴起。在这些会议之后发表的报告表明，利益相关者理论的研究已经取得了很大进展，但其要成为更复杂、更清晰的理论，还有很多工作要做。在此期间，托尼·布莱尔（Tony Blair）在采访和公开演讲中使用了利益相关者理论，为研究人员的学术构架提供了参考。

第三阶段于1999年左右开始持续到现在，我们称之为成熟阶段。这一阶段，人们对利益相关者理论的关注显著增加，尤其是在涉及管理领域的社会问题上，这引发了诸如“可以说利益相关者理论在某种程度上已经席卷了该领域”等观点。在此期间产生的大量文献引出了三篇重要的评论文章，例如，Stoney 和 Winstanley 回顾了期刊中描述的利益相关者理论，研究了意识形态、实施和竞争力问题。Walsh 回顾了三本有关利益相关者理论的著作，他认为这些书很少给被要求进行社会投资的商业领袖提供建议。Kaler 对规范的利益相关者理论进行了持续的多阶段审查。

可能是由于利益相关者理论在管理话语体系中的影响日益凸显，它受到了股东至上主义者的抨击。詹森（Jensen）将利益相关者理论描述为对200年经济理论和研究的一种侮辱，并认为利益相关者理论掌握在那些希望利用公司资源达到自身目的的特殊利益者手中。相反，在2007年7月出版的《管理评论》中有一个关于企业作为社会中介的专题论坛，其中包括5篇关于利益相关者理论的文章。

一些文章提到了利益相关者的定义和显著性。对其的整体认识可以追溯到弗里曼对利益相关者的经典定义，即能够影响一个组织目标的实现，或者受到一个组织实现其目标过程影响的所有个体和群体。仔细阅读其论述可以发现，弗里曼最感兴趣的是“受影响”类别，因为它们可能会对公司产生潜在影响。弗里曼认为，要成为一名有效的战略家，你必须与那些会影响你的以及会受你影响的团体打交道，并要做出反应（从长远来看是有效的）。最初的定义可能引起了寻求更具社会反应性管理理论的研究者的注意，但也受到了批评，因为“可能影响”导致利益相关者一词失去了许多实际意义，这样的批评也得到了证明。有人表示如果所有的实体，只要它们对公司有影响，就必须纳入管理考虑的范畴，那么我们为什么要支持利益相关者管理理论呢？这种定义上的歧义已导致伦理学家以及商业和社会研究人员对规范性问题产生了特殊的兴趣，那么管理者应该注意哪些利益相关者？同时，社会学家试图明确一个相关的经验问题：管理者真正关心哪些利益相关者？

规范性问题产生了一系列答案，从狭义的利益相关者观点出发，即只有那些对公司行使职权或承担风险的人，从广义的利益相关者观点来看，还包括无力影响公司的人，甚至非人类实体。在定义利益相关者的那些文章中，只有10篇是从狭义角度出发，而94篇则是从广义角度阐述利益相关者定义。另外，有31篇文章专门探讨边缘化的利益相关者。

Mitchell、Agle和Wood（1997）综合了大约20种不同的利益相关者识别研究，认为利益相关者必须具备以下三种属性中至少一种，即权力性（拥有影响企业决策的地位、能力和手段），合法性（被赋予法律上、道义上或者特定的对于企业的索取权）和紧迫性（能立即引起企业管理层的关注）。这些性质通过后续研究得到了合理的经验支持。Parent和Deephouse（2007）发现，权力性对利益相关者的显著性影响最大，其次是紧迫性和合法性。但是，Driscoll和Starik质疑Mitchell等人提出的利益相关者属性的全面性，认为它们“不足以囊括近、远，短期和长期以及实际存在和潜在的利益相关者”，他们建议将生态可持续性纳入利益相关者理论。其他人则认为，利益相关者的显著性是组织文化和承诺的函数，随组织生命周期的不同而不同，并且取决于产业的政治化框架。

为了对利益相关者进行分类，人们提出了一些相互竞争的类型。例如，A. L. Friedman和Miles（2002）认为，组织和利益相关者之间极为消极和高度冲突的关系被忽视或分析不足，并期待社会变革理论来构建它们的类型学。Post、Preston和Sachs（2002）提出了一种类型学，针对基于资源、行业结构和社会政治的利益相关者。

3.1.2 利益相关者理论在企业社会责任研究领域的进展

许多学者转向利益相关者理论来完善企业社会责任的概念。Donna Wood的企业社会责任研究提供了与利益相关者理论的重要联系。Wood第一次明确提出了企业社会责任是对企业目的的挑战，从股东的视角来看企业目的是利润最大化，转变为“社会”视角企业目的就需要包括一些更大的社会利益。但她所做的还不止于此。事实上，这只是利益相关者理论方向的第一步，要完成这一过渡，还需要再往前走一步。正如我们在前面所论证的那样，在战略管理中采用利益相关者的方法，需要放弃股东价值最大化是企业主要目的的想法，而接受这样的想法，即在确定企业目的时必须考虑到特定的利益相关者群体（那些能够影响或受企业活动影响的人）的利益。这并不是说要忽视股东的观点，而是说必须将其纳入企业更广泛的利益相关者观点中。

Wood（1991）重新审视了企业社会绩效的概念，试图进一步发展最初由Carroll提出、Wartick和Cochran修订的模型。Wood发现这些模型有三个明显的局限。首先，它们将企业社会绩效定义为不同组成部分之间的相互关系，而忽略了一个事实，即企业社会绩效必须根据行动和结果来定义，而不是根据相互关系来定义。其次，它们倾向于用一个单一的过程来识别社会反应，而企业可以通过许多不同的过程来应对社会问题。最后也是最重要的，Wartick和Cochran将政策赋予了太多限制性的作用，因此没有认识到，除了书面的、正式的政策之外，更广泛的企业行动、行为和方案可以改善组织的社会绩效。如果政策不存在，就不能推断出社会绩效不存在。

鉴于这三个局限，Wood建议将企业社会绩效定义为企业组织对社会责任原则、社会反应过程以及与企业社会关系有关的政策、方案和可观察到的结果的配置。Wood认为，这种定义的好处有两个方面。一方面，它没有把社会责任作为完全不同于企业绩效的东西孤立起来；另一方面，它为我们提供了一个用于评价商业产出的结构，必须与关于适当的商业社会关系的明确价值观相结合。

同样，Windsor（2001）对企业社会责任概念的发展史做了一个良好的总结。他特别批评了管理学中的财富创造运动，其目的是通过利润最大化来增加社会福利。他还声称，企业社会责任的规范性动机和工具性动机很难区分，财务绩效和社会责任之间的联系是混乱的。他的核心主张是，如果企业社会责任要在未来蓬勃发展，就需要一种超越财富创造的更广泛的责任感。在2006年的一篇论文中，Windsor指出，道德责任观和经济责任观存在着相互竞争的道德框架，并没有很好地融合在一起，企业公民文献也没有有效地综合这两种关注点。他概述了一种工具性的社会责任公民观，将慈善事业视为提高企业声誉和增加市场机会的战略决策。他将利益相关者的观点与他的立场相结合，他表示，影响利益相关者或社会的外部成本构成了实际成本。外部成本会扭曲生产和消费，损害一般福利。这种负担必须由受影响的一方通过投诉、诉讼或改变公共政策来解决。

虽然Windsor承认企业对利益相关者可能产生的影响，但他认为调解这个问题的主要手段是政府的干预，而不是管理层的自由裁量和积极行动。

Pedersen（2006）在提出论点时首先指出，没有公认的企业社会责任或利益相关者的定义，接着阐述了企业如何将抽象的企业社会责任概念转化为实践。他指出，企业社会责任的定义要承认与利益相关者理论的紧密联系，并接受企业社会责任的折中性质，避免将自己局限于特定的战略、特定的利益相关者和特定的社会与环境问题。他概述了利益相关者对话的五个层次：包容、开放、宽容、授权和透明。这五个层次受意识、承诺、能力和共识等因素的影响。

Munilla 和 Miles（2005）描绘了一个企业社会责任连续体，其中有三种与利益相关者接触的模式：合规模式，即企业社会责任支出被视为经营成本；战略模式，即企业社会责任被视为对企业能力的投资；强制模式，即企业社会责任被视为外部利益相关者强加的一种税收。他们认为，合规和强制模式都削弱了企业创造战略优势的能力。

卡森提供了利益相关者理论的另一个版本，他认为其比古德帕斯特以前的表述更有力地解决了企业的社会目标问题，而古德帕斯特以前的表述与弗里德曼的社会责任观过于相似。卡森认为，企业管理者有促进所有利益相关者利益增加的责任（这是首要责任）。但某些利益相关者所承担的责任比其他利益相关者承担的责任更重要。因此，有时较重要的利益相关者的次要利益会优先于较不重要的利益相关者的较大利益。虽然卡森并没有列出一个评价利益相关者群体重要性的标准，但企业的价值主张可以作为一个重要的出发点。这些方法中的每一种都旨在通过探讨企业如何与特定的利益相关者互动，进一步阐明企业社会责任的概念。

3.2 关键（优先）利益相关者

3.2.1 关键（优先）利益相关者理论的起源和发展

自从 Freeman 出版了他的里程碑式的著作《战略管理：利益相关者的方法》之后，利益相关者的概念已经深入管理学研究人员和管理者的思维。然而，尽管该术语已经很流行，而且描述性很强，但对于 Freeman 的某些说法，却没有达成一致。也就是说，谁（或什么）是企业的利益相关者？管理者又要关注谁（或什么）？第一个问题要求建立一个利益相关者识别的规范理论，从逻辑上解释管理者为什么要把某些类别的实体视为利益相关者。第二个问题要求对利益相关者的显著性进行描述性论证，以解释管理者在什么条件下将某些类别的实体视为利益相关者。

通过回顾利益相关者理论，我们看到利益相关者被确定为主要或次要的利益相关者，企业的所有者和非所有者，资本的所有者或有形资产的所有者，行为者或被行为者，与企业存在自愿或非自愿关系的人，权利持有者、承包商或道德要求者，企业的资源提供者或依附者，风险承担者或影响者，以及代理人经理对其负有信托责任的法律委托人。在有关利益相关者的文献中，有一些宽泛的定义，试图说明几乎任何人都可以影响组织行为或受组织行为影响。现在需要的是一种能够可靠地将利益相关者与非利益相关者区分开来的利益相关者识别理论。

多伦多大学克拉克森企业社会绩效与伦理研究中心主办的第二届多伦多利益相关者理论会议首次注意到了利益相关者经理关系理论中这三个属性的中心地位。

在有关利益相关者的文献中，还有一些狭义的定义，这些定义试图说明管理者根本不可能照顾到所有实际或潜在的利益相关者的要求，并提出了各种不同的管理重点。本书认为，利益相关者的显著性问题，即管理者对相互竞争的利益相关者要求的优先程度，已经超出了利益相关者识别问题的范畴，因为每一种关系的内在动力都涉及复杂的因素，而这些因素是目前的利益相关者框架无法解释的。现在需要的是利益相关者显著性理论，它可以解释管理者实际关注的是谁，关注的是什么。

在识别利益相关者的各种方法中，以及在企业的代理行为、生态制度、资源依赖和交易成本等理论中，我们没有发现某一理论中的单一属性可以指导我们解决这些问题。然而，我们可以从这些文献中提炼出这样一种观点，即只需几个属性就可以用来识别公司环境中不同类别的利益相关者。我们从Freeman对利益相关者的定义开始分析——“任何能够影响组织目标的实现或受这种实现影响的团体或个人”——并从这些不同的理论文献中发展出一个利益相关者识别理论。我们从一个宽泛的定义开始，这样就不会任意或先验地将潜在或实际的利益相关者排除在分析之外。然后，我们提出利益相关者的类别可以通过其拥有或被赋予以下属性来识别：利益相关者对企业的影响力；利益相关者与企业关系的合法性；利益相关者的主张对企业的紧迫性。该理论基于这样的规范性假设产生了一个全面的利益相关者类型学，即这些变量定义了利益相关者的类型。

在这一类型学的基础上，我们进一步提出了利益相关者优先性理论。在这一理论中，我们提出了一个基于利益相关者类型识别的动态模型，它明确地认识到情境的独特性和管理者的认知，以解释管理者如何对利益相关者进行优先排序。我们展示了它如何对每一类利益相关者的管理行为进行预测，利益相关者如何从一类变为另一类以及这对管理者意味着什么。在利益相关者显著性理论中，我们并不主张管理者应该关注这一类或那一类利益相关者。相反，我们认为，为了达到一定的目的，或者说由于某种因素，管理者确实会对某类利益相关者给予一定的关注。其有助于了解实际存在的利益相关者的类型，以及管理者为什么要对他们做出这样的反应，我们的显著性概念澄清了这一点，这为未来的利益相关者理论工作奠定了基础，明确了管理者如何以及在什么情况下可以和应该对不同类型的利益相关者做出反应。

3.2.2 关键（优先）利益相关者理论在企业社会责任研究领域的进展

利益相关者理论是企业和社会关系的重要组成部分，是评价企业社会责任最常用的理论框架，经过了多年讨论。Middlemiss 对 8 个国家的 170 名企业高管和专业传播者进行的企业社会责任测评研究显示，认为利益相关者调查与衡量企业社会责任“非常相关”的人最多，而认为两者“不相关”的人最少。

组织的利益相关者一般被分为一级或二级利益相关者群体。根据 Freeman（1984）的观点，一级利益相关者群体包括客户、竞争者、员工、投资者、股东、供应商，二级利益相关者包括政府、利益集团和媒体。有人建议对这些群体或个人进行限制，认为只有当利益相关者在关系中承担一定的财务或人力风险时，利益相关者才是合法的。其他人则有不同的看法，认为有两个更高层次的大类——战略利益相关者和道德利益相关者，其中战略利益相关者是指那些能够影响组织的人，而道德利益相关者是指那些受组织影响的人。

与最初的“风险承担”不同，这部分学者建议利益相关者“争夺资源”，并建议制作一个利益相关者地图，或进行一系列的访谈，突出强调利益相关者之间的对比差异，以确定重要的战略和道德利益相关者群体。

在弗里曼（1984）提出“利益相关者是指能够影响组织目标的实现或受其影响的任何群体或个人”这一著名定义后的几十年里，关于利益相关者及其在企业中所扮演角色的研究数量激增。随着企业的利益相关者导向变得越来越重要，企业所处的环境也变得更加复杂。因此，有学者引入了几个框架来优先考虑一些利益相关者的主张，试图使这种复杂性更易于管理。最常用的是 Mitchell 等人提出的框架。该框架认为，利益相关者对企业的重要性取决于三个属性，即权力性、合法性和紧迫性，它们共同构成了显著性的概念。属性越多，利益相关者就越突出，最终利益相关者将所有这三个属性都作为同等重要的内容。任何利益相关者在任何给定时间都可以拥有或不拥有某种属性。

有学者认为，利益相关者的显著性对了解组织如何以最佳方式管理多种利益相关者关系具有相当大的帮助。利益相关者的显著性被定义为管理者对相互竞争的利益相关者诉求给予优先权的程度，另外有人认为，传统的利益相关者显著性框架应该进行修改，评估权力、道德、合法性和紧迫性，而不是将其作为二分法的变量。其中，道德包括个人、组织和社会建构对管理者的影响，能让人更好地理解显著性如何最好地分配资源。

Greenley 等人（2004）表明，每个利益相关者对企业相对重要性的感知差异与企业战略规划的重点不同有关。企业需要对各种主要利益相关者利益的优先性排序，并分配管理注意力和资源为其服务。弗里曼（1999）也支持政治性的观点，并指出，“纯粹描述性的、价值自由或价值中立的利益相关者理论的想法本身就是矛盾的”。在大型企业中，通过设置企业社会责任经理人这一职位，管理者可以分配注意力和资源来满足利益相关者对企业社会责任活动的需求。另外，有研究表明，企业很可能参与捐赠，以抵消利益相关者的关注。企业社会责任和企业捐赠应有一个更广泛的视角，以更好地指导实践。

从企业社会责任的角度来看，利益相关者理论有助于理解组织的影响因素和影响者，还有助于理解组织的行为如何影响不同的利益相关者。大型企业可以借此理解并识别与利益相关者的相关性。其对负责任行为的新兴战略导向证明了，利益相关者理论足以识别作为大型企业价值创造过程的一部分的利益相关者。可持续战略的关键在于与利益相关者的关系和对这些关系进行管理的方式。

利益相关者理论有助于理解和描述各类主体对组织的重要性。企业社会责任经理人既可以帮助企业实现股东管理的法定目标，又可以在企业满足（或管理）其他利益相关者的冲突性需求方面发挥重要作用，而这正是“战略性慈善事业”的理想结果。因此，利益相关者理论提供了一面透视镜，可以更好地帮助理解谁是利益相关者，组织对这些利益相关者有什么责任，各利益相关者的相对权力性、合法性和紧迫性（以及这给组织带来了什么机会或威胁）。

3.2.3 关键（优先）利益相关者的分类标准和权利

3.2.3.1 关键利益相关者的分类标准和权利

对于“‘谁或什么真正重要’的衡量标准”的定义是基于这样的假设：第一，希望实现某些目标的管理者会对不同类别的利益相关者给予特定的关注；第二，管理者的认知决定了利益相关者的显著性；第三，不同类别的利益相关者可以根据对以下三个属性（权力性、合法性和紧迫性）中的一个、两个或全部三个属性的拥有或归属来确定。现在我们继续分析这些属性的不同组合所产生的利益相关者类别。

我们首先探讨由权力性、合法性和紧迫性的不同组合所产生的利益相关者类型。在逻辑上和概念上，组合产生了七种类型——三种只拥有一种属性，三种拥有两种属性，一种拥有三种属性。我们提出，经过进一步的理论和实证工作，利益相关者具备的属性可以得到充分验证。通过这种分析，可以识别出应该被视为公司利益相关者的实体。同时这构成了一些集合，管理者从这些集合中选择那些他们认为具有优先性的实体。根据这个模型，没有权力性、合法性或紧迫性关联的实体就不是企业利益相关者，也会被企业的管理者认为没有优先性。

结合利益相关者类型分析，并基于管理者对利益相关者的看法是决定组织资源分配以响应利益相关者主张的关键变量这一假设，我们还提出了影响利益相关者优先性的若干命题。

3.2.3.2 潜在型利益相关者

由于跟踪利益相关者行为和管理关系的时间、精力和其他资源有限，经理人很可能对他们认为只具备其中一种属性的利益相关者不闻不问，甚至不承认这些利益相关者的存在。同样，潜在型利益相关者也不可能对企业给予任何关注。因此，当管理者认为利益相关者只具备一种属性的时候，其优先性会很低。

接下来我们将讨论这一预期背后的推理，因为它适用于每一类潜在型利益相关者。

潜在型利益相关者的相关属性是权力性。潜在型利益相关者拥有将自己的意志强加于企业的权力，但由于没有合法的关系或紧迫的要求，其权力仍未得到利用。潜在型利益相关者的例子比比皆是。例如，权力被那些持枪上膛的人（胁迫性的）、能花大钱的人（功利性的）、能支配新闻媒体的注意力的人（象征性的）等群体掌握。潜在型利益相关者与公司几乎没有什么互动。但是，由于他们有可能获得第二种属性，因此管理层应该对这些利益相关者保持关注，因为潜在型利益相关者与管理者关系的动态性质表明，如果其获得了紧迫性或合法性，管理者就会对他们更加重视。

尽管存在一定的困难，但哪些潜在型利益相关者可能会成优先利益相关者往往是可以预测的。例如，虽然企业可以将被解雇的员工视为潜在型利益相关者，但经验表明，这些利益相关者可以行使其潜在的权力。美国邮政机构前员工在邮政设施内枪击（胁迫性），向法院系统提起不当解雇诉讼（功利性），在谈话电台上“发声”（象征性），都是这种组合存在的证据。

3.2.3.3 可自由裁量型利益相关者

可自由裁量型利益相关者拥有的属性是合法性，但他们没有影响企业的权力，也没有迫切的要求。可自由裁量型利益相关者对于研究企业社会责任与绩效的学者来说，是一个特别值得研究的群体，因为他们最可能是 Carroll 所说的可自由裁量型企业社会责任的接受者。关于可自由裁量型利益相关者的关键点是，在没有权力和紧急要求的情况下，管理者绝对没有压力与这样的利益相关者建立积极的关系，尽管管理者可以选择这样做。

并非所有企业慈善事业的受益者都是可自由裁量型利益相关者，只有那些对企业既无权力也无迫切要求的人才是。可自由裁量型利益相关者的例子包括双子城的“免费打车”计划的受益者，在该计划中，Fingerhut 公司为醉酒而无法开车的人承担了打车费用；还有非营利组织，如学校、施粥场和医院，他们接受 Rhino Records（犀牛唱片）、Timberland（添柏岚）、Honeywell（霍尼韦尔）和 Levi－Strauss（李维斯）等企业的捐赠和志愿者服务。

3.2.3.4 苛求型利益相关者

如果利益相关者与管理者的唯一相关属性是紧迫性，那么，其就会被定义为苛求型利益相关者。苛求型利益相关者，即那些有迫切性要求，但既没有权力性也没有合法性的利益相关者，是管理者“耳边的蚊子”，令人讨厌但不危险，不值得管理部门过多关注，管理部门不过是例行公事。当利益相关者无法或不愿意获得必要的权力性或合法性，以使自身的主张获得更突出的地位时，紧迫性不足以使利益相关者的主张超越其他人。例如，一个示威者在总部外高举写着“世界末日来了！”“化工公司是罪魁祸首！”字样的牌子游行，这可能会让化工公司的经理们极为恼火，但示威者的诉求在很大程度上仍然不会得到考虑。

3.2.3.5 主导型利益相关者

在利益相关者同时具有权力性和合法性的情况下，他们在企业中的影响力是有保证的，因为拥有合法的权力，他们在企业中形成了“主导联盟”。我们将这些利益相关者定性为“主导型”是为了尊重他们对公司的合法主张，以及他们对这些主张的行动能力，而不是预测他们对公司的意图。至少在我们看来，被管理者认为具有权力性和合法性的任何利益相关者的期望对管理者来说都是重要的。

因此，我们可以预见，在认可主导型利益相关者与企业关系的重要性方面会存在一些正式的机制。例如，企业董事会一般包括员工代表、重要债权人和社区代表，通常有一个投资者关系办公室来处理与投资者的关系。大多数企业都有一个人力资源部门，表明企业认可自身与员工关系的重要性。公共事务办公室在依赖与政府保持良好关系的企业中很常见。此外，企业还向合法的、有权力的利益相关者提交报告，包括年度报告、委托代理声明，以及环境和社会责任报告。事实上，许多学者试图确立的企业唯一的利益相关者就是主导型利益相关者。在我们的分类中，主导型利益相关者期望受到管理者的关注，也的确得到了管理者的关注，但他们绝不是管理者应该或确实与之有关系的全部利益相关者。

3.2.3.6 依赖型利益相关者

我们将那些缺乏权力但有迫切的合法诉求的利益相关者称为依赖型利益相关者，因为这些利益相关者依赖他人（其他利益相关者或企业管理者）获得执行其意志所需的权力。由于这种关系中的权力是不对等的，权力的行使要么是通过其他利益相关者的倡导或监护来实现，要么是通过内部管理价值观的引导来实现。

以埃克森公司瓦尔德斯号油轮在威廉王子湾的严重漏油事件为例，我们可以看出，有些利益相关者群体有迫切和合法的要求，但他们在这种关系中几乎没有甚至根本没有权力满足自己的意愿。这些利益相关者为了满足自身的诉求，不得不依靠其他有实力的利益相关者或者公司管理层。这类利益相关者包括当地居民、海洋哺乳动物和鸟类，甚至自然环境本身。为了满足这些从属利益相关者的诉求，主导型利益相关者阿拉斯加州政府和法院系统必须对该地区的公民、动物和生态系统提供监护。在这里，依赖型利益相关者由于其迫切的诉求被主导性利益相关者所采纳而成为最突出的利益相关者，这说明了使用这里提出的利益相关者识别和优先性理论及原则可以有效地塑造出一种动态性。

3.2.3.7 危险型利益相关者

我们认为，如果一个缺乏合法性的利益相关者具有紧迫性和权力性，那么这个利益相关者就会具有胁迫性，并可能具有暴力倾向，从而使自己对公司来说是危险的。因为胁迫性权力的使用往往是非法的。

非法但常见的利用胁迫手段推进利益相关者的诉求（可能是合法的，也可能是不合法的）的例子包括非法罢工等。例如，20世纪70年代，通用汽车公司在俄亥俄州洛兹敦的员工将爆裂罐焊接在发动机缸体上，以抗议公司的某些政策。这些利益相关者的行为不仅超出了合法性的范围，而且对利益相关者与管理者之间的关系以及相关个人和实体都是危险的。

我们必须指出，对那些对利益相关者和管理层关系以及对人们生命和福祉都具有危险性的人，我们可以通过本分析中提出的分类方法来赋予他们某种程度的合法性。然而，尽管我们感到不安，但更令人担心的是，如果不确定危险利益相关者，可能会错失减轻危险的机会，导致准备不足而失去应对调整的机会。此外，为了更好地保持利益相关者鉴定方法的完整性，我们觉得有必要确定危险型利益相关者。我们充分认识到，社会在识别出危险型利益相关者后会拒绝接受他们，并通过各种形式反制恐怖行为。社会是维护文明之战中的有效反制者。对这一类利益相关者的认定，就是在这种战术的支持下进行的。

3.2.3.8 确定型利益相关者

此前，我们将优先性定义为管理者对相互竞争的利益相关者诉求的优先程度。因此，当管理者认为所有三个利益相关者属性——权力性、合法性和紧迫性都存在的时候，该利益相关者的优先性就会很高。

根据定义，一个同时表现出权力性和合法性的利益相关者已经是公司的“主导联盟”的成员。当这样的利益相关者的诉求是紧急的，管理者就有明确、即时的任务来处理并优先考虑该利益相关者的诉求。最常见的情况很可能是主导型利益相关者进入确定型利益相关者的行列。

例如，1993年，IBM（国际商业机器公司）、通用汽车公司、柯达公司、西屋公司和美国运通公司的股东（主导型利益相关者）在感觉到这些公司的经理人没有为他们的合法利益服务时，就开始积极行动起来。当这些强大、合法的利益相关者看到自己的股票价值暴跌时，就会产生一种紧迫感。由于高层管理者没有对这些明确的利益相关者做出充分或适当的回应，他们便被撤职了。这表明了准确认识权力性、合法性和紧迫性的重要性；承认和行动的重要性，更具体地说，是对确定型利益相关者的错误认识或不关注确定型利益相关者的主张所造成的后果。

任何期望型利益相关者都可以通过获得缺失的属性而成为确定型利益相关者。正如我们前面看到的那样，依赖型利益相关者阿拉斯加州公民通过获得政府的强大支持而成为埃克森公司的确定型利益相关者。同样，危险型利益相关者南非非洲人国民大会通过赢得自由的全国性选举，成为南非公司的确定型利益相关者。

3.3 共享价值的视角

企业着重寻找自身与社会的价值交叉点，将其作为创新和利益增长的源泉，创造与社会共享的价值，可以在提高企业绩效的同时承担一部分社会责任。

3.3.1 共享价值的概念

2011 年，波特和克莱默在他们 2006 年的研究成果上进行了更深入的研究，较为完整地提出了共享价值的概念。他们指出，共享价值可以定义为企业在提升企业竞争力的同时能够改善其所在地区的经济和社会状况的一系列政策和运营实践，共享价值创造关注的是识别和增强社会与经济进步之间的联系。需要特别指出的是，共享价值的概念应当建立在以价值原则来解决经济和社会进步议题的前提下，即价值被定义为相对于成本而言的效益，而不只是单纯的利益。

大多数企业总是认为价值创造就是指用从客户那里赚取的收入减去成本而获得利润的过程。然而，企业很少从共享价值的视角去看待社会问题，还总是把类似的问题边缘化，而这恰恰成了经济问题和社会问题相互联系的阻碍。企业存在的目的是通过商业行为产生利润和价值。企业并非慈善机构，不应盲目地去进行慈善捐赠，而应创造共享价值，提升经济和社会价值。在如今的社会中，从价值角度看待问题这一方式并不普遍。但越来越多的优秀企业，如通用电气、谷歌、IBM、英特尔、强生、雀巢、联合利华、沃尔玛等已经开始利用识别社会和企业绩效之间的交叉点来创造共享价值。而政府也应当运用能够实现共享价值的方法去监管，而不是违背共享价值。

3.3.2 如何创造共享价值

Porter M. E 和 Kramer M. R. 还指出，企业可以通过创造社会价值来创造经济价值。有三种不同的方法来实现共享价值：重新思考产品和市场；重新定义价值链上的生产力；在企业所在地开启地方集群发展。以上三种方法都是共享价值良性循环的一部分，一个领域价值提升同样会给其他领域带来机会，更好地将企业的成功与社会的进步连接到一起。共享价值开辟了许多新途径来满足新的需求，提高效率，创造差异化和扩大市场。

3.3.2.1 重新思考产品和市场

社会的需求是巨大的，当前的全球经济中仍有前所未有的巨大需求未被满足，人们已经花了几十年去学习如何分析和创造需求，然而还是丢失了这当中最重要的需求。太多的企业忽略了最基本的问题：我们的产品对客户或客户的客户是否有好处？在先进的经济体中，对能够满足社会需求的产品和服务的需求正在迅速增长，为实现这些需求，创新的途径被打开了，并且在这一过程中创造了共享价值。社会成果将会更加丰硕，因为企业往往比政府更有效率，同时非营利组织处在一个激励客户接受产品和服务并从中创造社会效益的市场中。对于一个企业来说，创造共享价值的起点是确定所有的社会需求、利益和该企业的产品中已有或可能会产生的危害。机会不是静态的，而是随着技术、经济和社会的发展不断变化的，对社会需求的持续探索将引导企业发现、分化和重新定位传统市场的新机遇，并且注意到被忽视了的新的市场，想满足市场的需求往往需要重新设计产品或采用不同的分配方式。

3.3.2.2 重新定义价值链上的生产力

企业的价值链不可避免地会作用和反作用于社会问题的产生，由于社会问题会在企业的价值链中产生经济成本，创造共享价值的机会也会由此产生。许多企业甚至在没有法规或税收限制的情况下，因为所谓的外部效应而产生了内部成本。例如，过度包装和温室气体排放不只是对环境，对企业来说同样代价高昂。为了解决这个问题，2009 年，沃尔玛通过重新规划卡车路线削减其运输路线上亿英里，在卖出更多产品的同时还节省了 200 万美元，通过创新利用商店使用过的废旧塑料节省了数以百万计的处置成本。这种新思维揭示了社会的进步和价值链上的生产力之间的一致性远远大于传统思维所认为的那样。当企业以一个共同的价值观点和创造新的运营方式去解决社会问题时，协同作用就会增强。以下是一些能够在解决社会问题的同时为企业生产力带来好处的方法，它们能利用共享价值思维去改变价值链，它们之间往往不是独立的而是相辅相成的：能源利用和后勤支持；资源使用；采购；分配；员工生产力；区位。

3.3.2.3 开启地方集群发展

没有一家企业是完全独立的，每一个企业的成功都受周围的配套企业和基础设施共同影响。生产力和创新被集群的概念深远地影响着。例如，在印度，集群不仅包括企业，还有机构，诸如学术机构、行业协会和标准组织。其还会利用周边社区的更广泛的公共资源，比如学校、水资源、公平竞争法、质量标准、市场透明度。集群效应是所有成功和不断增长的区域经济的卓越表现，同时它扮演了推动生产力、创新和竞争力发展的重要角色。有能力的地方供应商能提供更高效的后勤支持，从而使协作更容易进行，这些地区中更强大的支持诸如培训、运输服务以及相关的产业也能提高生产力。如果没有集群支持，生产力将严重受挫，集群框架条件的不足也会使企业内部产生成本。例如，贫乏的公众教育带来了培训成本；贫乏的交通基础设施建设带来了物流成本；性别或种族的歧视减少了有胜任力的员工的数量；贫困限制了产品的需求，并导致环境退化；不健康的工人带来了安全成本；等等。

企业通过建立集群来提高工作效率，同时为周围的集群弥补差距或缺失，并以这种方式创造共享价值。为了支持企业所在社区的集群发展，企业需要识别物流、供应商、分销渠道、培训、市场组织和教育机构等方面的差距和不足，把重点放在最能代表企业生产力和增长制约因素的那些不足之处上，并识别那些企业能直接影响，同时共同协作更具成本效应的领域，这便是最能带来共享价值的地方。那些为了解决制约企业的集群弱点而提出的方案会比以社区为中心的企业社会责任项目更高效，因为企业社会责任项目在太多领域都忽视了共享价值，只能产生有限的影响力。企业应尽量争取与合作伙伴共担成本，共赢支持。最成功的集群发展方案包含了自营部门、行业协会、政府机构和非政府组织。

3.3.3 共享价值的测量

尽管世界上许多优秀的企业已经将共享价值的概念引入管理战略中，并对企业自身的利润和社会福利都做出了积极的贡献，但即使是这些企业，在实际应用共享价值时仍然缺少一个可供参考的依据，因为如果企业不能确切地衡量由共享价值驱动的举措给社会带来的影响程度有多大的话，那么企业无法评估出这些商业结果与社会影响的相关程度有多少，会因此而错过重要的创新和成长机遇。因此2012年波特、希尔、普菲策、帕切克、霍金斯又提出了共享价值的测量方案。由于此方案旨在衡量不同企业基于自身情况所制定出的特定战略的执行效果，我们可以依照共享价值的三个实现途径来测定：共享价值的层级、社会成果和商业成果。共享价值的测量并不是一次性或是周期性的，而是需要将共享价值与商业策略一同整合并不断循环执行。因此，一个整合了共享价值策略及测定的方案包括四个步骤：第一，在目标中识别社会议题；第二，将商业策划付诸行动；第三，跟踪进度；第四，测定结果并根据分析创造新的价值。其中，第一、第二步是策略方法，第三、第四步是测量方法。

虽然一些企业分别跟踪了社会成果和商业成果的进展情况，但只有少数企业了解社会和企业绩效的联系是如何为价值创造提供机会的。通过这种测量方法来解放共享价值，需要企业深入分析从商业投资和分析中产生的社会成果以及利用社会成果而取得的商业成果。例如，如果一个企业的社区就业技能提升项目能同时创造就业机会和扩大市场，那么它的负责人应该思考如何利用这些强有力的项目要素去进一步造福企业和社会。

3.3.4 共享价值在企业社会责任研究领域的发展

2011年，文辉昌、朴智敏、金素媛、娜里又进一步发展了共享价值理论。他们以企业所创造的企业和社会效益为依据，将企业划分为四类：对社会福利不感兴趣，只关注企业自身利润最大化并且最终对社会造成不良影响的“自私企业”；与“自私企业”相反，对社会做出显著贡献但由于缺乏有效的管理和战略，企业利润并不稳定的“合规企业”；在增加社会价值的同时能增加商业效益的“智慧企业”；与“智慧企业”相反，对社会和企业都没有贡献的“愚蠢企业”。通过比较和分析这四类企业的不同之处可以发现两个重要的变量：道德和战略。这表明，要想成为一家“智慧企业”就必须兼备优秀的运营战略和良好的商业道德。

通过这两个变量可以发现：一个“合规企业”要想成为“智慧企业”，就必须在保持良好商业道德的基础上制定更先进的管理战略，即在企业已有的对社会产生积极效应的领域创造股东利润，而这就是共享价值创造的过程。一个“自私企业”要想成为“智慧企业”就必须在维持企业现有战略水平的基础上提升自己的商业道德形象，诸如捐款、植树这样的行为，也就是普遍意义上的承担企业社会责任。然而这种行为所产生的效果都是一次性的，因为它们既不可持续也没有创造新的价值。至于“愚蠢企业”通常只存在于理论当中，因为即使出现了这样的企业，它们也很难在商业社会中存活下来。

同时，文辉昌、朴智敏、金素媛、娜里将 Porter 的模型与实现共享价值的三种方法对比结合后提出了实现共享价值的第四种方法：重新定义竞争力。文辉昌等人认为，当一个企业要进行共享价值创造或是承担企业社会责任时所面临的难题是目标而不是手段。将共享价值或企业社会责任融入企业战略管理的思路可以帮助企业创造出与竞争对手相比，同等价值下成本更低的产品，或是同等成本下价值更高的产品。一旦企业确定了自己的目标，那么其他方法就能陆续跟上了：重新思考产品和市场、重新定义价值链上的生产力、开启地方集群发展。

3.4 资源基础理论及其他视角

3.4.1 资源基础理论

自然资源基础视角主张，企业超越竞争对手所需的能力依赖于人力、组织和自然资源随时间变化的相互作用。传统意义上讲，能够带来竞争优势的资源符合四项标准：它们应该是有价值的、稀缺的、无法仿效的，并且资源的拥有者能够组织起来以有效地处置资源。

动态能力指出了资源的动态方面，其关注推动资源创造、进化和重组以形成新的竞争优势。因此动态能力是指有组织的、战略性的程序，通过这些程序，管理者能够获取资源、调整资源、整合资源并重组资源以提出能够创造价值的新战略。基于这种观点，一些学者已经确定了可以成为竞争优势来源的社会、伦理资源和能力，如道德决策过程，感知、筹划、响应的进程和适应能力，以及与主要利益相关者（员工、客户、供应商和社区）建立适当关系的过程。

哈特（1995）提出了一个更完整的企业的自然资源基础视角模型。它包括动态能力和与外部环境的衔接。哈特认为，新资源和能力开发的最重要驱动力将是自然环境带来的限制和挑战。哈特设计了他的概念框架，该框架具有三个主要的相互关联的战略能力：污染防治、产品管理和可持续发展。他认为持续改进、利益相关者整合和共同愿景是至关重要的。

虽然企业社会责任的概念有多种不同的定义，但大多数定义将企业社会责任描述为企业从事的活动，这些活动似乎推动了超出法律要求的社会议程。从本质上讲，企业社会责任的实质是提供公共利益。商业与社会之间最基础的依赖是经济依赖。这种依赖服务于双方的利益，即与各自功能相关的商业和社会利益。商业活动提供社会需要的产品，社会提供企业维持经营所需的价值。

有证据表明，社会期望企业在履行其职能的同时，不对社会和环境造成任何负面影响。显然，社会和消费者愿意为企业提供的服务支付的费用是有限的。因此，企业若能被视为不破坏环境，不违反社会价值观，也不违背目标客户的期望，将会受益。此外，除了股东的私人利益之外，一个组织需要满足组织内其他所有人，即利益相关者的社会要求。

这一论点所遵循的命题是，企业组织可能不对整个社会负责，但是对直接或间接受其行为影响的人群（利益相关者）负责。这类人群包括不同的群体，在制订和实施商业决策时需要考虑到他们的情绪。这些利益相关者群体包括：组织（员工、客户、股东、供应商）；社区（当地居民、特殊利益群体）；监管者（市政当局、监管系统）；媒体经营者；其他。一个组织所采取的行动会在某些层面上涉及其中一些群体，这取决于他们对企业的影响力。当组织的行为符合其主要利益相关者所拥护的规范和要求时，组织就会以对社会负责的方式行事。

此外，企业社会责任战略可以被认为是企业资源基础视角中的核心动态资源。它可以为企业决策和采用其他组织资源提供一个总体框架，这些资源共同决定了企业的营销方式和方向。

企业的资源基础视角认为，一个组织要实现其目标，就必须使其内部能力的结构符合外部环境的条件。生产性资源的适当组合可以使企业在所选择的特定目标市场内有效运作，并为其所要创造的特定类型和规模的价值（目标）而运作。它需要发展独特的、可持续的竞争优势。这一观点也表明，组织可以通过开发供给稳定、有价值的资源和能力来获得和维持竞争优势。企业内部关键的无形资源和外部市场条件可以作为一个框架，在这个框架内进行创新，可促使企业开发竞争优势。这两者的独特组合可以为开发组织的潜力提供一定的帮助，使组织专注于实现其目标。该理论意味着，需要针对特定类别的业务绩效目标，开发、逐步评估和管理正确的资源组合。

资源的动态能力观点表明，能力需要逐步发展和再创造，以使企业在一段时间内能够在竞争中脱颖而出。在无形资源的性质、范围和方向上的渐进式创新，或许可以保护企业的主动性，并创造出一种组合和配置的方式，使其在一段时间内保持相对的可持续性。

动态能力观点要求整合、建立和重新配置内部和外部能力，以应对快速变化的环境。企业可以利用动态资源来促进对资源组合的调整，从而保持企业竞争优势的可持续性。

关于营销，作为核心战略的企业社会责任，可以说是一种重要的无形资源。企业社会责任可以从实际出发，在组织中植入一种文化价值体系，促使组织在各类利益相关者心目中逐步建立起独特的声誉。

营销职能的作用是参与企业社会责任战略的规划和实施，并将社会和环境问题转化为社会和环境营销目标。营销职能在企业社会责任方面的贡献已经在一些举措中得到了体现，例如，事业关联营销和环境营销。这些营销活动和其他发展活动的动机一样，都是通过消费功能来吸引客户并激励他们参与其中。其应用改变了应对营销的挑战时所采用的组织系统化的方法，也改变了需要鼓动和维持的关系。

因此，企业社会责任也可以被认为是市场导向战略的一个方面。目标市场的期望被收集、评估，并提供给组织中的所有关键决策者，组织利用这些情报来建立对目标市场的反应机制并做出适当、及时的反应。同时，由于战略营销目标可能是为了支持和促进其他关键组织目标的实现而设计的，预计以消费为基础的企业社会责任战略将促进非营销绩效和营销绩效提升，并与二者产生关联。

3.4.2 竞争优势理论

企业显然有为股东服务的义务。股东们信任企业管理他们的投资并获得收益。然而，股东并不是唯一与企业活动有利益关系的一方。企业影响着内部和外部众多的团体和个人，所产生的责任远远超出了股东所要求的积极经济回报。企业社会责任定义了组织对多个利益相关者的影响的考虑，而不是简单地关注股东财富最大化。

但其他的责任并非如此明显，比如企业有义务减少污染、教育消费者等。各利益相关方主张的企业社会责任可能会相互冲突。人和地区的发展当然是企业社会责任的一部分。管理层必须清楚地识别、理解和优先考虑它，以谋划战略目标。各利益相关方对企业社会责任主张不尽相同，在如何管理企业方面，自然会有不同的理念，企业的发展靠各利益相关方协调一致的行为。

企业的经营并不是独立于社会和自然环境之外的。企业的经营既影响到它所管理的员工，也影响到它所处的环境。企业应控制企业绩效的三重底线，即环境、社会和经济底线。随着公众对自然环境的关注度的提高，企业社会责任与环境保护联系在了一起。这种关注体现在政府对生态环境的监管上。慈善事业对生活质量的改善需要生态意识的参与。

企业社会责任抓住了环境保护的道德和法律要求。任何损害其经营环境的企业都无法长久维持。值得注意的是，在一家欧洲公共事业企业中，环境经理在执行管理层之外，是可持续发展的倡导者。环境经理对这三重底线要素之间的联系的理解渗透到战略思想中。生态和社会福利会影响到企业的可持续性。

企业社会责任是一种竞争优势。

企业社会责任能够提供可持续的竞争优势的原因之一，是企业社会责任需要一种能够成功结合各种活动的文化。有文献支持这样的观点，即企业社会责任需要结合各种活动，如深入研究能够塑造行业未来的力量。

哈默尔和普拉哈拉德谈到了收集关于当前和潜在的社会问题的情报，利益相关者的参与，管理利益相关者的期望、决策，将决策纳入战略计划和战术活动，向利益相关者传达象征性的符号，道德的商业行为，等等。这些与当今流行的一些战略理论的某些方面有联系，如复杂的适应性系统和战略配合。

企业社会责任已经不可逆转地成了企业行动中的重要组成部分。如果管理有效，企业社会责任项目可以在声誉、回报以及员工的积极性和忠诚度方面创造巨大的效益。企业社会责任还可以加强有价值的合作伙伴关系。Husted和 Allen 指出，如果使用得当，企业社会责任战略可以创造竞争优势，并指出社会责任战略行动与竞争优势之间存在着正相关关系。

Zadek（扎德克）从责任竞争力的角度出发，指出了三代企业的责任竞争力：第一代企业实施了短期的、缓解痛苦的战略；第二代企业设定了战略规划和风险管理政策；第三代企业将社会责任的理念融入企业战略中。

与 Zadek 的模型不同，战略性企业社会责任研究者认为声誉是一种内部资源，应加以妥善管理。根据 Mahon（2002）的观点，市场营销、公共关系和传播学的研究者表明，企业声誉是促使人们购买企业产品和服务的关键因素。Logsdon 和 Wood（2002）认为，声誉对于企业、政府和非营利组织来说是一个强大的概念。中高层管理者以及内部和外部的利益相关者都会利用声誉来评价和传达他们对企业的看法。因此，良好的声誉可以为企业带来更高的关注度。企业社会责任应有助于提高这种声誉，从而创造竞争优势。

Barney（1991）认为，当一家企业能增加价值和创造效益，而现有或潜在竞争对手不能时，则这家企业具备竞争优势。竞争优势可以通过企业的内部资源来实现。但是，要获得这种优势，企业必须具备以下条件：有价值，能发掘企业所处环境中的机会和处理企业所面临的威胁；稀缺性；不可模仿性，其他公司无法模仿；不可替代性，不具有战略等价物。

在企业社会责任领域，大量的研究都强调了企业内部资源的作用。我们从企业社会责任可以被视为企业内部资源这一假设出发，套用 Barney 提出的企业社会责任行为应该是有价值的、稀有的、不可模仿的、不可替代的这一定义，我们也可以说，企业社会责任是一组资源，因为它包含了不同的维度，如企业价值观、商业道德、与利益相关者的关系、社会项目、企业声誉等。

企业管理者面临着与战略性企业社会责任相关的两个维度：中心性和特异性。当企业社会责任行为与企业使命相联系时，中心性较高，当企业社会责任行为难以被模仿时，特异性较高。当企业社会责任行为远离企业核心活动时，中心性较低，而当这些行为容易被复制时，特异性较低。企业可以创造出与企业核心业务相关的社会项目，这些项目是有价值的、稀有的、不可复制、不可替代的，从而创造出竞争优势。

因此，良好的企业治理、社会创新项目的有效执行和企业的道德管理等可以成为企业竞争优势的差异化来源。应该说，只有通过企业社会责任创造出的竞争优势才真正具有社会效益，因为这种效益应该隐含在社会战略的理念中。企业社会责任行为要成为竞争优势的源泉，就应该为社会创造真实、持续的成果。人们越来越关注外部因素，将其作为战略性社会决策的内部价值，导致人们对行动过程进行反思，分析并预测企业行为的影响，同时预测潜在的积极或消极后果。

Zadek（2005）认为，对于扎根于企业社会责任的企业来说，要满足新的市场预期并不难，如处理腐败、保障人权、做好供应链中的环境管理等。

3.5　相关概念界定

3.5.1　战略性企业社会责任

3.5.1.1　企业社会责任的起源与发展

1. 企业社会责任于20世纪50年代初具雏形

在论述20世纪50年代的企业社会责任之前，有必要阐明帕特里克·墨菲把20世纪50年代前后的企业社会责任划分为四个时代。在一个简化的构想中，墨菲认为，截至20世纪50年代的这段时期是“慈善”时代，在这个时代，企业对慈善机构的捐赠比什么都重要。1953—1967年被称为“觉悟”时代，在这个时代，人们对企业的整体责任及其在社区事务中的参与有了更多的认识。1968—1973年被称为“问题”时代，这时企业开始关注诸如城市衰退、种族歧视和污染等具体问题。1974—1978年被称为“响应”时代，

1978 年之后，企业开始采取严格的管理和组织行动来解决企业社会责任问题。这些行动包括更换董事会、审查企业道德规范以及使用社会绩效信息披露。尽管很难界定此类时代划分的具体日期，但墨菲的划分是有用的，且与我们目前的讨论大体一致。

如前所述，多年来，企业社会责任通常被称为社会责任，而不是企业社会责任。这可能是因为现代企业在商业领域中占据卓越和支配地位的时代还没有出现，也未被人们注意。霍华德・R. 鲍恩出版了具有里程碑意义的著作 *Social responsibilities of the businessman*（《商人的社会责任》）（1953），这标志着这一主题的现代文学时代的开端。

鲍恩对企业社会责任的态度源于这样一种信念，即当时数百个巨大的商业体是权力和决策的重要中心，而且这些商业体的行为都触及了公民生活的方方面面。在鲍恩提出的许多问题中，有一个问题与此具有特殊相关性。他问："商人应该对社会承担什么样的责任?"有趣的是，我们今天仍然在问同样的问题。

鲍恩所说的社会责任或企业社会责任是什么意思？鲍恩是明确表达社会责任定义的人之一。他对商人的社会责任初步定义如下：社会责任是指商人按照社会的目标和价值，向有关政策靠拢、做出相应的决策、采取理想的具体行动的义务。

鲍恩的书特别关注社会责任理论，因此我们可以看出他是如何对该主题进行严谨讨论的。鲍恩继续指出，社会责任并不是解决所有商业社会问题的灵丹妙药，但是它包含了一个重要的真理，用于指导未来的商业活动。由于鲍恩早期的开创性工作，卡罗尔认为他应被称为"企业社会责任之父"。鲍恩的书及对理论的定义代表了 20 世纪 50 年代最值得关注的相关领域作品。

莫雷尔・希尔德（1970）的《商业社会责任：企业与社会，1900—1960》是一个详尽的资料来源，可以进一步证明在这一时期以及更早之前，商界人士在多大程度上采用和践行了企业社会责任。尽管希尔德没有简洁地陈述社会责任的定义，但他对 20 世纪上半叶的企业社会责任的理论和环境进行了有趣且富有启发的讨论。

从希尔德的讨论中可以清楚地看到，企业社会责任的定义与鲍恩先前的描述具有一致性。20 世纪 50 年代的其他重要文献包括塞莱克曼的《管理的道德哲学》(1959)、希尔德的《管理层对社会的责任：一种思想的成长》(1957)，及理查德·埃尔斯的《自由社会中的企业捐赠》(1956)。

在总结企业社会责任在20世纪50年代的含义时，早期企业社会责任的先驱之一威廉·弗雷德里克断言，20世纪50年代有三个核心思想：企业经理作为公共受托人的理念，平衡对企业资源的竞争主张及接受将慈善事业视为企业支持公益事业的一种表现形式。受托人职责的概念始于20世纪20年代，并于20世纪50年代逐渐成熟。平衡相互竞争的主张预示着利益相关者时代的到来。参与慈善事业，可能是最切实的企业社会责任实践之一，它也始于20世纪20年代左右。

缪尔黑德写过一部企业贡献史，他认为慈善事业或企业贡献是企业社会责任的表现形式，在20世纪40年代至50年代处于创新和合法化的时期。在此期间，捐赠仍然是临时性的，在某种程度上是由于决策者的心血来潮，并且主要是响应受益组织的要求。受助者包括基督教青年会、美国红十字会、当地社区基金会和当地医院。

就企业社会责任而言，20世纪50年代是“空谈”多于“行动”的十年。这是一个态度转变的时期，企业管理阶层开始学着适应企业社会责任的说法。尽管鲍恩要求企业进行具体管理和组织变革来提高对日益增长的社会问题的响应能力，从而展示出其走在时代前列的缘由，但在企业社会责任方面，除了慈善捐款之外，几乎没有企业采取相应的行动。鲍恩的提议包括改变董事会的组成，在管理中更多地体现社会视角，运用社会审计，对企业管理人员进行社会教育，制定商业行为准则，以及进一步研究社会科学。尽管没有太多证据表明这一切都是在20世纪50年代或者之后不久实现的，但是鲍恩提出了一系列有趣的管理战略供人们进一步思考和反思，这些战略在数年后浮出水面，成为企业社会责任管理的标准做法。

2. 20世纪60年代企业社会责任的观念和实践层出不穷

在20世纪50年代及以前，企业社会责任理念的根据有限，在20世纪50至60年代的10年里，企业社会责任的含义试图被更正式或更准确地表述出来，这是一个重大进展。在20世纪60年代，学者们努力阐述企业社会责任的含义。基思·戴维斯是这一时期较早且著名的界定企业社会责任的作家之一，他后来在其商业和社会教科书和文章中广泛地阐述了这一主题。戴维斯阐述了他对社会责任的定义，他认为社会责任是指商业人士在进行决策与行动时，至少也要考虑在企业直接的经济与技术利益之外的部分。戴维斯认为，社会责任是一个模糊的概念，所以必须放在管理的背景下来看待。此外，他表示，一些履行社会责任的商业决策可以在较长的时期内被证明是正确的，因为它们可以给企业带来长期经济效益，可以作为企业履行社会责任的报偿。之后，戴维斯因其观点而闻名遐迩，因为这种观点在20世纪70年代末至80年代被普遍接受。戴维斯对早期企业社会责任理论研究的贡献是非常巨大的，以至于他被认为是“企业社会责任之父”鲍恩的继承者。

此外，威廉·弗雷德里克也是对于早期社会责任理论发展很有影响力的研究者。他认为，社会责任意味着出于对社会经济和人力资源的公众立场，愿意利用这些资源服务于广泛的社会目的，而不仅仅是服务于个人和企业的利益。

克拉伦斯·沃尔顿是一位重要的商业和社会思想家，他在其1967年出版的《企业社会责任》一书中论述了企业社会责任的许多方面，并在一系列丛书中论述了企业和商人在现代社会中的作用。在这些重要的著作中，他提出了许多不同的社会责任变体或模型。他对社会责任的基本定义如下：新的社会责任概念认识到企业与社会之间的亲密关系，并意识到在企业和相关集团追求各自目标时，高层管理人员必须牢记这种关系。

沃尔顿接着强调，企业社会责任的基本要素包括一定程度的自愿性、非强迫性和一定的经济成本，其经济收益可能无法衡量出来。

在20世纪60年代，慈善事业仍然是企业社会责任最显著的表现形式。事实上，缪尔黑德（1999）将20世纪50年代中期至80年代中期称为企业贡献的增长和扩张时期。

3. 20世纪70年代，企业社会责任概念的扩展

在20世纪60年代末，社会责任的商业行为包括慈善、员工环境改善（工作条件、劳资关系、人事政策）、客户关系和股东关系等主题。在20世纪60年代，企业社会责任方面的论述仍然多于行动。

希尔德的开创性著作《企业的社会责任：公司和社会，1900—1960》引领我们进入了20世纪70年代。虽然希尔德没有对社会责任概念给出一个简洁的定义，但很明显，他对这一概念的理解与20世纪60年代及更早时期提

出的定义是一致的。在他的书的序言中，他断言自己关注的是“商人自己定义和承担的社会责任”的概念。他认为，商人的社会责任概念的含义必须最终在与他们相关的实际政策中寻求。他以历史的方式描述了面向社会的项目、政策和企业高管的观点。他的叙述表明，这一时期的商界人士非常专注于企业慈善事业和社会关系。

哈罗德·约翰逊的《当代社会中的商业：框架与议题》（1971）是这十年来一本论述企业社会责任的著作，书中对企业社会责任给出了多种定义和观点。约翰逊首先提出了他所谓的“传统智慧”。“传统智慧”的定义：一个具有社会责任感的企业体现在其管理人员能够平衡多种利益群体。一个负责任的企业不仅要为股东争取更大的利益，还要考虑员工、供应商、经销商、当地社区和国家的利益。

值得注意的是，约翰逊影射的是利益相关者评价法的前身，因为他提到了利益多元化，并且实际上列举了其中一些特定的利益群体。很明显，员工和慈善事业受助者的利益不再是企业社会责任的唯一目标。

美国经济发展委员会在其1971年出版的《商业公司的企业社会责任》中对企业社会责任的概念做出了开创性的贡献。其认为，企业活动须得到公众的认可，其基本目的是为社会的需求提供建设性的服务，以使社会满意。美国经济发展委员会指出，企业与社会之间的契约正在发生重大变化。商业公司被期望承担比以往时候更加广泛的社会责任，并服务于更广泛的人群。商业公司，被要求为整个国家贡献的更多，而不仅仅是提供一定的商品和服务。由于商业公司的存在是为了服务社会，它的未来取决于企业的管理对公众期望变化的反应。

美国经济发展委员会还阐述了社会责任的三个同心圆概念。核心圈包括明确的基本职责，以有效执行经济职能——产品、就业和经济增长。中圈包括履行这一经济职能的责任，并敏感地意识到社会价值观念和优先事项的变化，例如，环境保护；雇主和雇员的关系以及客户对信息、公平待遇和免受伤害的更严格的期望。外圈概述了企业应承担的新出现的、仍然不明确的责任，以便企业更广泛地参与改善社会环境行动。

对企业社会责任观念影响最大的是美国经济发展委员会，该委员会由企业界人士和教育界人士组成，因此反映出重要的从业者观点，即企业与社会之间不断变化的社会契约以及企业新出现的社会责任。值得一提的是，在20世纪60年代末至70年代初，有关环境、工人安全、消费者和员工的保护倡议已准备从发起阶段上升到正式的政府政策。

乔治·斯坦纳是20世纪70年代一位重要的企业社会责任作家。在他的教科书《企业、政府与社会》（1971）的第一版中，斯坦纳就该主题做了详尽的论述。斯坦纳遵从了戴维斯和弗雷德里克对企业社会责任的定义，他也对此发表了自己的看法。他认为，从根本上说，企业一定是一个经济机构，但是它确实有帮助社会实现其基本目标的责任，因此也确实具有社会责任。企业规模越大，所承担的责任就越大，但是所有企业都可以享有一定的收益，而且通常是短期收益和长期收益并存。

斯坦纳没有详细阐述定义，但他扩展了企业社会责任的含义和适用环境。例如，他讨论了企业社会责任可能应用的具体领域，并提出了确定企业社会责任的模型和标准。

戴维斯在其具有里程碑意义的文章《企业可以负担起忽视社会的责任吗》中再次讨论了企业社会责任，该文章介绍了支持和反对企业承担社会责任的案例。在文章的引言中，他引用了两位著名的经济学家对该主题的不同观点。首先，他引用了米尔顿·弗里德曼的观点，没有什么趋势能像企业的经营者接受社会责任，而非尽最大可能为股东们赚钱那样，能够从根本上破坏我们自由社会所赖以生存的基础。（1962）。然而，戴维斯又用另一位杰出的经济学家保罗·萨缪尔森的话反驳了这一观点，萨缪尔森认为如今的大企业不仅要承担社会责任，还必须尽好责。除了这些观点，戴维斯在1973年将企业社会责任定义为企业在法律要求之外，从社会利益角度出发的一系列行为。然后，戴维斯继续讨论了迄今支持和反对企业承担社会责任的观点。戴维斯在20世纪60年代对企业社会责任理论发展做出了一定贡献。

尽管埃尔斯和沃尔顿在其《商业概念基础》一书的第一版中谈到了企业社会责任概念，但他们在第三版中详细阐述了这一概念。他们用一章的篇幅阐述了企业社会责任的“近期趋势”。他们不仅仅关注定义本身，更关注企业社会责任含义的演变。

他们观察到：从最广泛的意义上讲，企业社会责任代表着对社会需求和目标的关注，而不仅仅是对经济的关注。就目前存在的企业制度只能在自由社会中有效运作而言，企业社会责任运动广泛关注企业在支持和改善社会秩序方面的作用。

埃尔斯和沃尔顿对企业社会责任运动以及学术界和从业人员在这时如何看待这一主题也进行了广泛的讨论。

在20世纪70年代，越来越多的人提及企业社会响应、企业社会绩效以及企业社会责任。一个主要的研究者S. 普拉卡什·塞西对此做出了区分，他在其研究著述《企业社会绩效的维度：分析框架》中讨论了企业社会绩效的维度，在此过程中，企业的社会行为被分为社会义务、社会责任和社会响应。在塞西的提要中，社会义务是响应市场力量或法律约束的企业行为，只有经济的标准与法律的标准，而社会责任是在社会义务之上的。他指出，社会责任意味着将企业行为提升到与主流社会规范、价值观和绩效期望相一致的水平。

塞西表示，虽然社会义务在本质上是禁止性的，但社会责任在本质上是规定性的。塞西模式的第三个阶段是社会响应，他把社会响应看作企业行为对社会需求的适应。这一阶段具有前瞻性和预防性。

1975年，在名为《私人管理和公共政策：公共责任的原则》的著述中，普雷斯顿和波斯特试图把注意力从企业社会责任的概念转移到公共责任的理念上。他们认为道琼斯关于社会责任的评论值得重温。道琼斯阐述了这个时代的许多作家对企业社会责任的关注。他表示，“社会责任”一词很精彩；它对每个人都有意义，但并不总是一样的。对一些人来说，它传达出了法律责任的概念；对一些人来说，它意味着在道德上具有社会责任感的行为；对一些人来说，它所传达的是因果关系中“负责”的含义；许多人只是将其等同于慈善捐赠；一些人把它理解为有社会意识；在“归属”“适当”或“有效”的语境中，许多热切拥护它的人仅将其视为“合法性”的同义词。少数人认为这是一种信托义务，它赋予商人以比一般公民更高的行为标准。

普雷斯顿和波斯特跟随道琼斯的思路，就社会责任发表了看法：面对大量不同且并非始终一致的用法，我们将自己对“社会责任”一词的使用限制为模糊且高度笼统的社会关注感，这似乎是各种临时管理政策和做法的基础。这些态度和活动大多是善意的，甚至是有益的，很少有明显有害的。但是，它们与管理单位的内部活动或与所在环境缺乏基本联系。

普雷斯顿和波斯特继续指出，他们更青睐“公共责任”一词，该词在公共环境的特定背景下对组织管理的职能进行定义，他们对公共责任的原理的阐述是管理责任的范围并不是不受限制的，而是明确地定义为所包含的首要和次要的领域。他们用“公共”取代“社会”是为了强调公共政策这一过程的重要性，不同于个体的主张，公共政策可以作为目标和评价标准的依据。尽管普雷斯顿和波斯特的理论提供了重要的观点，但“公共责任”一词在文献中并没有取代“社会责任”一词。

20 世纪 70 年代中期出现了两篇关于企业社会责任的早期研究案例。鲍曼和海尔进行了一项研究，旨在了解企业社会责任，并确定企业在多大程度上参与了企业社会责任。虽然没有正式定义企业社会责任，但他们说明了代表企业社会责任的主题类型。他们所用的主题通常是年度报告中各章节的副标题，例如企业责任、社会责任、社会行为、公共服务、企业公民、公共责任和社会响应。对这些主题的回顾表明，虽然 20 世纪 70 年代企业社会责任的各种定义不断发展，但他们很清楚企业社会责任的大致含义。

20 世纪 70 年代中期，桑德拉·霍姆斯进行了一项研究，她试图收集高管对企业社会责任的看法。像鲍曼和海尔一样，霍姆斯对企业社会责任没有明确的定义。相反，她选择向高管们展示一组关于企业社会责任的声明，以试图了解其中有多少人同意或不同意该声明。与鲍曼和海尔的“主题”一样，霍姆斯的声明也涉及在这一时期被普遍认为是企业社会责任的内容。例如，她就企业盈利的责任、遵守规定、帮助解决社会问题以及这些活动对利润的短期和长期影响等征求高管的意见。霍姆斯通过确定高管们对企业社会参与的预期结果以及高管们在选择社会参与领域时使用的因素，进一步补充了有关企业社会责任的知识体系。

1979 年，卡罗尔提出了一个企业社会责任定义，并将其嵌入企业社会绩效的概念模型。他的基本观点是，经理或企业要想参与企业社会绩效，就需要具备以下条件：了解对企业社会责任的基本定义，明确企业社会责任的不同类型；了解/列举存在的社会责任问题；明确对问题做出响应的战略规范。

卡罗尔认为，企业社会责任是指在给定的时间内社会对组织的经济、法律、伦理、自由决定期望的总和。

尽管卡罗尔给出的定义包含了经济部分，但是直到今天仍有许多人认为经济的部分是企业为其自身服务的，而法律、伦理和自由决定的部分是企业为社会的其他方面服务的。尽管这种区别很吸引人，但卡罗尔认为，经济责任也是企业在维持商业系统运转时为社会所做的贡献，只不过大家很少如此看待罢了。正是由于这个原因，卡罗尔对企业社会责任的定义中包含了经济责任。他对企业社会责任的基本定义包括经济、法律、伦理和自由决定责任，后来被称为企业社会责任金字塔，经济责任构成了金字塔的基础。

在20世纪70年代这十年间，有许多著作开始提出管理方法对企业社会责任的重要性。企业社会责任的管理方法是企业管理者运用传统的管理职能来处理企业社会责任问题的方法。因此，企业被提倡要预测和规划企业社会责任，组织企业社会责任，评估社会绩效，并将企业社会政策和战略制度化。如前所述，企业对于企业社会责任表现为空谈大于行动，特别是在学术界中，但20世纪70年代的立法要求企业建立组织机制，以遵守有关环境、产品安全、就业歧视和工人安全的联邦法律。

4. 20世纪80年代，衍生理论的发展

20世纪80年代，对新的或更精确的企业社会责任定义的研究让位于对企业社会责任，以及衍生理论概念和主题（如企业社会响应、企业社会绩效、公共政策、商业道德和利益相关者理论）的研究。但是研究者对于企业社会责任的兴趣并没有消失，只是开始转向其衍生理论的概念、模型或主题。因此，我们将继续在思想和行动上关注企业社会责任的发展。

托马斯·琼斯在1980年从一个有趣的视角出发，对企业社会责任进行了讨论。他对企业社会责任的定义如下：企业社会责任是除股东外，企业对社会中的相关团体负有法律或合同规定以外的责任。企业社会责任必须具备两个关键特征：其一，企业社会责任必须是自愿的，受法律强制或合同影响的行为不是自愿的；其二，企业社会责任是企业对股东的传统责任之外，对消费者、雇员、供应商与企业所在社区成员等社会群体的责任。琼斯通过列举支持和反对企业社会责任的各种论据来总结关于企业社会责任的辩论。琼斯的主要贡献之一是他强调企业社会责任是一个过程。他认为，对于“什么是社会责任行为”这个问题很难达成共识，企业社会责任不应被视为一种结果，而应被视为一个过程。琼斯认为，将企业社会责任视为一个过程是经过修订或重新定义的概念。在讨论实施企业社会责任时，他继续阐述了企业如何参与企业社会责任的决策过程，此决策过程应构成企业社会责任行为。

弗兰克·托佐利诺和巴里·阿曼迪（1981）试图通过提出一种按照马斯洛需求层次理论构想的需求层次框架，来开发一种能更好评估企业社会责任的机制。他们认同了卡罗尔对企业社会责任的定义，建立了一个分析框架以促进企业社会责任的实施。他们的组织需求层次没有重新定义企业社会责任，而是试图表明，组织像个人一样，有需要实现或满足的需求，就像人们在马斯洛需求层次理论中所描述的那样。托佐利诺和阿曼迪继续阐述了组织如何具有生理、安全、归属、尊重和自我实现的需求，这些需求与马斯洛所描述的人类的需求相似。他们将层次结构表示为可以合理评估对社会负责的组织绩效的概念工具。在某种程度上，卡罗尔的企业社会责任金字塔以某种类似于马斯洛需求层次理论的分层方式展现了企业的社会责任。

埃德温·M. 爱泼斯坦（1987）对企业社会责任进行了解释，并试图将社会责任、响应能力和商业道德联系起来。他指出，这三个概念密切相关，甚至涉及重叠的主题和事项。他认为，企业社会责任就是要努力使企业决策结果对利益相关者产生有利的而不是有害的影响，企业行为的结果是否正当是企业社会责任关注的焦点。

除了阐述企业社会责任外，爱泼斯坦还定义了企业社会响应和商业道德，然后将它们整合到他所谓的企业社会政策过程中。他认为，企业社会政策过程的核心是在企业组织内实现以下三个要素的制度化，即商业道德、企业社会责任和企业社会响应。

虽然很难对20世纪80年代最重要的企业社会责任问题进行分类，但弗雷德里克提出了“20世纪80年代社会责任议程”，该议程与这一时期的商业环境密切相关或略为超前。20世纪80年代受到重视的问题包括环境污染、就业歧视、消费者滥用权力、雇员健康和安全受威胁、城市环境恶化以及跨国公司的可疑/恶劣做法等方面的商业行为。一个重要的研究课题是企业社会责任与企业盈利能力的关系研究。

利益相关者理论和商业道德是20世纪80年代发展起来的关于企业社会责任的两个非常重要的主题。弗里曼于1984年出版了他关于利益相关者理论的经典著作《战略管理：利益相关者方法》，虽然这本书侧重于战略管理，但它在后来的几年中对企业和社会、企业社会责任以及最终的商业道德领域产生了重大的影响。20 世纪 80 年代是一个道德丑闻被广泛报道的时期，这一时期的道德丑闻引起了公众对管理和企业不法行为的关注。

1984 年美国联合碳化物公司在印度博帕尔爆炸造成数千人死亡，在南非经商的公司明显支持种族隔离的争议；20 世纪 80 年代中后期伊万·博斯基（Ivan Boesky）内幕交易丑闻。也许并非巧合，有人认为，1987 年轰动一时的电影《华尔街》中，企业高管的虚构角色——坏人戈登·盖科，是以博斯基的一场演讲为原型的。博斯基在演讲中辩称，贪婪是件好事。基于同样的主题，20 世纪 80 年代的十年经常被描绘成“贪婪”或“自我”的十年。

5. 20 世纪 90 年代，企业社会责任让位于衍生理论

概括来说，不难发现，在 20 世纪 90 年代，企业社会责任理论没有得到进一步发展。最重要的是，企业社会责任概念是其他衍生概念和主题的基石或出发点，其中许多概念和主题包含企业社会责任思想，并与企业社会责任完全兼容。20 世纪 90 年代，企业社会绩效、利益相关者理论、商业道德、可持续性和企业公民等主题继续发展并备受瞩目。大量研究试图考察企业社会绩效与财务绩效之间的关系。斯旺森试图重新定位基本的企业社会绩效模型。我们不会详细探讨这些主题，因为它们超出了我们目前关注的企业社会责任概念和实践的范围，而且每个主题框架都有自己广泛而丰富的文献。

企业公民比其他任何概念都更能与企业社会责任相抗衡。企业公民是否真能成为一个独特的研究领域，或者仅仅是阐明或构建企业社会责任的一种方式，仍有待观察。企业公民既可以是广义的，也可以是狭义的。根据它被定义的方式，这一概念和之前的主题或理论会有不同程度的交叉。可持续性是一个重要的衍生主题，在 20 世纪 90 年代引起了人们的极大兴趣。虽然最初是根据自然环境来定义的，但它逐渐发展成一个涵盖更广泛的社会和利益相关者环境的概念。然而，每个主题都拥有丰富的文献，对这些领域进行概述超出了本章的范围。

20 世纪 90 年代结束时，《美国管理学会期刊》出版了一期关于“利益相关者、社会责任和绩效”的专刊（1999 年 10 月）。这期专刊继续探索企业社会责任与其他概念（如利益相关者）之间的联系，但没有在企业社会责任文献中添加新的定义。哈里森和弗里曼概述了六项出色的成果，以阐明有关利

益相关者、社会责任和绩效的基本理念。

20 世纪 80 年代末至 90 年代，慈善事业得到了很大发展。缪尔黑德将这一时期的企业捐赠描述为“多样化和全球化”。出现了更多的跨国公司，大公司的组织内部开设了越来越多致力于企业捐赠的管理职位。企业捐赠、企业社会责任和公共/社区事务的管理者变得司空见惯。道德与合规官协会成立于 20 世纪 90 年代初。新的概念，如全球社会投资、企业声誉、社区伙伴关系、企业社会政策等，在大公司中变得显而易见。在管理理念或政策方面，战略捐赠、与事业相关的营销、国际捐赠、员工志愿服务成为许多企业社会责任举措的一部分。企业社会责任倡议的受益者涵盖教育、文化和艺术、卫生和公共服务领域，包括公民和社区、国际捐赠者、非政府组织伙伴。在 20 世纪 90 年代，受益者已遍布全球。

20 世纪 90 年代商业活动领域的企业社会责任取得了最显著的进步。1992 年，一个名为“企业社会责任”（BSR）的非营利组织成立，代表在其公司中承担社会责任的倡议和专业人士。该组织的官网这样描述了该组织：企业社会责任组织是一个全球性组织，它以尊重道德价值观、人、社区和环境的方式帮助成员公司取得商业成功。通过实施对社会负责的商业政策和活动，公司可以实现可持续发展，从而使利益相关者和股东受益。通过提供工具、培训和定制咨询服务，企业社会责任组织能够利用企业社会责任打造竞争优势。

作为企业社会责任的全球领先资源，企业社会责任组织为其成员企业提供专业知识，用来设计、实施和评估成功的、对社会负责的商业活动，为会员提供广泛的实践资源，包括培训计划、技术援助、研究和商业咨询服务，企业可通过面对面会议、定制出版物和访问网站获得帮助。

企业社会责任组织对企业社会责任的定义相当广泛，包括商业道德、社区投资、环境治理、人权、市场和工作场所等主题。它还指出，通常可以互换使用各种术语来谈论企业社会责任，这些术语包括商业道德、企业公民、企业责任和可持续性。从实用的管理角度来看，企业社会责任组织认为，企业社会责任被视为一整套政策、实践和计划，通过企业整合到商业运营、供应链和决策过程中。

除了企业社会责任组织得以发展并被大众认可外，从 20 世纪 90 年代一直到今天的一个主要趋势是出现了许多不同的企业，它们在实施企业社会责任行为方面享有良好的声誉。尽管其中一些企业对某些行为的诚意值得怀疑，但像美体小铺、本杰里冰激凌、巴塔哥尼亚、埃斯普利特、艾凡达和通菲尔德农场这样的企业代表了一些规模较小的企业，它们在实施企业社会责任行为的同时成长壮大。享有企业社会责任相关声誉的大企业包括国际商业机器公司、强生、耐克、默克、保诚保险、列维·施特劳斯、可口可乐、联合包裹、麦当劳和赫曼·米勒公司。

6. 21 世纪：改进、研究、衍生主题、管理实践和全球扩张

到 21 世纪初，人们重视的不再是企业社会责任概念和意义的理论研究，而是对这一主题的实证研究，将利益从企业社会责任中分离出来，并将其纳入相关主题，如利益相关者理论、商业道德、可持续性和企业公民。然而，一些关于企业社会责任构建的发展和实证研究仍在继续。要对 21 世纪初的企业社会责任做出准确的概括，还需要时间。概念研究和实证研究的结合为 21 世纪初的企业社会责任发展提供了线索。

布莱恩·赫斯特（2000）提出了企业社会绩效的权变理论。他认为，企业社会绩效是社会问题的本质与其相应策略和结构之间契合的函数。这种契合将形成诸如企业社会响应、问题管理和利益相关者管理等元素的集成。

在《商业与社会》（2000 年 12 月）一期题为“重新审视企业社会绩效”的专刊中，提出了许多不同的企业社会责任观点。在大多数文章中均体现了企业社会责任和企业社会绩效。罗利和伯曼（2000）提出了一个全新的企业社会绩效类型。他们认为，企业社会绩效的未来发展方向不应建立在企业社会绩效的整体概念上，而应将企业社会绩效简化为可操作的措施。格里芬认为，企业社会绩效是 21 世纪的研究方向。她认为现有的相关学科研究（如市场营销、人际关系）可以帮助我们加深对企业社会绩效的理解。

2001—2002 年，企业社会责任的新概念并没有占据主导地位，备受瞩目的是将企业社会责任或企业社会绩效与其他相关变量联系起来的实证研究。在一项对家族企业的研究中，琼斯和穆雷尔研究了对社会绩效典范的公众认可如何对股东的业务绩效产生积极影响。史密斯等人研究了多元化特征和利益相关者角色在多大程度上影响了被调查个体对企业社会导向的认知。巴克

豪斯等人探讨了企业社会绩效与雇主吸引力之间的关系。研究人员发现，求职者确实认为企业社会绩效对于企业评估很重要，企业社会绩效重要的方面是环境、社区关系、员工关系、多样性和产品问题。研究人员并没有打造企业社会绩效的概念模型，而是通过研究与企业社会绩效相关的其他方面对其进行大致了解。

在概念方面，施瓦茨和卡罗尔提出了一种三个领域相互交叉模型来研究企业社会责任。三域模型将卡罗尔提出的四类企业社会责任简化为三类，即经济、法律和伦理。该模型以维恩图的形式呈现，替代了他早期提出的企业社会责任概念。三域模型有助于解决商业道德领域出现的问题，它把慈善范畴归为道德范畴，并认为慈善事业可以从伦理和自由决定两方面进行概念化。三域模型更全面地讨论了这三个领域，并提出了维恩图的每部分表示的组织特征，这些特征在分析企业时可能有用。通过改变模型中每个要素（经济、法律和伦理）的规模和主导地位，其设想了不同的企业社会责任“画像”，可以作为分析企业的基础。

从商业角度来看，企业社会责任“最佳做法”备受关注。菲利普·科特勒和南希·李编写的《企业的社会责任》一书收录了这些“最佳做法”，该书针对的是商业读者。他们论证怎样依据企业社会责任建立一种新的经营方式，将成功和价值创造与对利益相关者的尊重和积极态度结合起来。科特勒和南希介绍了25种“最佳做法”，可以很好地帮助企业开展企业社会责任计划。这些做法被分为六种主要的社会倡议，并附有一些实例，它们有效地构成了21世纪企业社会责任的全部内容。这些类别包括：公益宣传（提高对社会公益的认识和关注）；公益营销（以销售为基础的公益活动）；企业社会营销（行为改变倡议）；企业慈善（企业直接进行捐赠）；社区志愿服务（员工在社区中贡献时间和才干）；对社会负责的商业行为（自由决定行为和投资公益事业）。

在过去的20年里，特别是在21世纪初，企业社会责任运动已经成为一个全球性现象。其中，欧洲共同体对企业社会责任产生了更大的兴趣。根据经济合作与发展组织（OECD）2001年编写的报告，企业社会责任方面的自愿性倡议已成为近年来国际商业的主要趋势。经济合作与发展组织关于企业社会责任的倡议揭示了一些关于企业社会责任的重要发现。其中一些重要的发现值得注意。企业社会责任无疑已经成为一种全球现象，但在落实到实践中时，还存在着显著的区域差异。相对于因法律规定而不得不实施的举措，企业更乐意实施其他可以自由决定的举措。尽管商讨仍在进行，但企业已采取初步行动，以期对商业行为的社会规范达成共识。

大量关于法律和伦理准则的专业管理知识涌现出来。这是由于企业日常实践、管理标准、专业协会以及专业咨询和审计服务方面产生的制度化支持。经济合作与发展组织尚未明确有关企业社会责任倡议的成本，但可以确定的是，企业社会责任倡议会给企业和社会带来巨大收益。最后得出结论，企业社会责任倡议的有效性，特别是在欧洲，与更广泛的私人和公共治理体系的有效性密切相关。

杰里米·穆恩关于企业社会责任在英国如何演变的讨论，为企业社会责任在欧盟的发展提供了一个重要的实例。他将企业社会责任视为英国社会治理的一部分，并将其嵌入一个旨在指导社会发展的系统中。与美国一样，英国企业社会责任或许也发源于19世纪的商业慈善事业。穆恩认为，尽管企业社会责任在20世纪70年代就被讨论过，但在20世纪80年代初的美国，由于失业率高、城市衰败和社会动荡，企业社会责任应运而生。在20世纪90年代，企业社会责任的概念从社区参与扩展到永久关注对社会负责的产品和员工关系。在英国的企业中，企业社会责任的显著特征是，企业中负责企业社会责任的员工增加，通过标准规范将企业社会责任嵌入企业系统，社会报告有所增加，以及企业与非政府组织或政府组织之间的伙伴关系更加密切。此外，企业社会责任保护组织，企业社会责任咨询业的兴起和发展，对投资界的兴趣以及高等教育中企业社会责任倡议的增加，都进一步强化了这些举措。与美国和世界上其他发达国家的情况类似，英国的企业管理者将企业社会责任制度化，上市公司每年都有义务发布企业社会责任报告。

由哈比奇等人编辑的主要著作《企业社会责任在欧洲》记录了企业社会责任在欧洲的传播，这是关于可持续性和全球化的激烈辩论的一部分。他们声称，企业社会责任在十年前几乎是不为人知的，但现在它已成为商界人士、工会会员、消费者、非政府组织和研究人员重要的讨论话题之一。

全球企业社会责任的未来是什么？最乐观的观点似乎占了上风，史蒂芬·D. 利登伯格在他的著作《公司与公众利益》中精彩地描述了这一观点：

引导看不见的手。利登伯格将企业社会责任视为一项重大发展，得益于人们长期再评估企业在社会中的作用。利登伯格表示，这种再评估在欧洲更为明显。在欧洲，人们更容易假设利益相关者的责任观念，但美国商人对此假设持怀疑态度。然而，他又指出，从长远来看，欧洲对企业社会责任的影响将很难抗拒。

对比乐观的观点，大卫·沃格尔对企业社会责任持怀疑态度，他在《道德市场：企业社会责任的潜力和局限》一书中提出了这一论点，他在书中批评了企业社会责任的成功。沃格尔认为，只有当主流企业开始将企业社会责任的某些方面作为企业以往或未来业绩的关键时，企业社会责任才会取得成功。换句话说，企业社会责任的成功与否取决于它是否增加了企业的利润。在回应沃格尔的质疑时，我们必须注意到，这种财务目标和社会目标的融合体现了企业社会责任在过去20年的发展轨迹。

从企业社会责任的发展趋势和实践中可以明显看出，社会责任既包含伦理或道德因素，也包含商业因素。在当今竞争激烈的世界中，很明显，企业社会责任只有持续为企业增值，才能实现可持续发展。但必须注意到，社会和公众在构成企业成功的因素中扮演着越来越重要的角色，而不仅仅是企业高管。因此，企业社会责任在全球商业舞台上有着光明的未来。然而，全球竞争的压力将继续加剧，企业社会责任的“商业案例”将始终是人们关注的焦点。

7. 战略与企业社会责任的整合

自从麦克威廉姆斯和西格尔（2001）首次提出企业社会责任的视角以来，战略性企业社会责任的经济理论不断发展。在《企业社会责任：企业视角理论》中，作者论证了如何将成本效益分析作为优化企业社会责任活动的战略工具。为了有效应用此分析工具，管理者必须将企业社会责任视为一种正常商品（其需求随收入增加而增加的商品），并在没有任何先入为主的想法或规范性承诺的情况下分析其需求和供给。只有正确分析供需状况，管理者才有望做出具有战略性或经济意义的企业社会责任决策。企业社会责任理论所隐含的重要偶然性因素包括研究与开发、广告、组织规模、多样化、政府销售、消费者收入、劳动力市场状况和行业生命周期阶段。

交易成本经济学提供了一个重要的理论见解。交易成本经济学并没有假设企业社会责任是零成本的，而是明确了先前理论上未被承认的内容，即利益相关者管理。利益相关者管理以提高利益相关者满意度为最终目标，这往往要消耗大量的资源，包括时间、财务和人力资源，企业要确定相关的利益相关者群体，与集团代表进行谈判，并监测他们的满意度。从长远来看，企业社会责任可以增强信任，并可能降低交易成本。但是，从短期来看，管理者必须在所有战略决策中考虑交易成本。金在一篇出色的文章中将交易成本分析应用于组织在环境伙伴关系方面的战略决策。显然，这种交易成本逻辑也可以更广泛地应用于涵盖企业社会责任的非伙伴关系层面的所有正式和非正式合同。

战略性企业社会责任即所谓的企业资源观。根据这一理论视角，如果组织的资源和能力是有价值的、罕见的、无法效仿的和不可替代的，它们将成为组织竞争优势的源泉。麦克威廉姆斯和西格尔利用企业资源观框架构建了企业社会责任“利润最大化”的形式化模型。他们的模型假设，有两家企业生产相同的产品，但有一家企业赋予其产品额外的社会属性或特性。一些消费者以及其他利益相关者都很重视这一社会属性。如前所述，该模型还假设管理者进行成本效益分析，以确定用于企业社会责任活动的资源水平。因此，他们将企业社会责任作为产品、业务和企业层面差异化战略的一部分。

一些研究者提出了企业社会责任需求的概念，因此企业可以制定企业社会责任战略以实现并维持竞争优势。一些经济学家认为，企业社会责任是企业为维护当地的公共利益（如社交网络、社区发展）而提供的私人服务或减少社会公害（如污染）的行为。因公共利益而提供的私人服务这一概念是战略性企业社会责任的重要延伸。企业资源观的一个有趣的延伸表明，企业可以将政治影响力与企业社会责任战略结合在一起，以提高监管壁垒，防止外国竞争对手使用替代技术（这可能会降低劳动力成本）。

这些研究不足之处是缺乏将个人与企业社会责任或相关成果联系起来的研究。换言之，企业社会责任研究者通常不注重考虑微观层面的因素（如企业社会责任价值观和领导力）。话虽如此，专注于企业社会责任和个人关系的研究已经开始出现。此类工作在本质上是跨层次的。例如，企业对企业社会责任的投资以及社会活动会影响员工的态度，反过来依据员工的态度也可以预测企业营业额和绩效等。与良好的财务绩效相比，当企业具有良好的企业社会责任声誉时，其员工的认同感更强，绩效更高。

其他近期的多层次研究则集中在企业领导行为上。首席执行官的激励行为（例如，帮助下属以新的思维方式看待旧问题，解决问题要触及复杂问题的核心等）更多地与组织资源和投资能力相关，这些可以同时提高企业社会责任和财务绩效。这项研究揭示了领导行为与企业社会责任成果之间的潜在联系。

瓦尔德曼和西格尔（2008）讨论了面向企业社会责任的领导层的战略基础和利益相关者基础。西格尔阐述了战略领导者和决策者为落实企业社会责任而严格采取的工具主义方法。也就是说，只有在预测到股东收益可观的情况下，领导者才应该考虑投资企业社会责任。相反，瓦尔德曼认为，这样的方法可能会阻碍随着时间的推移使企业受益的企业社会责任的长期计划（如员工发展、客户安全创新等）。具体来说，瓦尔德曼提出了一种基于利益相关者理论的领导方法，该方法需要领导者在其决策过程中努力平衡多个利益相关者的需求，即使无法轻易确定具体的短期收益。显然，这样的决策会增加风险，但是某种程度的冒险行为和大胆行为也表明战略领导极为高效。

两项基于经验的证据得以产生，以支持瓦尔德曼的战略领导和企业社会责任方法。一方面，企业社会责任的声誉往往是企业财务绩效的最佳预测指标。对于决策时注重平衡多个利益相关群体需求的领导者来说，他们可能会更青睐长期的声誉，而不是通过在企业社会责任上的投资获得短期收益。最终的结果是，随着时间的推移，减少对企业社会责任短期收益的关注，实际上可能会提升盈利能力，这也许是自相矛盾的；另一方面，当领导者在战略决策中强调平衡多个利益相关者需求的必要性时，下属则认为领导者可以起到激励人心的作用。这种认知会促使下属更加努力工作，并致力于提升企业财务绩效。相反，那些在决策过程中主要强调经济因素（如利润和成本控制）的领导者则被认为不能起到激励人心的作用，企业也并没有提升盈利能力。

总而言之，这些发现表明，组织领导者或战略决策者或许不会因严格遵守工具主义观点而受益，相反他们可能会因长期关注基于利益相关者的价值观和激励人心的领导行为而获益良多。美国西南航空公司的前总裁赫伯·凯莱赫和全食超市的创始人约翰·麦基都是后一类领导者的典型代表。凯莱赫一再表示，在他的整个职业生涯中，他首先关心的是员工，其次是客户，最后才是利润。虽然有些人可能会认为，他只是为了拉拢员工和客户，但真实型领导理论表明，只要领导者始终采取与语言相一致的行动，就会增加这种说法的可信度。换言之，就他们一贯“言行一致”的态度而言，这样的领导者及其信奉的价值观在本质上应该是更真实的。

3.5.1.2 战略性企业社会责任

关于企业社会责任的合理定义存在分歧和争论，这阻碍了人们进一步科学、充分认识它。这些争论涉及基本的概念问题。具体而言，一些著名学者将股东财富最大化视为企业的单一社会责任，并告诫人们不要对企业社会责任进行更广泛的概念化。其他人则认为，企业社会责任在平衡众多利益相关者的利益或要求方面具有巨大的经济价值，或将企业社会责任视为经济、法律、伦理和自由裁量四管齐下的综合类型。

这些争论表明，与企业社会责任定义有关的几个问题仍未解决。例如，麦克威廉姆斯和西格尔将企业社会责任定义为超越企业利益和法律要求的、看似促进某种社会公益的行为，而其他人则强调执行动机，而不是组织结果，这是正确理解社会责任的关键。此外，当时人们对企业社会责任的定义表明，企业社会责任可以由法律和法规强制实施，从而重申了卡罗尔的企业社会责任金字塔中法律层面的重要性。越来越多的人似乎正在形成一种共识，即企业社会责任可以是战略性的（为企业提供私人利益）、利他主义的或强制性的。

企业社会责任的多面性只会加剧上述概念性问题。例如，2008 年牛津大学企业社会责任手册的撰稿人将企业社会责任等同于社区参与、慈善捐赠、良好的企业治理、“绿色”政策的实施以及其他各种组织行为。鉴于企业社会责任的众多表现形式，可以想象企业社会责任可能是一种附带现象。尽管人们普遍认同阿罗的观点，即社会责任有截然不同的形式，但是很多理论工作都把社会责任看作一个统一的、真实的构造。可以说，如果研究者更多地关注企业社会责任的具体方面，可能会取得更大的进展。然而，这需要人们对企业社会责任子维度在理论和概念上的重要性达成共识。

有人假设环境责任是企业社会责任的一个重要组成部分，与前面提到的企业社会责任具有多面性的观点相比，这一假设的争议性相对较小。然而在企业的绿色发展方面，重要的研究问题仍然存在。例如，在对可持续发展的不同定义中有许多在概念上是有缺陷的。此外，在是否应该推动环境可持续发展的管理动机上，对工具性动机和非工具性动机存在着激烈的争论。产业结构说明了关于企业绿色发展的许多悬而未决的问题。具体而言，在环境可持续性可能转化为竞争优势和超额利润的背景下，对于产业结构（垄断、寡头垄断、自由竞争等）的影响存在激烈的争论。显然，在环境可持续性领域还有许多问题仍未解决。

这些基本的概念性争论，是典型的未经研究的领域，这导致过去对中心问题的研究过于简单化。将企业社会责任简单理解为赚钱或不赚钱，不是对企业社会责任与财务绩效之间真实关系的概括，无论是对社会责任本身而言，还是对企业的整体绩效而言。因此，最具建设性的问题不是企业是否应该承担企业社会责任，而是其在何时或在何种情况下应该承担企业社会责任。

3.5.2 企业社会责任的非财务绩效

3.5.2.1 企业社会责任的财务绩效

研究表明，企业社会责任能提升企业市场绩效。考察社会责任型共同基金的绩效是考察企业社会责任股票绩效的一种方法。社会责任型共同基金由证券投资者创建，其投资对象是致力于对社会负责的活动从而获得竞争性回报的企业。希尔、艾因斯库夫、尚克和曼努兰研究了亚洲、欧洲和北美洲的社会责任型共同基金，他们发现在十年间，这三个地区的国家都产生了可观收益。

企业社会责任能提升企业市场绩效的一个根本因素是企业社会责任的筛选过程。企业社会责任意识强的企业在金融危机或环境方面遭遇困难时，可能会获得更高的筛选分数并变得更加安全。多项研究表明，企业社会责任的筛选强度对财务绩效有重大影响，例如员工关系评分对超额收益产生了显著的积极影响。肯普夫和奥斯特霍夫使用投资指数研究与分析社会责任投资，他们将股票投资组合与社会责任投资高、低评级进行比较，发现高评级的投资组合比低评级的投资组合表现更好。

然而，一些学者认为，企业开展的对社会负责的活动，将会对企业的财务绩效产生消极影响。根据弗里曼的观点，承担企业社会责任的企业不仅应该通过实现价值最大化来服务企业所有者，而且应该通过实现利益相关者的目标来发掘企业的潜在价值。但是，各利益相关者经常产生利益冲突。利益相关者理论表明，管理者需要权衡取舍，以考虑到所有利益相关者的利益。然而，詹森认为，利益相关者理论增加了代理成本，并削弱了企业的内部控制系统，因为它的绩效衡量标准只是模糊的定义。一种新的价值衡量方法，如企业价值的长期最大化，可以解决这一冲突。雷纳堡、特霍斯特等人指出，在对社会负责的投资中，投资组合经理既追求财务目标，也追求社会目标，这可能会使其减少对高回报的可控风险基金的投资力度，同时增加潜在的代理成本。巴尼亚和鲁宾发现，与企业有关联的内部人士（经理和大股东）可能会为了自己的私人利益而过度投资企业社会责任，因为这会提高他们作为优秀全球公民的声誉。

对企业社会责任持批评态度的人士指出，企业对社会负责，如慈善捐赠、减少环境影响等，不仅成本高昂，而且行政负担沉重。这些额外的成本和行政负担直接减少了企业的利润，因此，相对于不对社会负责的企业，这些企业可能会处于竞争劣势。通过所谓的“筛选”，社会责任投资基金只选择投资从事这些昂贵且繁重的社会行为的企业。

筛选是指根据社会或环境标准将企业证券纳入投资组合中或排除在投资组合之外。关注社会的投资者通常会投资一些盈利的企业，这些企业拥有良好的员工关系、良好的社区参与记录、优秀的环境政策和实践、对世界各地人权的尊重、安全有用的产品。相反，投资者们通常会避免投资那些在这些方面表现欠佳的企业。

因此，社会责任投资基金有意选择那些运营成本可能高于平均水平的企业，而在其他条件相同的情况下，这些企业的财务业绩低于平均水平。

此外，筛选可能不仅从社会责任投资基金的投资组合中排除某些企业，甚至包括整个行业。例如，社会责任投资基金通常不会投资烟草业。不论投资组合的社会取向如何，将某些企业、行业排除在投资范围之外，会对投资组合的财务绩效产生重要影响。根据现代投资组合理论，投资组合一般承担两种风险：系统风险和非系统风险，或称特定风险。系统风险是整个资本市场波动所固有的风险，而特定风险则与单个证券的波动相关。投资者可以通过这样一种方式构建投资组合，即投资组合中任何一种证券所承担的特定风险被另一种证券所承担的特定风险所抵消，这就是所谓的投资组合多元化。高效的资本市场会因投资者承担系统风险而予以奖励，但由于投资组合多元化，投资者不会因承担特定风险而得到奖励。也就是说，当某种基金承担特定风险时，它无法对其中的风险或收益进行合理权衡。由于某些企业、行业被排除在投资范围以外，社会责任投资基金往往会承担很大程度的特定风险，因此风险调整后的回报率应该会降低。

然而，共同基金即使不在整个证券市场进行投资也可以实现多元化，从而有效地消除大多数特定风险。金融文献中传统的经验法则是，基金只需持有随机选择的20只或30只股票，就能接近一个多元化程度较高的投资组合。由于股票市场的波动越来越大，研究者得出结论，要接近一个多元化程度较高的投资组合至少需持有随机选择的50只股票，而某些人则估计持有股票需高达200只。不管怎样，基金不需要持有整个股票市场就可以充分实现多元化。但是，为保持这一经验法则，需要随机选择投资组合所需的股票，即使如此，仍然存在一些特定风险。例如，相对于市场投资组合，由50个证券组成的随机投资组合仍存在5%的超额标准差。与其他许多共同基金的股票持有情况一样，社会责任投资组合并不是随机选择的，它们是根据一组筛选标准有意选择的。因此，我们可以预期，即使是持有大量且相对多元化股票的社会责任投资基金，也会承担特定风险。例如，多米尼400社会指数是社会责任投资的基准投资组合，也时常被认为是持有广泛股票的社会责任投资基金，持有约400只非随机选择的股票。对多米尼400社会指数的贝塔系数和收益率标准差的衡量表明，其风险高于标准普尔500指数。其他研究者也发现，社会责任投资基金缺乏多元化投资带来的财务成本。特珀估计，根据社会标准选择投资组合的基金，相对于多元化基金的回报率会下降1%。鲁德筛选了南非持有股票的企业，并衡量了它们投资组合的回报率，发现它们的收益率损失了4%。Geczy等人发现回报率的损失范围从每月几个基点扩大到每月超过1500个基点。因此，现代投资组合理论中大量的理论和实证研究表明，由于多元化投资不足，社会责任投资基金必然遭受一定程度的财务损失。

尽管现代投资组合理论具有财务逻辑，但许多研究者发现，社会责任投资基金的回报率等于或大于在不受社会责任约束的情况下运作的共同基金的回报率。例如，汉密尔顿等人（1993）发现，由具有社会责任感的企业组成的投资组合的回报率与未经社会筛选的投资组合的回报率之间没有显著差异。多米尼400社会指数自1990年5月创立至1999年3月，其表现优于标准普尔500指数，获利率总计为470%，而标准普尔500指数的获利率为389%。即使在风险调整的基础上，多米尼400社会指数的财务业绩也超过了未经筛选的标准普尔500指数的业绩。

社会责任投资基金如何才能获得与不受社会责任约束的基金相同或更高的回报率？尽管现代投资组合理论正确地评估了通过社会筛选来限制投资范围的成本，但它没有考虑到社会筛选可能带来的好处。投资组合理论只评估股票把投资组合推向或推离有效边界的能力，在有效边界中，回报率得以实现最大化。然而，它没有考虑到企业的价值创造能力的变化，这是股票价值的基础。相反，假设市场完全有效，除了市场的波动性外，所有股票均被视为同质。

社会责任投资的支持者反驳，尽管社会责任投资的投资组合经理的选择被限制了，但他们所选择的股票池要优于整个市场的股票池，而且随着时间的推移，投资组合经理更有可能获得有利的财务收益。为了保持合法性并有效地吸引资源，企业必须与构成这种环境的群体建立良好的关系。良好的社会绩效表明企业拥有卓越的管理人才，他们了解如何通过开展对社会负责的活动来改善企业内部和社会的关系。因此，社会责任投资的支持者认为，由于社会关系与财务绩效息息相关，社会责任不是成本，而是明智的投资。

这一基本原理得到了利益相关者理论的支持。利益相关者理论认为，一家企业如果能管理好与众多利益相关者之间的关系——这些利益相关者享有该企业的部分利益，那么随着时间的推移，企业的财务绩效就会越来越好。例如，一个拥有良好工作环境的企业可以降低雇用成本，提高员工留任率，在开设新工厂时可以降低社区的反对力度，地方政府更容易对其减税。有利的社会议程可以为企业建立有价值的商誉，从而使企业免受不可预见的问题的影响，甚至可以给社会责任感较低的企业提供新的宝贵机会。总之，有效的利益相关者管理可以创造竞争优势。格雷夫斯和韦多克对"经久不衰"企业的研究表明，这些企业在利益相关者关系上的投资促使它们在8年窗口期的财务绩效高于平均水平，这是通过股本回报率、资产回报率和销售回报率来衡量的。希尔曼和凯姆对标准普尔 500 指数中 308 家企业的市场附加值进行了研究，发现有效的利益相关者管理与财务绩效显著相关，同时，有效的利益相关者管理是改善财务绩效的前提。因此，尽管社会责任投资基金必须从企业有限的共同资金中获取，但如果它们从更丰富的共同资金中获取的话，这其中更有可能包括运营良好、稳定，长期表现优于整体市场的企业。这些个体企业所具有的竞争优势在投资组合层面上可汇集成卓越的财务收益。

社会责任投资基金不仅在社会筛选的强度上有所不同，而且在应用的社会筛选类型上也有所不同。社会责任投资基金投资者可以从针对特定社会问题或一组社会问题的各种基金中进行选择。例如，社会责任投资基金的阿奎那分支只对能够充分反映天主教宗教价值观的企业进行投资，而塞拉俱乐部共同基金仅对具有良好环境绩效的企业进行投资。

琼斯（1995）指出，某些类型的企业社会绩效表现为试图建立信任、合作的企业—利益相关者关系，并且应与企业的财务绩效紧密相关。然而，建立这些关系的代价是高昂的。例如，为慈善事业捐赠，提供日托中心和带薪育儿假，或从事其他对社会负责的行为的企业都会产生巨额费用。面对众多利益相关者经常产生冲突的需求和有限的预算，企业必须决定如何分配资源。在企业与利益相关者的关系建设方面，哪些投资可能会产生最大的财务收益？

工具型利益相关者理论为预测不同社会绩效所产生的财务影响提供了理论基础。它指出，相对于其他关系，企业与某些利益相关者所建立的关系更能促进企业取得成功。企业越依赖某一特定的利益相关者群体，就越容易通过建立和维持与该群体的信任关系而获益。员工对企业的财务绩效尤为重要。员工奋斗在企业的“前线”，负责将企业的投入转化为产出。我们离工业时代越来越遥远，企业越来越依赖于通过员工的知识和创造力来创造产值，劳工关系变得越来越重要。积极的劳工关系可以促进生产率的提高，降低员工流动率以及减少冲突。例如，在大多数航空公司多次遭受罢工的时期，劳工关系广受赞誉的美国西南航空公司就避免了此类干扰并保持了盈利能力。多项研究表明，企业的劳工关系越好，其财务绩效越高。因此，我们做了如下假设：与未执行劳工关系标准的企业相比，严格执行劳工关系标准的企业在社会责任投资方面将获得更高的财务收益。

企业必须在特定的社区范围内实际开展业务。企业与当地社区的不良关系可能会造成各种问题。例如，不良的社区关系会增大企业扩张的难度和成本，从而限制企业的发展。当存在不良社区关系的企业试图开设新工厂时，可能会面临“邻避”抗议。这种抗议会阻碍企业从地方政府获得重要的建筑材料和分区规划许可，并迫使企业承担巨额诉讼费用。良好的社区关系会带来很多好处。良好的社区关系不仅可以降低“邻避”抗议的可能性和强度，还可以降低股东维权人士攻击社区的可能性。此外，良好的社区关系有利于地方政府实行税收优惠和监管政策。更广泛地说，善待当地社区的企业会获得很多回报，比如，企业会获得优秀的人才资源，对企业的地方限制有所减少，企业会得到更好的基础设施。从长远来看，这将降低企业的运营成本。各种实证研究发现，企业通过慈善活动和员工志愿服务等活动来改善与所在社区的关系，可以提高财务绩效。因此，我们期望：与未照顾社区关系的企业相比，照顾社区关系的企业在社会责任投资方面将获得更高的财务收益。

企业的环境绩效对于企业与各利益相关者群体的关系至关重要。在过去的几十年中，利益相关者期望企业进一步增强因保护自然环境而承担的责任。如今，环境绩效不佳的企业可能会面临以下风险：不被消费者青睐，激进组织抗议，媒体的负面报道以及声誉败坏。不良的环境保护措施会增加企业发生严重工业事故的风险，这些事故可能会导致巨额罚款、昂贵的法律诉讼费用，甚至导致企业停业。然而，对一家企业来说，大幅提高其环境绩效的成本是相当高的。收益是否大于成本？越来越多的文献表明，环保确实是值得的。研究表明，良好的环境绩效与运营效率的提高、学习和创新能力的提高、保险成本的降低、与利益相关者的良好关系、产品和服务的差异化以及其他诸如此类的成效相关，以上因素无论是单独还是组合在一起出现，都可以大大抵销实施环保行为的成本。因此，我们假设：与未保护环境的企业相比，环保型的企业在社会责任投资方面将获得更高的财务收益。

3.5.2.2 企业社会责任的非财务绩效

企业社会绩效涉及企业处理与个人、组织、社会和地球的关系时所遵循的原则、实施的行为和产生的结果，表现在企业针对这些利益相关者所采取的深思熟虑的行为以及企业活动所产生的一些非预期影响。企业社会绩效的概念研究始于20世纪50年代，这一发展有助于人们更好地理解企业社会绩效与商业和社会或者商业道德中其他核心主题和概念之间的关系。随着企业社会绩效概念的完善，先前的企业社会责任被归入企业社会绩效，成为其中的一个组成部分，特别是社会责任伦理及结构性原则，或者与他人的业务约定方面。企业社会绩效的研究重点转移到业务流程上，以履行（或避免）社会责任并响应利益相关者的问题，其研究同样重点关注与企业社会绩效相关的行为所产生的影响和结果。研究人员对企业社会绩效的原则、含义、过程以及结果进行研究。任何关于企业社会绩效的参考书目都必须与相关主题的著作相结合，包括企业社会责任和响应能力、利益相关者理论、商业道德、企业政治行为、问题管理和可持续性。尽管有关这些主题的详细书目信息不在本书的讨论范围之内，但读者还是会从中找到这些主题的一些参考资料。企业社会绩效有两种组织方式。一是专题组织，包括概念开发、运作、利益相关者关系（员工、供应商及其他人）、企业社会绩效和财务绩效、企业社会报告和吸引大众的企业社会绩效方法（以及参考资料、期刊和教科书的部分）。二是在该主题中，读者将看到所引用的研究文献按照时间顺序排列。因为企业社会绩效是一个相对较新的研究领域，这种按时间顺序排列的方法可以帮助读者从头了解该领域的发展到过程。

如前所述，企业社会绩效模型的显著特征是社会责任的延伸概念，以及通过原则、过程、政策将社会责任、有效回应和社会议题结合在一起。时隔四年，斯特兰德在卡罗尔企业社会绩效模型的基础上发展了一个系统范式，对社会环境做出组织调整。同卡罗尔一样，斯特兰德认为，责任、回应、反应这三个维度从根本上构成了企业社会参与的系统。社会责任取决于社会，与此同时，企业的任务包括：明确并分析社会对企业责任不断变化的期望；确定一个整体方案，以对不断变化的社会需求做出回应；对相关社会议题做出适宜的反应。卡罗尔强调责任与回应的关系，斯特兰德则强调从微观层面关注回应与反应。在企业社会绩效的第三个维度方面，斯特兰德似乎走得更远，通过显示对环境变化的内、外部反应，他提出了对议题的反应。然而，企业社会绩效的两个基本特征“社会责任的延伸概念”和“社会责任、有效回应、社会议题的结合”依然保持不变。因此，斯特兰德的系统范式可以被认为是企业社会绩效思想下的原则、过程、政策关系的延伸。

社会责任的前两类挑战（经济和公共挑战）已被纳入企业社会绩效模型对社会责任更全面的定义中。此外，企业社会绩效采用了从宏观层面和微观层面来关注公共责任的双重取向。第三类挑战（社会回应）也被纳入企业社会绩效模型中，它充当社会责任和对社会议题做出的反应之间的关键纽带。

企业社会绩效模型承认经济责任的重要性。然而，与其说经济责任和社会责任是相互排斥的，不如说经济责任是社会责任的一部分。麦奎尔（1963）认为，社会责任指企业不仅要承担经济和法律方面的义务，还对社会负有某些超越这些义务的责任。

社会责任包括但不限于经济责任。为了阐明这种经济和社会责任综合观，参考卡罗尔和斯特兰德的模型。卡罗尔模型指出，社会责任包括经济责任、法律责任、伦理责任和自由裁量责任。斯特兰德将社会责任的概念描述为以下四个方面：文化和经济环境；选民的物质、社会和心理体验；社会对组织的要求和期望；组织的环境结构。两者都将经济责任作为其模型的基本原则，从而将经济责任纳入社会责任的定义。

一些研究者持这样一种观点，即经济责任和社会责任并不是相互排斥的，而是更广泛的企业社会责任概念的一部分，例如，企业社会责任实际上不过是美国资本主义发展过程中产生的第四层管理责任。经济责任和社会责任（第一层和第四层）不是权衡取舍，而是企业整体社会责任的组成部分。图佐利诺和阿曼迪为企业提供了一个社会责任需求模型，类似于马斯洛的需求层次理论模型。在他们的框架中，最低层次的责任（相当于生理需求）是盈利能力，最高层次的责任（相当于自我实现的需求）是社会责任。正如在马斯洛的需求层次理论模型中一样，盈利需求（经济责任）在不被满足的情况下占据主导地位。但是，在自我实现的过程中，企业会满足所有的要求（企业对社会负责）。德鲁克再次强调了这一立场，他认为资本积累和盈利能力是企业基本的责任，其他责任位居盈利能力之后，管理层不应该仅仅因为这些责任降低企业利润便不予考虑。

企业社会绩效模型通过将公共责任纳入企业社会责任的定义来应对第二类挑战。与经济责任一样，公共责任的挑战在扩大，但并不能取代社会责任。在卡罗尔的模型中，社会责任的法律组成部分涵盖了对公共责任的狭义定义，而自由裁量部分则涵盖了更广泛的定义。在斯特兰德的模型中，公共责任隐含在“社会对组织的要求和期望”这一类别中。斯特兰德将这些要求和期望等同于法律、经济和社会压力。

在其他将公共责任纳入社会责任的最新研究中，最值得注意的是道尔顿和科西尔的《社会责任的四个方面》。事实上，这种社会责任的概念化通过将公共政策的狭义定义与公共政策的广义定义结合起来，回应对公共责任的主要批判。道尔顿和科西尔的框架基于以下四种企业行为：非法和不负责任的行为；非法但负责任的行为；合法但不负责任的行为；合法和负责任的行为。公共责任概念的狭义定义存在于框架的合法或非法层面。而合法或非法方面与负责或不负责任方面之间的联系存在着更广泛的定义。

企业社会绩效模型除了将公共责任纳入社会责任的定义之外，还遵循了公共责任的总体方向，即在企业社会参与中同时关注宏观和微观两个层面。公共责任建立在宏观层面的系统互通理念和微观层面的主要和次要参与理念之上，企业社会绩效通过整合社会责任和社会回应来保持这一双重定位。

企业社会绩效模型认为，社会责任和社会响应是同样有效的概念，它们都应是企业社会参与的两个独立层面。比如，在卡罗尔模型中，社会响应包括反应性、防御性、适应性和主动性。卡罗尔总结：一些人认为，企业社会响应是社会责任的替代品，而实际上它是管理部门在社会领域做出反应的行动阶段。如果组织在采取行动之前试图精准定位其真正的责任是什么，就很容易产生定义性问题。从某种意义上说，社会响应能够使组织履行其社会责任，而不会身陷定义问题的泥潭。

在斯特兰德的模型中，社会响应包括组织类型和特征；监测和边界跨越；管理社会价值观和目标；社会响应机制；决策过程。因此，卡罗尔模型强调社会责任和社会响应之间的联系，而斯特兰德模型强调社会响应和社会政策之间的联系。

卡罗尔和斯特兰德都认为责任和响应是重要且互补的概念，这两个概念在理解企业社会绩效时扮演不同的角色。社会责任是宏观重点，社会响应是微观重点。虽然卡罗尔和斯特兰德都没有试图准确区分社会责任和社会响应之间的不同，但这样的任务对企业社会绩效模型而言尤为重要。

4 研究设计

在研究框架确定之后，下一步就是明确研究设计来验证假设关系。因此本章会讨论如何明确研究设计以及如何开展研究来实现本研究的客观性。

研究哲学是一种关于某种现象数据的收集、分析和利用的概念。认识论（被了解是真实的）与隐喻（被相信是正确的）截然相反，前者是包含了各种研究方法的哲学。因此，科学就是把人们相信的东西转化为已知的东西。套语和知识是西方传统科学确立的两大主要研究哲学，也就是实证主义和解释主义。

本章结构如下：第一节从总体上介绍了研究哲学，研究哲学造就了数据收集方法、分析步骤设计和研究方法。在本节中，研究者概括了研究哲学的选择和调整。第二节介绍了本研究中使用的研究方法，通过运用这些方法来解决本研究的问题，论证了指导数据收集和分析的各种方法和某些具体方法的合理性。第三节介绍了研究设计，以及如何基于探索性设计使用定量与定性数据来回答研究问题。

4.1 哲学基础

研究领域内有四种类型的研究哲学，即实证主义、解释主义、批判主义和后实证主义。这四种范式构建了我们理解社会、自然和知识的不同方式。下文解释了起源于实证主义范式的后实证主义范式，这也是本研究中所采用的研究哲学。

桑德斯等人认为，本体论关注的是现实的本质。伊斯特比·史密斯等人进一步阐述了这一定义并提出了关于现象本质的哲学猜想。布莱曼和贝尔则认为本体论的问题涉及社会实体的本质。

柯林斯和赫西从研究核心问题的角度定义了认识论，这个核心问题就是“我们接收什么来作为我们的有效的知识”。史密斯等人则把认识论定义为关于探求世界本质最佳方式的一般假设。

如前所述，本体论、认识论假设和研究者的立场都对研究开展方式有着重大影响。在供应链管理研究方面，纽曼很清晰地阐述了这一点：尽管学术文献和从业者都乐于围绕“供应链”这一术语展开讨论，但这一隐喻背后的意象，即物质通过一些清洁的虚构管道系统流入经济体系，本身就存在问题。接下来的章节会特别基于实证主义和解释主义立场下的讨论范式，并会特别提及它们的本体论和认识论假设。

范式在科学中起着基础性作用。范式一词可以追溯至托马斯·库恩的《科学革命的结构》，该书首次出版于 1962 年。当该书再版时，范式这一概念已经深入人心，还特别引起了人们对其在自然科学史中的作用的关注。研究者和作家，诸如穆顿、柯林斯当时已经在使用这 术语了。同时范式对社会科学的哲学和方法论都产生了重大影响。

一般而言，对范式的最佳描述是其是一个完整的思维系统。从这个意义上讲，范式是指特定学科中已经确立的研究传统。更具体来说，范式包括公认的理论、传统、方法、模型、参考框架、研究主体和方法论。而且范式可以看作用于观察和理解的模型或框架。范式是可以指导行为的一整套基本理念。因此，范式在社会科学中有着至关重要的作用。然而，不同的作者和研究者对于范式的概念有着不同的见解。克雷斯维尔将范式作为一种世界观。因此，当范式应用于社会科学时，其概念是隐喻性的，但应用于自然科学时，概念则截然相反。

克罗斯韦尔认为，在自然科学领域，范式很大程度上在研究工作中并未显露，但范式已然影响了研究实践，因此，它们需要被提及。

定性方法和定量方法的根源延伸到不同的哲学研究范式，即实证主义和后实证主义。后实证主义（后现代主义）的特征表现为两个子范式，即解释主义（建构主义）和批判理论（批判后现代主义），而现实主义则被视为实证主义和后实证主义之间的桥梁。

4.1.1 实证主义

实证主义，追溯其哲学起源，即现实主义。这是由包括奥古斯特·孔德、约翰·斯图亚特·密尔和埃米尔·蒂尔凯姆在内的理论学家提出的。

实证主义源于“积极”一词，积极就是指进步的，是指社会科学领域渐进的发展。从本体论的立场来看，实证主义者认为研究者不了解社会现实。认识论者保持着一种客观和独立的态度，因为他们认为只有可被观察到和可测量的现象才能被有效地视为知识。因此，实证主义者更倾向于强调定量方法，以客观的方式检测假设。

实证主义的主要特征就是解决关键的实际问题，并通过统计分析任何存在的因果关系。赫西则认为，应该用客观、独立的眼光看待与现实世界相关联的现象或知识。实证主义者认为，在本体论的假设下，科学调查和演绎推理都将汇聚于客观事实。布莱基指出，实证主义在认识论的假设之上认为知识是感官经验的结果，是实验分析或者对比分析的结果。

实证主义非常强调科学的客观性，根据杜普瓦的观点，为了获得客观、准确的数据，需要将主客体相分离，任何与研究者本人相关联的东西，如自我、个人经历和情绪，都应该被移除掉。实证主义强调在社会中使用客观测量、定量数据和方法来进行理论检测。然而，这一方法也会面临研究者的批判，因为它也伴随着许多与人类问题相关联的潜在缺陷。实证主义方法的缺陷导致了解释主义、主观主义等的出现。

实证主义在自然科学和社会科学领域的研究传统的进步和发展中发挥了巨大的影响。实证主义研究属于社会科学范畴，其目的是用数据推动决策，从社会维度和管理行为中获得真知灼见。在社会科学研究中，实证主义通常被用作生成更准确、可测量和客观的数据。

正如我们所见，孔德认为社会科学的发展是科学知识发展的最高成就，这种知识会在社会的重建中发挥至关重要的作用。后来的哲学实证主义者对社会科学的兴趣大打折扣，有时还持否定态度。尽管如此，在 19 世纪末 20 世纪初，社会科学仍风靡全球，因为社会科学能为制定健全的政策提供必要的基础，并涉及科学探究的知识。例如，在英国，这一趋势常常涉及对早期社会思想形式的强烈的排斥。这里的中心点是对经验、事实的坚持，知识是关于事实的，而绝非神学、形而上学、甚至伦理的，而获得这些知识需要系统地收集和分析证据。一些社会科学家尽管对人类的研究进行了修改，但仍使用实验方法，例如，社会心理学和研究小群体的学者就会使用实验研究的方法。但是，即使是在实验研究逐渐被主流学术界日益接受的情况下，实验研究也被认为是一种理想状态，现实社会中很难实现这种理想状态。在20世纪20至30年代的美国，一些社会学家直接受到逻辑实证主义和运作主义等的影响。在政治学的研究上，摒弃了政治哲学的传统，而更倾向于研究政治制度的实际运作方式，并且越来越专注于可以计算和衡量的事物，如投票模式。

然而无论是整个社会科学领域，还是某些特定的领域，实证主义主张的客观与价值无涉能不能在社会科学领域实现，都存在相当大的争议。这在一定程度上反映了不同实证主义的影响，但同时受到了试图从事社会科学的实践活动的影响。事实上，拉扎斯菲尔德抱怨实证主义科学家和哲学家忽视社会科学已取得的进步，也没有为面临的实际问题提供指导。在社会科学领域受实证主义影响的研究中出现了一些分歧，这些分歧反映了所研究的主题和现象的变化，例如，对小群体决策的研究所涉及的问题不同于那些对西方国家投票模式的研究。

实验和调查研究都并非是社会科学领域开展工作的唯一方法，它们主要是20世纪的一些学科采用的主要方法。但时至今日，它们仍有强大的影响力，进一步来讲，实验的使用归因于最近的循证实践运动。同样值得注意的是，在20世纪50年代至60年代初，实证主义的影响甚至扩展到了那些被绝大多数实证主义者排斥的方法，如参与性观察，这些方法通常被概念化，并受到实证主义理想的影响。

当然这些理想无论是在社会科学领域，还是哲学领域都存在争议，而且自20世纪中期开始，这些理想在上述两个领域面临着越来越大的挑战。此后，各种后实证主义开始在社会科学领域内产生影响。人们借鉴了实证主义之外的其他哲学思想，包括批判理性主义、现象学、批判现实主义、解释学、结构主义和后结构主义。

探索社会现实的实证主义范式是以法国哲学家奥古斯特·孔德的哲学思想为基础的。在他看来，观察和推理是理解人类行为的最佳方式，真正的知识是建立在感官经验之上的，可以通过观察和实验获得。在本体论层面，实证主义者假定现实是客观既定的，可以用独立研究者和其工具之外的属性来测量。换句话说，知识是客观和可量化的。实证主义思想家采用科学的方法，将知识生成过程系统化、量化，以提高参数描述的准确性，加强参数之间的关系。实证主义关注的是通过实证手段揭示真理，但同时抗拒真理。

根据沃尔沙姆的实证主义立场，科学知识由事实组成，而其本体论认为现实是独立于社会建构的。如果研究性学习包含一个稳定不变的事实，研究者可以采用客观主义的视角，即现实主义本体论，相信世界是客观、真实的，而超然的认识论立场基于信仰、人们的感知或言语，是真亦是假，是对亦是错，这种想法基于知识是困难、真实、可习得的观点，研究者可以采用依赖于操作和控制现实的方法论。

实证主义认为人的行为是被动的，是受外部环境控制和决定的。一般而言，这种现实主义和客观主义的知识观是传统教学方式的基础。这反映在本研究的教学方法中，因为它采用的教学主义策略也和建构主义方法相辅相成。

黄万生的实证主义思维观将其与各式各样的理论和实践联系起来，如孔德式实证主义、逻辑实证主义（非现实主义）、行为主义、经验主义和认知科学。虽然实证主义范式在20世纪后半叶长期影响着教育研究，但由于其在解释社会现实方面缺乏主观性，其主导地位受到了建构主义和批判后现代主义两种不同传统的批判者的挑战。批判者认为，在科学探究的过程中，客观性需要被主观性取代。建构主义和批判后现代主义为研究提供了可选择的理论、方法和实践途径。

本质上，纯粹的现实主义视角代表了古典实证主义传统。然而一种被称为后实证主义的修正客观主义观点声称，我们探究的对象存在并且独立于人类大脑之外，因此我们的观察不能完全准确地感知它，换言之，完全的客观性纯属天方夜谭，但我们仍然把它作为一种规范求知的理想来追求。这代表了批判现实主义本体论，正如库克和坎贝尔所阐述的那样。因此，实证主义对实验和定量方法的关注，已经在某种程度上被使用定量方法来收集现成变量之外的更广泛信息的兴趣所取代或补充。

一般而言，方法论上的考虑，即研究的定性或定量不是孤立的，而是与研究者对现象本身的假设（本体论）、知识的基础（认识论）以及人类与其周围环境的关系相关联。

布莱曼将实证主义定义为一种认识论立场，提出将自然科学研究中使用的方法应用于社会科学的研究。在实证主义范式中，从认识论角度出发，研究者是独立于被研究对象的；而从本体论角度出发，存在着一个独一无二的现实等待研究者发现。柯林斯和赫西认为实证主义范式的研究倾向于使用定量调查来验证假设，对研究设置进行推测并建立受控条件，利用大型样本，使用定量数据分析，产生可量化结果。

表4－1从本体论、认识论、价值论、现实性观点、现实性本质、研究目的、方法论等方面分析了实证主义与后实证主义的区别，以确定最适合本研究的范式。

表4－1　　实证主义和后实证主义区别

问题	实证主义	后实证主义
本体论	朴素的现实主义——真实的“现实”，但可以被理解	批判现实主义——真实的“现实”，但是不可能被完全理解，只是有概率被理解
认识论	二元论者、客观主义者：寻求真相	修正二元论者、客观主义者：批判传统、社区，可能会发现真相
价值论	命题本身的目的就是认识世界本身，具有内在价值	命题本身的目的就是认识世界本身，具有内在价值
现实性观点	现实是有形的、碎片化的。观察对象独立于观察者之外：事实与价值的区别。关于现实的结论可以通过实证来验证	现实是多重的。关于现实的结论反映了研究者和被研究者的观点
现实性本质	客观知识	知识的语境本质
研究目的	收集信息，以形成概括或普遍规律，该规律可以解释人类行为	收集到的信息具有有限性和普遍性
方法论	简化的、分析的模型 演绎主义 主要是定量方法 实验、操作；验证假想	全面的方法 归纳主义 多种方法：定量方法和定性方法 修正实验、操作；批判多元主义 证伪假想；可能会包括定性方法

4.1.2 后实证主义

后实证主义范式帮助研究者对从定性阶段和定量阶段收集到的数据进行交叉检验和分析。实证主义的定量方法是采用科学方法来解决一个具体的问题，主要与科学发现有关。佛雷泽和罗宾逊指出，实证主义是“探索我们周围世界的科学方法”。实证主义倾向于定量方法，如大规模调查、结构化问卷和官方统计等，因为这些方法具有良好的可靠性和代表性，可获得整个社会的概况，并揭示社会趋势。定量方法侧重于测量社会和自然现象的程度。然而，福特、加夫尼和埃文斯指出，有一种观点被称为后实证主义，它起源于实证主义范式。埃尔曼和延森讨论了后实证主义范式与实证主义范式的不同之处。实证主义范式侧重于测量现象的程度，而后实证主义范式则帮助研究者将数据和现实进行交叉检验，并以适当的方式进行分析。

自 20 世纪中叶开始，在社会科学领域，定量方法的主导地位以及与之相关的实证主义思想受到越来越多的质疑，定性研究在多个学科和应用领域开花结果。这包含了各式各样的形式，有些是受人类学的工作启发，有些是受社会学的个案研究和社区研究的启发，有些是受心理学的临床访谈启发。最初定性研究人员采取了防御立场，试图用宽泛的实证主义术语来证明他们的工作，捍卫其科学性。然而随着时间的推移，定性研究人员越来越排斥实证主义，事实上，许多人开始质疑社会科学是否存在或者可取。

后实证主义的第一种解释认为自然科学是所有知识的关键模型，而在哲学分析传统中，根据实证主义的哲学批评主义修改其他理论这一潮流兴起于 20 世纪中叶，例如奎因、普特南的作品，还有波普尔的证伪主义。实证主义有时也带有天主教色彩，但实证主义仍把科学作为现代生活的中心，一再强调其实用性质和功能。这种后实证主义的修正主义支持继续进行试验和调查研究，以及一些定性的工作，如英美政治学中所倡导的案例研究。

后实证主义的第二种解释包括 19 世纪和 20 世纪的诠释学、马克思主义、现象学、结构主义、后结构主义、后现代主义，以及新唯物主义和后人文主义。它们对实证主义提出了根本挑战，而此前社会科学方法占据主导地位正是利用了实证主义。不仅实证主义科学观念遭到排斥，自然科学是社会调查一个适宜的模型这一理念也遭到排斥。

这些哲学思想的一个核心组成部分被称为建构主义，从而质疑现实主义假设，而这些假设之前既支撑定性研究，又支撑定量研究，即独立存在于研究过程的社会现象是有可能准确表达的。有人认为，社会现象必须被看作人们行使权力的产物，而非因果力的结果，而因果力是可以用物理学家研究物理现象的方法来研究的。此外，人们想主动了解他们所处的环境，并在他们所形成的文化理解的基础上采取行动，这逐渐扩展到社会科学家自己身上。因此，有人认为，研究必须通过它所使用的概念和所采用的调查方法来构架它所调查的世界。这意味着，采用不同文化假设的研究人员会得出不同的结论，而这些结论必须用他们的术语加以处理。他们坚持认为，不可能存在文化中立性，不可能有放之四海而皆准的观点，不可能有关于现实本身的记录。随着建构主义的发展，实证主义的概念和现实主义的概念合二为一。

一般来说，第二种后实证主义推动了定性数据的价值和定性分析的形式发展，这些被解释为源于艺术或文学，包括小说或诗歌的创作或各种行为艺术的推广。事实上，一些企业已经宣布进入“后质量阶段”。同样重要的是关于社会科学的政治功能的讨论，一般认为实证主义是支持现状的，然而实证主义的重点是挑战现状（例如，政治科学领域的改革运动）。也有一些伦理和政治上的争论，认为定性研究必须给予参与者发言权，特别是那些在现今社会中被压迫的人。所有这些发展都源于对社会科学家提出的任何能产生客观知识的主张的排斥，而对这一主张的承诺通常被认为是实证主义的核心组成部分。

后实证主义范式有助于研究者在主客观评价的基础上探讨本研究的目标，因为不同的国家有不同的社会和经济背景。实证主义认为，有一个客观真实世界存在于个体之外，个体可以进行逻辑和数学验证，而这些是可以被认知和描述的，每一个合理的断言都可以用科学的方法来查证，所有关于现实的结论都基于经验观察，可以公开测试和验证。然而与本研究相关的是：不同的国家有不同的社会和经济制度，各利益相关者对企业社会责任的认知存在很大的差异。因此，基于主观评价，由于不同国家有不同的社会、文化和政治历史与背景，利益相关者对企业社会责任活动的期望在不同的国家也各不相同。

后实证主义认为，研究者在其研究中并不一定会受到其主观自我的影响。因此，后实证主义关于研究结果的结论反映了研究者和参与者的观点。此外，在后实证主义观点中，如果研究者承认自己的偏见，他们可以客观地对待他们的任务。例如，本研究的企业社会责任理念因社会而异，东西方截然不同。在一些国家，企业社会责任被认为类似于宗教义务，被视为强制性的，而在一个信奉个人主义的国家，企业社会责任被视为个人事宜。在这种情况下，在以法规为基础的治理体系内的，企业在其运营过程中需要遵守法律法规，并且只关注股东利益和股东价值最大化。与此相反，在一个以良知为基础的治理体系内，企业必须同时考虑企业及其利益相关者的价值，其运营必须反映不同利益相关者的期望和利益。在经济方面，经济发展和经济转型可以指导企业社会责任活动的发展。例如，在一个特定的阶段，当一个国家走向市场经济和工业化的时候，这个国家会更关注社会的经济效益，而非环境保护问题。

后实证主义范式有助于研究者进行研究，并分析中国背景下的企业社会责任活动。实证主义倾向于收集可以概括或形成普遍规律来解释人类行为的信息。事实上，企业在不同的国家运营会面临不同的问题，而这些问题会以独特的方式与不同的社会环境相契合。然而，一个普遍适用的标准是：企业必须满足其利益相关者的期望，以建立一个积极的企业形象。普遍适用的企业社会责任的发展更是困难重重，因为它们既要满足当地利益相关者的期望，又要在运营中保持一致。因此，不能得出普适的研究结果，因为其在不同国家和环境下的意义大不相同。然而，根据实证主义认识论，知识积累唯一可靠的途径是在不同的社会和经济背景下进行概括。由于企业社会责任在不同的国家和环境中存在着不同的含义，实证主义范式并不适用于当前的研究。

如上所述，在企业社会责任的研究领域，由于不同国家有不同的社会经济背景，使用实证主义范式是不现实的。为了获得竞争优势，企业社会责任活动应该将所有当地利益相关者的期望纳入企业运营。然而在不同的社会背景下，对于经济责任的期望有时会优先于对法律、道德和自由裁量责任的期望。企业的慈善活动因忽视欠发达社会以及未能识别出利益相关者的期望值而备受质疑。因此有人提出，企业社会责任项目必须优先考虑政府和利益相关者，并随其变化而变化。本研究是中国文化背景下企业社会责任活动的研究，因此，需要使用后实证主义范式来识别隐藏在利益相关者群体中的企业社会责任期望，并检验战略性企业社会责任和企业非财务绩效之间的关系，以此来概括出一般规律。

后实证主义范式有助于研究者识别利益相关者的期望并加以归纳。根据实证主义理论，实证研究的目的是搜集证据，总结出指导人类行为的普遍规律，因为个体行为是可以预测和控制的。然而，本研究的目标不仅是战略性企业社会责任对企业非财务绩效的影响，即搜集数据来形成一般性和普遍性的规律。识别不同利益相关者的期望，以及理解战略性企业社会责任是如何通过满足利益相关者的企业社会责任期望来影响企业非财务绩效的也是本书的研究目的。正如弗洛林所提到的，后实证主义学者提出解释主体间如何以及为何会发生个体差异。加贝、斯梅茨、克鲁塞认为后实证主义研究范式源于实证主义研究范式。

本书分析了战略性企业社会责任对企业非财务绩效的影响。后实证主义研究范式可以帮助研究者处理它的每一方面，包括利益相关者的期望值所扮演的角色。霍普金认为，后实证主义有助于研究人员了解企业的实际情况和企业绩效。通过采用后实证主义研究范式，研究者将能够对数据进行交叉检验和分析，因此后实证主义有助于以适当的方式来证明研究哲学。布莱曼认为，后实证主义研究哲学有助于研究人员解释一些社会现实和哲学事实，如企业社会责任涉及企业的社会和政治层面。本研究认为，如果企业的战略性社会责任活动满足其利益相关者的期望，那么利益相关者就会回报企业，提升企业效益，这就需要研究者识别和分析利益相关者的期望。然而，如果使用实证主义研究哲学，就不可能分析社会现实。因此，研究者不能从现实角度分析数据，而研究者只有在使用后实证主义范式后才有可能分析社会现实。

后实证主义范式在允许价值观干扰的情况下帮助研究者观察社会现象，将研究者与被研究者联系起来，以便更好地了解被研究者。实证主义研究范式面临的一个主要挑战是研究者与被研究者的分离，研究者不可能在不受价值观干扰的情况下观察到社会现象。相反，后实证主义范式承认，即使无法寻得普遍适用的规律，但仍有有效的知识和主张，因此，可以从逻辑上推断：

“真实的”现实并非完美的，但我们仍有概率可以理解现实。格拉顿和琼斯支持后实证主义的观点，即仅仅通过在现实中检测来获取知识是不可能的。格里肯提出，后实证主义哲学对不同的方法论表示出更大的兼容性，包括定性和定量研究方法，这有利于替代研究方案的发展和应用。

在本研究中，为了确定战略性企业社会责任对企业非财务绩效的影响，对数据进行定量分析（实证主义）还远远不够，因为研究者不知道战略性企业社会责任是如引起企业非财务绩效提升的。为了回答这个问题，需要用定性的方法（后实证主义）来确定利益相关者的企业社会责任期望。为了对战略性企业社会责任与企业非财务绩效之间的关系提供准确、现实的数据分析和合理解释，研究者选择了后实证主义研究方法。

4.2 研究方法

大卫·汉密尔顿（1994）简要描述了定性研究的历史渊源，他认为定性研究的认识论起源于 18 世纪晚期的认识论危机。早在 17 世纪，勒奈·笛卡儿关于方法的论述就为定量研究奠定了哲学基础：基于经验客观性和数学准确性的推理，被称为笛卡儿的绝对主义。大约 150 年后，伊曼努尔·康德的《纯粹理性批判》提出了一种与人类理性形成对比的模式，在此模式中，思维在形成感知方面起着核心作用，并改变了我们对自然世界的理解。康德将研究者的主体性确立为其自然现象研究的中心，从而为社会科学中的定性研究奠定了认识论基础。

这两派思想存在着明显的区别。笛卡儿式的客观性，将观察者与被观察者区分开来，在物质世界具有强烈的客观性的基础之上，这种客观性服务于自然发生的现象之间因果关系的普遍法则式知识的产出：给定初始条件下的知识，事物的最终形态可以被准确地预测。在笛卡儿的世界观中，自我决定或自由意识的空间很小。艾萨克·牛顿在阐述一个看似有规律的宇宙基本运动定律时，就深陷笛卡儿的世界观中，无法自拔。笛卡儿的客观性是自然科学经典定量研究模型的必要条件。

相比之下，在 19 世纪，像威廉·狄尔泰这样的新康德主义者帮助建立了社会科学的定性研究，认识论强调“理解”和“生活经验”的作用，这与笛卡儿的解释概念形成了鲜明的对比。对于新康德主义者来说，观察者和被观察者在辩论关系中紧密地联系在一起，两者互相影响。有趣的是，量子理论也有类似的观点，即观察者的意识通过观察（或测量）来瓦解“概率波函数”，从而产生一种特殊的物理现象，这是许多可能的现实之一。薛定谔的猫的生死悖论就是一个经典案例。量子理论学家提出，不仅亚原子现象，所有的生命，甚至是人类的意识，都受量子效应的影响。

19 世纪末，新康德主义观点解放了社会科学家们，使他们与社会中的弱势群体一起工作，赋予了他们自由和手段来应对压抑他们生活的社会状态。这种解放情绪用于社会正义，一直到了 20 世纪，这一观点被法兰克福学派批判社会的哲学家们重新接纳，如尤尔根·哈马克思，被批判行为研究者引入了教育领域，像威尔佛雷德·卡尔和斯蒂芬·凯米斯。

但是如果读者认为 20 世纪的社会科学研究见证了定量研究的消亡和定性研究的兴起，就大错特错了。如保罗·费耶阿本德、托马斯·库恩、卡尔·波普尔等都采用了笛卡儿、牛顿科学范式的正确哲学批判准则，还有支持柏拉图学派和形式主义哲学的数学家们，包括库尔特·哥德尔和莫里斯·克莱因，尽管定量研究的形式有所改动，但仍是社会科学中十分强大的存在，特别是在科学教育领域。这些与哲学辩论的社会价值关联不大，更多与过去 30 年整个西方世界的政治摆钟转向“新保守主义”有关。

林肯提供了一个关于在大学的学术审查委员会贯彻执行的“新时代方法论”令人信服的解释，这些学术审查委员会往往强调制定政策的“科学证据”，因为有“科学证据”的政策会带来更高的系统效率和更高的生产率。在 21 世纪初，为这种“科学证据”定量研究方法提供资金是重中之重。欧内斯特·豪斯（2006）将这种“方法论的原教旨主义”归因于美国联邦政府信奉的意识形态政策信仰，“只有随机实验才能得出真正的发现”，豪斯提出这一主张是试图恢复传统权威关系。

同样，后殖民学者提醒，社会科学研究的公开政治控制是 19 世纪欧洲国家在殖民地进行的意识形态统一课程的再现，这些课程是为了用文化认同和“语言替换治疗”代替学校教育，以此来教化当地人。这也与当时西方大学的研究生项目相契合，它们向学生灌输笛卡儿、牛顿的定量研究世界观，很少或者根本不考虑认识论多元主义。

考察当代社会科学研究教材是了解当今教育研究现状的有效途径。20 世纪 80 年代，当笔者开始在一所科学和数学研究生院教授研究性课程时，当时主要的教科书只介绍了定量研究，没有设计“认识论”这个术语，笛卡儿和牛顿的世界观束缚了研究生（和他们的导师）对教育研究的性质和目的理解。打个比方，鱼在很大程度上没有意识到它们正在游的那片海。

作为一个寻求灌输高阶意识的教育改革家，笔者很赞同伊冯娜·林肯的观点，即研究生教育的一个核心目标就是全面地理解研究认识论。为了避免笛卡儿和牛顿世界观对科学教育工作者的霸权控制，他们需要具备认识论方面的知识，也就是批判性地认识知识的本质是为研究知识的产出过程奠定基础这一假设。

如今，关于社会科学研究的教科书内容丰富，涉及众多。虽然一些作者主要关注实施研究方法的技术细节，但还有一些作者喜欢从哲学的角度将研究范式进行分类，比较它们的本体论、认识论和方法论。以下四种范式在当今社会科学研究教科书中极为常见：后实证主义、解释主义、批判主义、后现代主义。

然而在如何准确地将“定量研究”和“定性研究”这两个术语映射到这四种范式分类上，目前还缺乏共识。时下流行的混合方法角度（以前称为定量研究和定性研究）认为，定性研究方法可以和定量研究方法完美结合。笔者认同这种观点，但它也存在一定局限性，因为它往往会导致研究设计受后实证主义范式的认识论支配。还有一种笔者很认同的观点是，定量研究受后实证主义认识论支配，而当代定性研究则与解释学、批判学和后现代主义范式所提供的多种认识论相关联。在考虑定性研究范式之前，我们应该从实证主义范式的特征出发，因为实证主义范式的特征支配着科学教育中的传统定量研究。

研究中常用的研究方法主要有三种基本类型，即定量方法、定性方法和混合方法。下文将简要介绍这些方法，并论证使用混合方法的原因。

定量方法和定性方法是社会科学研究中两个分离的方法论。定量方法是 20 世纪社会和管理研究的主要研究方法。然而从 20 世纪 80 年代以来，定性方法逐渐占据上风。

4.2.1 定性研究

定性方法适用于探索性研究。定性方法的重点在于个人和群体是如何看待和考虑世界的，以及他们如何在经验之外构建意义。定性研究方法的目标是在深入观察和分析的基础上，了解个体的动机并识别特定社会的研究问题的维度。布莱曼（2004）将定性研究策略定义为一种研究方法，在数据的收集和分析的过程中，通常强调文字和叙述，而非量化。当需要一小群人对某个问题有更好、更深入的理解时，往往会使用定性研究策略。

在过去的几十年里，探索新的研究方法这一提议并未取得显著进展。越来越多的学者采用后实证主义方法，因为实证主义范式在构建特定理论时并未充分利用可观测到的数据。这种转变也是由于定性方法能够更好地解释新兴的社会现实。

在本研究中，企业社会责任在各个学科和实践领域都得到了充分研究，但利益相关者的凸显性和可识别性仍是企业社会责任与企业非财务绩效之间所缺失的环节。此外，由于只有少数企业社会责任研究从主要利益相关者的视角出发，该研究仍缺乏企业利益相关者评价企业社会责任活动的标准。因此，在回答本书的研究问题时，将采用定性研究方法来讨论。定性研究的优势和劣势如表 4 –2 所示。

表 4 –2　　定性研究的优势和劣势

优势	劣势
• 数据基于参与者自身意义层面 • 对于深入了解个别案件很有用 • 对于描述复杂的现象很有用 • 提供个案信息 • 能够进行跨案例的比较和分析 • 能够提供人们对于现象的个人体验的理解和描述 • 能够详细描述发生在局部环境下的现象 • 研究者确立了与兴趣现象相关的文本因素及背景因素 • 研究者可以研究动态过程（如记录顺序模式） • 研究者可以使用“扎根理论”的主要定性方法，归纳出一个关于现象的试探性但具有解释性的理论	• 产出的知识可能不适用于其他人或其他环境（例如，研究学习的发现只适用于参与项目的极少数人） • 很难进行定量预测 • 检测假设和理论更加困难 • 在一些项目管理人员和专门人员看来，定性研究的可信度可能会比较低

续表

优势	劣势
• 可以确定参与者如何理解“构建”(如自尊、智商) • 在定性研究中，数据通常是在自然设定中收集的 • 定性方法是对当地条件、情形和利益相关者负责 • 定性研究者对研究过程(尤其是在长期的田野调查期间)发生的变化负责，并可能因此而改变研究的重点 • 参与者定性数据中的词汇和类别有益于参与者本人探索现象出现的方式和原因 • 一个人可以用重要的案例向读者生动地展示一个现象 • 确定具体的因果关系(如确定某一具体时间现象的起因)	• 与定量研究相比，通常需要更多的时间来收集数据 • 数据分析通常很耗费时间 • 研究结果更容易受到研究者个人看法和特质的影响

4.2.2 定量研究

定量研究是一种研究方法，强调在数据收集和分析过程中的量化，定量方法更为客观，侧重于自然科学模型的实践。统计分析中使用的定量方法涉及从大批存在共同之处的人那里收集到的数字数据。

本研究的第二阶段采用定量方法。使用定量方法的主要优点是，它可以从大样本中生成精确的、可量化的数据。例如，在本研究的定量研究阶段，通过大规模调查，研究者可以得到精确的企业非财务绩效数据。定量研究的结果可以用于归纳总结或者建立定律。

本研究在完成了企业社会责任活动中的利益相关者的定性研究阶段之后，运用定量研究的方法对这一理论进行检测，发现战略性企业社会责任行为、利益相关者对企业社会责任活动的期望值与企业非财务绩效三者之间存在因果关系。

本研究第二阶段的目的是检验战略性企业社会责任行为、利益相关者对企业社会责任的期望值和企业非财务绩效三者的关系，出于定量研究本身的优势，本研究将选择定量研究作为研究方法之一。约翰逊和奥威葛布茨总结了定量研究的优势和劣势，如表4－3所示。

表 4－3　定量研究的优势和劣势

优势	劣势
• 可测试和检测已经建构完毕的关于现象如何发生的理论（在较小程度上涉及理论发生的原因） • 测试在收集数据之前构建的假设。当数据基于足够多的随机样本时，可以概括出研究结果 • 当一个研究复制到许多不同的群体和亚群体时，可以概括出一个研究发现 • 对于获取可以进行定量预测的数据大有裨益 • 研究者可以构建一种情形，消除许多变量造成的混乱影响，从而更可靠地评估出因果关系 • 使用一些定量方法收集数据相对较快（电话采访） • 提供精确、定量、数字化的数据 • 数据分析相对更省时（使用统计软件） • 研究结果相对独立于研究人员（如效应大小、统计的显著性） • 它可能更受到当权者（管理人员、政客、项目资助者）的信赖 • 它更适用于研究大规模人群	• 所采用的研究者理论并不能反映所有人的意愿 • 研究者可能会因为专注于理论或假设的检测，而忽视发生的现象，并不是专注于理论或者假设的产出（出现确认偏差） • 所产出的知识可能过于抽象和笼统，无法直接应用于具体的当地情况、具体环境和个人

4.2.3 混合研究

混合研究在管理相关领域上的应用越来越多。造成这种情况的原因有很多。第一个原因是人们面临在定量方法和定性方法之间二选一的困境。在研究中，把这两种研究方法合二为一更为高效，因为定性方法的缺点就是定量方法的优点，反之亦然。第二个原因是人们认识到将定量方法和定性方法相结合可以更全面地理解研究问题，也可以采用三角法来克服单一方法所带来的隐性偏见。基于以上考虑，本研究决定采用定性与定量相结合的研究方法。

三角法是混合研究中最常用的一种。克瑞斯维尔和克拉克指出，混合研究有四种类型，分别是三角法、嵌入式法、解释性法和探索性法。三角法是将定量研究方法的各个优势和不重叠的劣势与定性研究方法相结合。三角法的目的是获取关于同一主题的不同但是互补的数据。

嵌入式法的前提是各式各样的问题都亟待解答，单一数据源是远远不够的。由于每种类型的问题都需要不同类型的数据，一个单一数据组将在研究中起到辅助和次要的作用，而另一数据组则发挥主要作用。当研究者需要结合定性和定量两种研究方法来回答一个问题时，他们就会使用这种研究方法。

解释性法是一个二级混合研究方法，在使用定量方法之后使用定性数据来帮助解释或建立最初的定量结果。

探索性法也是二级混合研究方法，本研究的设计理念是第一种定性方法的结果可以帮助改进后面的定量方法。

约翰逊和奥威葛布茨总结了混合研究在收集、分析和整合方面的优势和劣势，如表 4－4 所示。

表 4－4　　混合研究的优势和劣势

优势	劣势
• 文字、图片和叙述可以为数字赋予意义 • 数字可以用来提高文字、图片和叙述的准确性 • 能够发挥定量研究和定性研究两者的优势 • 研究者可以生成和测试“扎根理论”方法 • 可以回答更广泛、更全面的研究问题，因为研究者不局限于某个单一的研究方法 • 可考虑到具体混合研究设计所具备的特定优势和劣势（例如，在两阶段的顺序设计中，第一阶段的结果可以用于开发和告知第二部分的目的和设计） • 研究者可以利用一个方法的优点来克服另一种方法的缺点，即在一个研究中使用两种方法 • 通过这些发现的汇聚和确证，可以为结论提供更强有力的证据 • 可以添加只使用一种研究方法时可能遗漏的见解和理解 • 可以让结论更具普遍性 • 将定量研究方法和定性研究方法合二为一会产生更完善的知识体系，为理论和实践提供必要的信息	• 单个研究人员很难同时进行定性研究和定量研究，特别是期待两种研究方法同时进行的情况下，可能需要一个研究团队 • 研究人员必须学习多种研究方法，并懂得如何适当地将其汇集成一种研究方法 • 纯粹方法论者认为，一个人必须总是在定性研究范式或者定量研究范式下工作 • 更加昂贵 • 更加耗时 • 混合研究中的一些细节仍有待研究方法学家充分研究（例如，范式混合的问题、如何定性地分析定量数据、如何解释相互矛盾的结果）

每一种类型的混合研究都有许多变体，本研究选取的方法是探索性法的一个版本。在本研究中，研究者首先进行了定性研究，以确定需要进一步解释的利益相关者的社会责任期望，其次在第二阶段中使用定量研究技术来解

释和加强这些发现。

4.3 研究设计

研究课题确定之后，就要进行研究设计。研究设计是对研究活动开展的全过程的设计，是确保研究质量的关键环节。尽管不同类型的课题，对设计有不同要求，但从现有的研究课题来看，主要包括以下两个方面：定性研究设计和定量研究设计。

4.3.1 定性研究设计

4.3.1.1 定性研究设计的基本内容

所谓定性研究，就是以研究者本人为研究工具，在自然情境下采用多种资料收集方法对社会现象进行整体性探究，使用归纳法分析资料和形成理论，通过与研究对象互动对其行为和意义获得理解的一种活动。

定性研究的特点包括以下几个方面。一是自然主义的探究传统。定性研究是在自然情境下，研究者与被研究者直接接触，通过面对面的交流，实地考察被研究者的日常生活状态和过程，了解被研究者所处的环境以及环境对他们产生的影响。自然探究的传统要求研究者注重社会现象的整体性和关系性。在对一个事件进行考察时，不仅要了解事件本身，而且要了解事件发生和变化时的社会文化背景以及该事件与其他事件之间的联系。二是对意义的“解释性理解”。定性研究的主要目的是对被研究者的个人经验和意义“解释性理解”，从他们的角度理解他们的行为及其意义。由于理解是双方互动的结果，研究者需要对自己的“前设”和“偏见”进行反省，了解自己与对方达到理解的机制和过程。研究是一个演化的过程。随着实际情况的变化，研究者要不断调整自己的研究设计、收集和分析资料的方法、建构理论的方式。对研究的过程必须加以细致反省和报道。三是使用归纳法，自下而上分析资料。定性研究中的资料分析主要采用归纳的方法，自下而上在资料的基础上建立分析类别和理论假设，然后通过相关检验得到充实和系统化。因此，定性研究的结果只适用于特定的情境和条件，不能推广到样本之外。四是重视研究关系。由于注重解释性理解，定性研究对研究者与被研究者之间的关系非常重视，特别是伦理道德问题。研究者必须事先征求被研究者的同意，对他们所提供的信息严格保密，与他们保持良好的关系，并合理回报他们所给予的帮助。

定性研究的适用范围如下。一是课题所研究的问题的类型。特殊性问题指的是一个特殊的个案所呈现的问题，研究只对这个个案本身进行探讨。过程性问题探究的是事情发生和发展的过程，将研究的重点放在事情的动态变化上，如“网上辅导在电大学生学习过程中起到了什么作用”。意义类问题探讨的是当事人对有关事情的意义解释。情境性问题探讨的是在某一特定情境下发生的社会现象。这类问题是定性研究者经常使用的问题，因为它们反映了定性研究的两个重要长处：对被研究者的行为和意义进行研究；在自然情境中进行研究。一般来说，定性研究通常使用描述性问题和解释性问题，因为这两类问题可以对现象的本质和意义进行研究。二是研究的目的和意义。研究的目的指的是研究者从事某种研究的动机、原因和期望，可以分成三种类型：个人的目的、实用的目的、科学研究的目的。三是如何选择研究的方法。从实际操作的层面看，研究方法主要由以下几个方面组成：进入现场的方式、收集资料的方法、整理和分析资料的方法、建构理论的方式、研究结果的成文方式。四是如何对研究的质量进行检测。对研究的质量进行检测，主要包括四个方面：信度问题、效度问题、推论问题、伦理道德问题。信度和效度是定量研究中用来检测研究结果的可靠性的。将这两种检测手段用于定性研究并不完全适用。推论问题涉及推广度和推理。定性研究的目的是通过深入认识少数个案生活的本质，而达到认识大多数人生活中深层次体验的目的。研究的结论能得到与研究对象处于同一或相似背景的人们的认同，就说明研究具备推广度。推理是对于论点的证明，包括证明的逻辑性、严谨性和完备性等。伦理道德问题贯穿于研究的各个方面和全过程，是十分重要的。伦理道德主要包括自愿原则、保密原则、公正合理原则、公平回报原则等。

定性研究的基本步骤包括以下几个方面。

一是研究设计。定性研究设计主要包括研究的现象与问题、研究的目的和意义、研究的背景知识、研究方法的选择和运用、研究的评估和检测手段。

二是研究对象的选择。研究对象不仅包括人，即被研究者，而且包括被研究的时间、地点、事件等。定性研究因其特性，使用的是非概率抽样中的目的性抽样，即抽取那些能够为本研究问题提供最大信息量的样本。目的性抽样有很多具体的策略，如强度抽样、最大差异抽样、关键个案抽样等。强度抽样指抽取具有较高信息密度和强度的个案，目的是了解在这样一个具有密集、丰富信息的案例中，所研究的问题会呈现什么状况。

三是资料收集。定性研究资料的收集主要采用访谈、观察、实物分析等方法。访谈可以分成三种类型：封闭型、开放型、半开放型。在封闭型访谈中，研究者对访谈的走向起主导作用，按照自己事先设计好的、具有固定结构的统一问卷进行访谈。与此相反，开放型访谈没有固定的访谈问题，研究者鼓励受访者用自己的语言发表自己的看法。一般来说，定性研究方法在研究初期往往使用开放型访谈的形式，了解被访者关心的问题和思考问题的方式。随着研究的深入，逐步转向半开放型访谈，就前面访谈中出现的重要问题以及尚存的疑问进行追问。除了访谈以外，定性研究中还有一个主要的收集资料的方法是观察。以观察者是否直接参与被观察者从事的活动来分，有参与型观察、非参与型观察和半参与型观察。观察记录要求按时序进行，及时补充，记录的语言要具体、清楚。观察者要进行自我反思，尽量将自己所做的推论与观察到的事情分开。实物包括与研究问题有关的文字、图片、其他物品等。实物既可以是人工制作的东西，也可以是未经加工的自然物；既可以是历史文献，也可以是当时记录。实物分析法有助于研究者拓宽视角和增大敏感度，及时和全面地捕捉到研究对象的有关信息，丰富研究内容，并达到互相证实和检验的目的。目前实物分析法多被作为访谈、观察等方法的辅助手段来使用，以达到扬长避短的效果。

四是资料的整理分析。定性研究资料的分析不同于量化研究资料的分析，当资料收集好以后，就需要对资料进行归档、分类、编码、归纳分析，具体内容如下。①初步分析资料。阅读原始资料、寻找“本土概念”。资料抽样的一个办法就是寻找“本土概念”，即那些能够表达研究者自己观点和情感感受的语言。“本土概念”应该是被研究者经常使用的，用来表达他们自己看世界的方式的概念。这些概念通常有自己的个性和特色，与学术界或一般人常用的概念不太一样。②归类和深入分析、类属分析。类属是指按照资料所呈现的某个观点或主题分析，是一个比较大的意义单位。类属分析就是在资料中寻找反复出现的现象以及用来解释它们的概念、术语的过程，包括类属要素、要素之间的关系和结构等。情境分析就是将资料置身于研究现象所处的自然情境中，按照事件发生的时间顺序对有关事件和人物进行描述性分析。③分析资料的手段。画图、列表；写反思笔记——描述、分析、方法反思、理论建构、综合；运用直觉和想象、比喻、类推等；阐释循环——在部分与整体之间不断对比，建立联系。

五是成果表达。定性研究成果以研究报告的形式加以表达，同量化研究报告所不同的是，定性研究报告在写作时首先要考虑读者对象、叙述风格、叙述人称、书写角度、研究者的位置（与被研究者、研究问题的关系）等。定性研究报告需要对研究过程详细叙述，并对涉及主题的各种现象细致翔实描述，这些都有助于读者判别研究的真实性、可靠性。

4.3.1.2 本研究定性研究采取的基本措施

研究设计的第一阶段是定性设计阶段，这一阶段试图回答主要利益相关者（员工和客户）对企业社会责任活动的期望是什么这一问题。为了了解利益相关者的期望，我们对一些企业经理、基层员工、客户进行了深度访谈。我们对英利集团和长城汽车的高级经理、基层员工和客户进行了共计29次深度访谈，以了解他们对战略性企业社会责任活动和企业社会责任预期的看法。半结构化访谈结束后，研究者对访谈内容进行了转录。研究者使用转录来分析从访谈中获取的定性数据，随后发现企业社会责任活动的主题。

4.3.2 定量研究设计

4.3.2.1 定量研究设计的基本内容

定量研究的基本程序：第一，提出问题和研究假设，即确定研究课题，选择理论，并通过对理论的演绎提出研究假设；第二，制订研究方案，即将课题具体化，确定研究方法和研究计划；第三，观察，即采用具体方法收集资料；第四，整理和分析资料，即对事实进行归纳、概括或检验研究假设；第五，得出研究结论，即通过分析、抽象和综合得出理性认识。

定量研究的准备工作：第一，确定研究问题，在选题时应遵循必要性、创造性和可行性原则；第二，建立研究假设；第三，进行研究设计，包含确定研究类型、进行研究操作化、制订研究方案等。

定量研究的资料收集：在调查员收集资料过程中，研究者必须亲任或安排专门人士进行同步督导，以便及时回答研究过程中碰到的问题。要重视第一天问卷的回收、审核与指导。

定量研究的资料整理与统计分析。资料的整理是定量研究中资料收集阶段的后续工作，有以下基本步骤：第一，进行资料编码，编码就是给答案一个数字代号；第二，将完成编码的问卷资料输入电脑，并进行逻辑检查和幅度检查。统计分析是定量研究中分析变量关系的主要手段，统计分析可以分为多个层面：第一，描述单变量的集中趋势和离中趋势；第二，发现双变量间关联状况；第三，探索多变量间的关系；第四，如果调查研究采用的是随机抽样，还可以估计这些指标的总体参数值。

4.3.2.2　本研究定量研究采取的基本措施

研究设计的第二阶段是定量设计阶段。本阶段的主要目的是就利益相关者的期望来实证探讨战略性企业社会责任与企业非财务绩效之间的关系。这一阶段还旨在找出社会责任行为是否对提高企业利益相关者的期望值有影响，这是一个长期存在而且始终有争议的问题。本研究所使用的调查问卷由三部分组成：问卷 A 旨在收集战略性企业社会责任的基本特征；问卷 B 考察了员工对企业社会责任的期望；问卷 C 旨在测试客户对企业社会责任的期望值。

4.3.3　定量与定性混合研究设计

4.3.3.1　混合研究设计的基本内容

1. 混合研究的类型

在美国，混合研究，顾名思义指采用了一种以上的研究方法或涵盖了不同研究策略的研究。有人把它称为整合研究，但目前更为流行的称谓是混合研究。约翰逊和奥屋格普兹认为，混合研究就是研究者在同一研究中综合调配或混合定量和定性研究的技术、方法、手段、概念或语言的研究类别。

混合研究作为一种新的研究范式，超越了传统的定量与定性方法范式之间关于归纳演绎、主观客观、价值介入、价值中立、实在论、相对论非此即彼的争论，以全新的理念审视当前的社会科学研究方法。面对内容丰富并具有相当强的整合性的社会科学，运用单一的研究方法有较大的局限性，必须注重研究方法的综合运用。在社会科学研究中既要关注哲学认识论和社会实践层面上的方法，又要关注社会学、心理学和技术科学中研究方法的新进展，注重质与量研究的有效整合。在研究思维方式上，应超越求一、对立的传统思维方式，走向共生、创新的和合思维方式；在操作层面上，应形成“万物并育而不相害，道并行而不相悖”的协调法、平衡法、互补法、双赢法。这些正是混合研究所积极倡导的。

从社会科学研究的发展历史中，可以看到在社会科学研究领域中，长期存在着以实证主义、经验主义为理论基础的定量研究及以现象学、建构主义、解释主义为理论基础的定性研究两大范式。其实，量与质的研究并非矛盾对立，水火不容，而应是相互补充、相互支持的，科学实证主义研究者完全可以采用定性研究去揭示客观规律，而人文主义研究者完全可以采用定量研究去建构对研究问题的理解。

对于定量研究与定性研究，二者融合的趋势日渐明显。在具体的研究方法上，有的研究者提出了两种研究方式结合的三种形式：一是顺序设计，即定性研究与定量研究分别在一项研究中使用，但有一定的先后顺序；二是平行设计，即在同一项研究中同时使用两种研究，并进行相互验证与补充；三是分叉设计，即在研究初期采取一类研究形式，随着研究的深入，再结合使用另一种形式，这种结合方式实质上是前两种形式的混合。

由于混合研究综合了定性研究和定量研究两种范式，因此在运用混合研究的过程中，根据研究者所选择的不同的研究策略，其可分为两大类六种策略，它们分别是顺序性解释策略（定量研究优先）、顺序性探究策略（定性研究优先）、顺序性转换策略、并行三角互证策略、并行嵌套策略和并行转换策略。

顺序性解释策略简洁明了，定量数据收集在先，定性数据收集在后，在研究的解释阶段对两种数据进行整合。这种策略的目的通常都是用定性研究的结论来对初步的定量研究结果予以辅助性的解释和说明。当非预期性结果出现在定量研究中时，此策略就显得非常有用。

顺序性探究策略与前者相似，也分两个阶段，但定性方法收集的数据在前，定量方法收集的数据在后，两个阶段的结果同样是在解释阶段加以整合。此策略的主要目的是探究某种现象。摩根认为，这种策略适合于对定性研究阶段浮现的理论进行检验，也适用于向各种样本推广其定性研究的结果。

在顺序性转换策略运用过程中，定性数据与定量数据的收集各自独立进行，要根据实际问题确定优先进行定性研究还是优先运用定量研究，与前两种策略不同的是此策略需要一定的思想体系或理论框架来进行指导。这种策略的主要目的在于使用那些最能够服务于研究者理论视角的方法。

并行三角互证策略中两种数据收集方式同时进行，使用两种不同的方式来对结果进行验证，使独立的定量研究和定性研究相互补充，扬长避短。

在运用并行嵌套策略时，在一种研究范式（定量研究或定性研究）的指导下，另一种研究范式根据不同问题适时插入或嵌套到指导范式中，定量和定性数据可以同时收集，没有优先顺序。

运用并行转换策略，不仅可以体现研究目的，而且能够为研究问题提供理论指导。数据的整合多在数据分析阶段，它具有并行三角互证和并行嵌套两种策略的优点。

基于克雷斯威尔对该主题的研究，塔莎可和泰德利根据混合研究的形式，即质与量的方法在研究中的地位与先后顺序，将其分为以下五种类型。一是平等地位设计。研究者在同一研究中平等地使用质与量的方法研究同一社会现象。二是主次设计。在同一研究中某一范式及其方法占主体地位，而另一方法则只占整个研究的很小一部分，用来对前面的方法做补充说明。这样，一方面整个研究过程中范式保持一致，另一方面可以收集更详细的信息，研究得更深入。三是顺序设计，也被称为两阶段研究。研究者先做一个定性研究，归纳出理论假设，然后使用定量的方法来演绎、确证或者证伪。四是平行或同时设计。研究者同时使用两种不同的方法相互补充，而不是按顺序进行。这在比较大的课题研究中运用很普遍。五是多层次设计。研究者使用不同方法收集来自不同组织层次人群的数据，以期获得综合、全面的解释与推理。如研究教育政策的执行，分别调查行政官员与学校教师两组位于不同组织层次的人员，以获得更合理的解释。

混合研究是在解决研究问题过程中使多元方法合法化的一种努力，是一种可扩张和创造性的研究形式，而不是一种限制性的研究形式。它是包容的、多元的和交叉的研究，它建议研究者对方法的选择、判断和研究行为采取一种选择手段。其最基础的内容是研究问题，研究方法应该随着研究问题走，凡是能够解决问题的方法就是最好的方法。许多研究问题和综合性问题最好通过混合研究来解决。

2. 混合研究的程序设计

大多数混合研究程序设计由两种主要类型发展而来，即混合模式（各研究程序之内或之间混合定性研究和定量研究的手段）和混合方法（在整个研究中包括定性研究阶段和定量研究阶段，混合定性和定量研究的方法或手段）。约翰逊和奥屋格普兹认为，基于整个定量研究和定性研究阶段的重点和时间顺序，一般而言，一个完整的混合研究程序主要包括 8 个步骤。

混合研究程序的 8 个步骤是确定研究问题；确定研究目的，即确定混合设计是否合适；选择研究方法，即在混合模式和混合方法两者之间进行选择；收集资料；资料分析，它包括数据压缩等 7 个基本环节；解释资料，即赋予整合后的资料（数据）以意义；使数据合法化，它包括评估定性和定量两种资料及其解释的可信度；得出结论并写出最终报告（如果结果被证明是正确的话）。

其中资料分析又可细分为 7 个环节：数据压缩、数据展示、数据转换、数据关联、数据聚合、数据比较、数据整合。数据压缩涉及压缩定性数据的广延状态（如通过探查主题的分析、做备忘录）和定量数据（如通过描述统计、探查因素分析、丛分析）。数据展示涉及以图画形式描述定性数据（如基质、轮廓图、曲线图、清单、等级分类）和定量数据（表格、曲线图）。数据转换环节中，定量数据被转换成可定性分析的叙述性数据，即质化过程，定性数据被转换成可被统计陈述的数字编码。如果是单一性数据类型，经过转换后直接进行数据整合；如果是多元性数据类型，则需要经过数据关联、数据聚合和数据比较之后才能进行数据整合。数据关联包括定量数据与定性数据或者定性数据与量化数据的相互关系。在数据聚合环节，定性与定量两种数据被联合起来以创造出新的聚合变量或数据形式。数据比较包括比较定性和定量的数据。数据整合是资料分析的最后环节，在这里定量和定性两种数据要么被整合成一个连贯的整体，要么被整合成两个分离的连贯整体。

混合研究程序中的确定研究目的、资料分析和使数据合法化这 3 个步骤保证了进一步讨论的可能。正如格林斯等人所说，混合研究有 5 个主要目的或根本理由：三角互证，即通过利用不同的研究方法和研究设计来寻求对同一现象结果的确证；互补，即从一种方法的结果与另一种方法的结果比较中寻求详尽解释、改进、例证和澄清；创新，即揭示那些能够导致研究问题重构的矛盾和冲突；发展，即利用一种方法获得的结果来丰富另一种方法的结论；扩展，即通过利用不同的方法为不同的研究成分寻求广度与范围的扩展。

需要说明的是，尽管混合研究开始于一个目的和一个或更多的研究问题，但是其余步骤并不一定是线形的或单向的，它们在顺序上可以有所变化。如有需要，问题或者目的甚至也可以被重新修正。混合研究涉及一个周期的、循环的和相互作用的过程。循环可以发生在一个单个研究内，特别是扩展性研究，它通过沟通确定未来研究和导向新的或再形成的研究目的和问题，循环也可以发生在相关研究中。

4.3.3.2 本研究混合研究设计采取的基本措施

本研究采用顺序探索性设计。本设计分两步进行，第一阶段是定性数据的分析和收集，第二阶段是定量数据的收集和分析。两阶段顺序探索性设计的目的是，第一阶段得出的结果可以帮助第二阶段。本设计的前提是一个或多个原因需要探索性设计，如测量或者工具不可用、变量未知、缺少指导框架或理论。这种设计最适合于探索一种情况。当研究人员需要开发和测试一种仪器时，由于没有可适用的仪器，这种设计特别有用，或者当变量是未知的时，可以识别重要的变量，来进行定量研究。当研究人员想把结果推广到其他不同的群体时，或者测试一个新兴理论或者分类的各个层面，或者深入地探索一个现象测试其普遍性时，这些都是适用的。

顺序探索性设计是从定性数据的收集和分析开始来探索一个现象，随后开始定量研究阶段。研究者通过开发工具、识别变量或开始陈述基于新兴理论或框架的测试命题，在定性阶段结果的基础上使用这种设计。这些发展将研究的最初定性阶段与随后的定量组成部分联系起来。这个设计的目的就是探索一种现象。摩根认为该设计适用于检测由定性阶段产生的新兴理论的要素，也可以用于将定性结果推广到不同的样本。顺序探索性设计常被认为研发人员开发和检测仪器时所采用的设计。当研究者打算进行初步的定量研究时，可能需要采用顺序探索性设计，但它需要从最初的定性数据收集开始，以便识别和缩小可能存在的变量焦点。

本书的主要研究目的是识别利益相关者的期望，并检测利益相关者的期望值在中国制造业中战略性社会责任与企业非财务绩效之间的中介作用。为了实现这些目标，本研究采用了顺序探索性设计。

在本研究中，首先，采用了访谈的方法确认了利益相关者对企业社会责任的期望值。其次，利用定性信息生成的利益相关者对社会责任期望值这一主题，编制了调查问卷。最后，为了检测前文所述的假设关系，进行了一项问卷调查，并给出了结果。

在第一阶段中，我们进行了访谈，确认了企业的社会责任活动以及企业员工和客户对社会责任的期望。在此研究中被确立下来的主体被用于第二阶段问卷的制作。

5 研究分析与结论

5.1 定性研究

为了解决研究问题，我们进行了定性研究，因为它很适合于探究新的观点，可以帮我们更好理解社会现象。因为深度访谈对深度洞察力有需求且其先验主题或问题表明相对较少，它是合适的数据收集方法。

5.1.1 半结构化访谈

定性研究中的半结构化访谈是极为常见的访谈类型，它考虑到了访谈中会出现的其他领域的话题。而且在半结构化访谈中，访谈者可以准备一些自己感兴趣的问题。我们认为半结构化访谈适用于本研究，因为本研究的目的是获得更多员工对企业社会责任活动的看法，而半结构化访谈具有灵活性，能够覆盖特定的主题以及提出特定问题。

5.1.2 理论抽样

本研究选取了两家制造企业——英利绿色能源控股有限公司（简称英利绿色能源，是英利集团的子公司）和长城汽车作为研究样本，并根据其在中国企业社会责任领域的良好实践，对这两家企业进行了研究。在中国，企业社会责任的参与得到了润灵环球责任评级的高度认可，润灵环球责任评级大力鼓励私营和公营机构实施企业社会责任项目。本次研究中，润灵环球责任评级选择的两家企业均在年报和可持续发展报告中公布了企业社会责任活动，这两家企业也是中国企业社会责任领域的优秀实践者和领导者。

本研究的主要目的是明确企业对员工和客户的企业社会责任活动的期望，同时本研究需要调查企业从事企业社会责任活动的类型和原因。本研究参与者包括员工、客户和管理者，因为他们可以为企业社会责任活动的政策提供有价值的意见和反馈。

5.1.2.1　员工企业社会责任期望

首先，在员工企业社会责任期望方面，本研究选取了英利绿色能源和长城汽车的19名参与者作为研究对象。这19名参与者包括9名管理人员和10名员工，由中华全国总工会选取。中华全国总工会的主要活动与社会服务相关，例如，中华全国总工会致力于保护员工（广义上包括在企业中工作的经理人）的权益。总体来说，选取的过程比较慎重，研究样本代表了本研究所需要的人群。中华全国总工会采用了随机抽样的方式，与英利绿色能源和长城汽车的企业社会责任部初步接触，了解愿意参与本研究的受访者。例如，在英利绿色能源和长城汽车两家企业的企业社会责任经理的帮助下，中华全国总工会挑选了两家企业实施的企业社会责任项目的受益者。中华全国总工会对参与者的选择，保证了本次研究的价值中立或道德中立。

2018年8月至10月，我们对英利绿色能源和长城汽车的管理者和员工进行了共计19次深度个人访谈。我们在受访者的工作地点和居住地都进行了访谈。访谈过程中，被访者的谈话都被记录下来，随后被逐字逐句抄录下来。总而言之，每次访谈结束后研究人员对访谈笔录进行逐一审阅，随后对整个访谈过程，作者们都进行了详细的讨论。

表5－1显示的是受访管理者的统计概况。从表5－1可以看出，受访者包括2名高级经理人（1名首席执行官和1名副总裁），总占比22%，以及7名中层经理人（78%），如经理、主管，他们来自公司的不同部门，包括企业社会责任部。从表5－1可以看出，受访者中大部分是普通中层经理，因为他们负责企业战略的实施。

表 5－1　　受访管理者的统计概况

受访者	职位	所在部门	任期（年）	年龄（岁）	公司
英利一号经理	经理	公共事务部	6	30	YGE
英利二号经理	经理	企业社会责任部	8	32	YGE
英利三号经理	主管	利益相关者部	10	35	YGE
英利四号经理	经理	市场部	7	33	YGE
英利五号经理	副总裁		12	42	YGE
长城一号经理	经理	能源开发研究所	12	36	GWM
长城二号经理	经理	人力资源部	8	32	GWM
长城三号经理	经理	企业社会责任部	5	37	GWM
长城四号经理	首席执行官		18	57	GWM

表 5－2 为受访员工统计概况。从表 5－2 中可以看出，所有的受访者都接受过高等教育，大部分受访者的最高学历是本科，占 50%，学历最高的受访者有三位（30%），他们拥有硕士学位。高学历的人都有很好的语言表达能力，这一点在访谈中非常重要，他们能清楚地表达出自己对企业社会责任的期望。

表 5－2　　受访员工的统计概况

受访者	教育水平	部门	任期（年）	年龄（岁）	公司
英利一号员工	大专	公共事务部	6	26	YGE
英利二号员工	学士	企业社会责任部	9	42	YGE
英利三号员工	硕士	利益相关者部	11	35	YGE
英利四号员工	学士	市场部	7	33	YGE
英利五号员工	学士	人力资源部	13	42	YGE
长城一号员工	大专	企业社会责任部	12	36	GWM
长城二号员工	硕士	市场部	15	42	GWM
长城三号员工	硕士	财务部	5	37	GWM
长城四号员工	学士	人力资源部	18	58	GWM
长城五号员工	学士	新能源研究所	12	41	GWM

抽样的人口统计资料显示了研究中的信息提供者的多样性，因为参与者

在不同部门工作。

5.1.2.2 客户企业社会责任期望

本环节研究的主要目的是确定参与者（包括客户和管理者）对企业社会责任的期望，因为他们可以为企业社会责任政策提供有价值的意见和反馈。本研究从英利绿色能源和长城汽车选取了19名参与者作为研究对象，包括9名经理人和10名消费者，消费者由中国消费者协会选取。中国消费者协会的主要活动都与社会服务相关。例如，中国消费者协会致力于保护消费者，保障消费者的权益。总体来说，选取的过程比较慎重，研究样本代表了本研究所需要的人群。中国消费者协会采用了随机抽样的方式，并且在此过程中，与YGE和GWM的企业社会责任部有了初步接触，了解了本研究的受访者。中国消费者协会对参与者的选择保证了本研究不受价值或伦理的影响。

2018年11月至12月，研究者在受访者的工作地点和居住地对YGE和GWM的管理者和客户进行了共计19次深度个人访谈。访谈过程中，被访者的谈话都被记录下来，随后被逐字逐句抄录下来。每次访谈结束后研究人员都会对访谈记录进行逐一审阅。

受访管理者的统计结果见表5-1。

表5-3显示了受访客户的统计概况。从表5-3可以看出，受访者都是受过高等教育的，其中以本科学历和博士学历的受访者居多，各4位，各占样本的40%，其次是硕士学历的受访者，共2位，占样本的20%。高学历的受访者都具有良好的沟通能力，这一点对于访谈来说是非常重要的，他们能够清楚地表达出自己对企业的社会责任期望。

表5-3　　受访客户的统计概括

编码	受教育水平	职业	性别	年龄（岁）	公司
YGE-Cu1	学士	工业客户	男	48	YGE
YGE-Cu2	学士	工业客户	女	43	YGE
YGE-Cu3	博士	律师	女	35	YGE

续 表

编码	受教育水平	职业	性别	年龄（岁）	公司
YGE - Cu4	博士	商人	男	25	YGE
YGE - Cu5	学士	会计	男	42	YGE
GWM - Cu1	硕士	工业客户	女	36	GWM
GWM - Cu2	硕士	工业客户	男	32	GWM
GWM - Cu3	博士	医生	男	37	GWM
GWM - Cu4	学士	教师	女	56	GWM
GWM - Cu5	博士	商人	男	37	GWM

人口统计抽样资料显示了受访者的多样性。他们在不同行业工作。总样本量为 19 人。

5.1.3 数据收集

本研究采用了半结构化的访谈时间表，而且提出了相关问题让受访者回答。采用半结构化的访谈时间表，能够让受访者详细阐述决策过程，并允许研究者在必要时探索更深层次的答案。访谈前，研究者向受访者提供了一份访谈指南，以及有关研究的信息和访谈记录的保密声明。访谈指南在访谈前几天提供，从而让受访者有时间思考所提出的问题。该访谈指南包含开放式问题和一些一般背景数据问题，这些数据问题是所有访谈的基础。

5.1.3.1 员工访谈指南囊括的关键问题

问题一：您对企业社会责任活动和负责任的商业行为的理解/期望是什么？您认为这些活动包括哪些内容？

问题二：您认为贵公司有哪些政策/实践/活动/举措/机制是公司企业社会责任的一部分？

问题三：请您介绍一下贵公司的企业社会责任活动的类型？

问题四：您认为贵公司开展这些企业社会责任活动的目的/动机是什么？

问题五：您认为这些活动是否足够？您认为贵公司还应该开展哪些类型

的企业社会责任活动？为什么？

这些问题包含了一些过渡性问题，也补充了一些旨在获得更准确和深入回答的阐明性和探究性问题。除两个问题外，研究者对其他访谈内容都进行了录音。有两个受访者明确要求不进行录音，则就受访者的采访内容做了笔录。访谈也会在受访者的工作地点进行。每位受访者的访谈通常需要一小时，有几个访谈的时间要长得多。所有 19 次访谈都是由笔者进行的，并由助理誊写。

5.1.3.2 客户访谈指南中列出的主要问题

问题一：您是否熟悉“企业社会责任”一词？企业社会责任对您来说意味着什么？

问题二：您对在中国经营的企业有哪些社会和环保活动的期望？

问题三：企业的企业社会责任活动是如何给客户带来利益的（例如，售后支持、投诉机制、实施公平销售行为）？

问题四：您认为这些活动是否足够？您认为企业还应该实施哪些类型的企业社会责任活动？为什么？

5.1.4 定性数据分析

本研究采用主题分析法对访谈记录进行了分析。主题分析法是一种将定性数据和输入资料进行有组织、详细的分类，从而使研究主题的相关方面得以突出的方法。由于员工和客户对企业社会责任的期望是从包括员工、管理者、客户那里得到的复杂定性数据，且要使用的定性数据基于每个问题的答案，主题分析法最适合本研究。本研究采用了迈尔斯和休伯曼提出的三阶段定性访谈数据过程来确定员工和客户对企业社会责任活动的期望：①数据还原过程；②数据展示过程；③结论形成和验证过程。

5.1.5 可靠性与有效性

可靠性和有效性是研究中的重要概念。可靠性和有效性对定性和定量工作的方法严谨性至关重要。当从定量领域出发并进行定性研究时，需要重新解释可靠性和有效性。在本研究中，为了提高研究结果的可靠性与有效性，研究人员采取了一些策略。

5.1.5.1 测试定性数据的可靠性

为了保证更高的可靠性，研究者采取了三种策略，即三角测量、同行检查和审计跟踪。

三角测量策略是指采用多种方法收集数据，以获得可靠性或一致性。本研究主要以三角测量为基础，但由于中国企业社会责任研究在行业内的研究中相对比较新颖，将研究者的实证数据与二次数据进行交叉检验，具有一定的挑战性。因此，研究者应用国际上关于企业社会责任和员工、客户期望的研究，扩大了研究者的实证观察范围，通过各种文献的理论来考察实证数据。研究者的二次数据三角分析参考包括国际上已发表的文章，这些文章都对其进行了广泛的讨论。另外，为了保持本研究的可靠性，本研究进行了交叉案例研究。具体来说，研究者分别对英利绿色能源和长城汽车两家制造企业的受访者的主题结果进行了比较。

同行检查策略指向他人询问新出现的研究结果是否与所收集的定性数据一致。为了提高研究的可靠性，本研究得到了专家的帮助，汲取专家对企业社会责任研究的经验和专家的专业知识。为了增加研究的可信度，本研究由两位理事会成员对主题进行了核对，以确保资料的分类与主题相契合。

审计跟踪策略指对收集的定性数据的详细记录，是重要决策的依据。在本研究中，实际的数据收集工作从两轮访谈开始，共进行了 19 次半结构化访谈。这些访谈的时间 30 ~ 90 分钟不等，平均每轮 60 分钟。受访者为企业的管理者、员工和客户。每位受访者都对企业社会责任实践有很好的了解，并熟悉利益相关者的期望。在每次访谈中都做了记录，所有的访谈都用受访者的母语进行并录了音。

5.1.5.2 测试定性数据的有效性

为了提高本研究的有效性，采用了三角测量法。之所以采用三角测量法，是因为虽然三角测量法不是用于验证的工具或策略，但它是验证的替代方法。在本研究中，为了保持有效性，采用交叉案例分析。迈尔斯和休伯曼声称，跨案例分析对定性研究大有裨益，因为跨案例分析可以建立起对社会现象普遍而全面的理解和解释。

在本研究中，我们选取了英利绿色能源和长城汽车两家公司作为案例，通过交叉案例分析来寻找这两家公司的员工和客户对企业社会责任的期望，这将是三角分析数据的一部分。在进行三角分析的时候，研究者会寻找几种不同的数据来源，以提供对同一事件关系的理解。对于一项比较研究来说，各种数据来源对于提高研究结果的有效性非常重要。

研究者还可以对访谈表或问卷进行预测试，以提高定性数据的有效性。为了保证研究的有效性，本研究得到了专家们的帮助，借鉴了他们对企业社会责任研究的经验和知识。具体来说，本研究邀请了三位在河北大学工作并熟悉中国企业社会责任领域的教授，他们对当前员工和客户对企业社会责任的期望的访谈时间表提出了一些建议。

5.1.6 研究发现和结论

企业社会责任是指企业在创造利润、对股东承担法律责任的同时，还要承担对员工、消费者、社区和环境的责任。企业的社会责任要求企业在生产过程中强调对人的价值的关注，以及对消费者、对环境、对社会的贡献。在本节中，首先概述了受访者关于员工和客户对企业社会责任期望的问题的回答。以下数据的描述包括针对员工和客户的企业社会责任活动的文献的讨论、支撑关于员工和客户的每种类型的企业社会责任问题的访谈数据，以及在中国背景下得出的结论。

5.1.6.1 员工对企业社会责任的期望

以下是对于访谈问题“您对企业社会责任活动和负责任的商业行为的理解/期望是什么？您认为这些活动包括哪些?”以及“哪些文献有助于确定主题?”确定的回答。

1. 促进员工安全与健康

安全和保障是员工在工作中最关心的问题。提供安全可靠的工作环境，可以确保员工更健康、更高产。组织中的个人希望提高薪酬并将成本最小化。企业社会责任是相互依赖、信任的基础。在企业社会责任活动中，企业能确保员工的健康和工作安全，员工可以由此推断出他们的企业是有道德的，并得出结论，可以在这家企业安全放心工作。根据工具型利益相关者理论，员工基于对企业政策和决策的直接体验来评价企业道德，从而处理保障和安全问题。一些受访者表示，在中国，员工的健康和安全非常重要。这里有三个例子：

“……我们公司工作环境良好，安全无害，并已通过ISO9000质量管理体系认证和ISO14000环境管理体系认证。”

“……安全感意味着工作环境良好。我们公司为员工提供安全健康的工作环境，并不断改善工厂条件。我们有一个特殊的安全和环保部门。关于食品安全，我们有人负责食品检测。公司提供安全的工作环境，不损害员工的健康，使他们的职业健康和安全得到保障。我们还为员工提供健康和医疗保障，足够的薪酬，五险一金。”

“……我们公司为所有员工提供所需的安全培训，包括紧急情况培训以及在受伤和独自一人时的处理方法。我们通过不时举行消防和应急演习确保员工在危机期间可以提高处理问题的效率。”

综上所述，企业社会责任有助于满足员工安全和保障的需求，因为企业社会责任声誉较高的企业在劳资关系中通常表现出合作行为，而不是机会主义行为。中国是世界上发展极快的国家之一，工业化正在全面展开，但有些企业忽略了创造这一奇迹所涉及的劳动力。在如此快速发展的行业中工作的员工面临着诸如接触化学品和有毒气体等威胁。企业的管理人员应该充分利用所有可用的资源，为一个组织创建健康和安全标准，并维护它，因为如果员工在工作时间因安全原因而流失，公司将遭受重大损失。

2. 提供平等的工作机会

就业和职业平等是一项基本的工作权利。所有员工都有权享有平等的机会和待遇，所有雇主都有相应的义务确保其公司免受骚扰。如果同事、合作伙伴和公司有能力的话，他们会有更大的潜力获得奖励。因此，假设其他条件相同，人们应该更愿意与更有能力的人建立联系。组织为其成员提供平等的技能培训和个人发展机会是一个重要的先决条件；正如一些受访者所指出：

“……我们公司为员工提供平等的发展机会，并公平对待并尊重所有员工，无论其性别或种族背景如何。”

“……我们公司设计了四条职业发展路径和转换路径——管理、技术、专业和技能，为所有员工建立一个实现职业发展的广阔平台。所有员工，包括高管和普通员工，都有很好的职业发展机会。”

“……我们公司尝试雇用更多的残疾人。像我们的子公司易通就接纳了很多有听力问题的人。这对他们在装配线上的工作没有负面影响。他们学习手语，因此可以通过手语进行交流。易通也有一条不成文的规定：如果有任何紧急情况，其他员工要立即帮助残疾员工，这样他们就不会感到受歧视。其他员工与残疾员工之间的沟通并没有障碍。”

中国从计划经济向市场经济转型的过程中产生了与就业相关的问题，纵观中国就业形势和就业机会，中国经济转型与就业不平等问题之间有着重要的联系。为确保就业机会平等，中国政府和企业应实施全面的反歧视法律和一致的反歧视政策，以应对就业歧视的多种情况。公司的成功取决于员工的技能以及公司为员工提供的服务，公司应完全致力于最大限度地提高每位员工的技能和绩效水平，还应鼓励公司坚定为所有人提供平等机会，以促进个人和职业发展。

3. 激发员工在工作场所的多样性

根据自我实现理论，一个人通过邀请另一人的善意关注来获得所需的注意力，从而获得对所有者的认识和对所创造的内容的认可，从而成为“人”。换句话说，当考虑到“存在”和“认知”的概念时，人之所以为“人”是因为取得了他人的认可。亨利·柏格森哲学理论中“能人”的形象阐释了人的这一概念，他认为人的本质是在物质和道德层面进行创造，创造事物，创造自我。阿瑙德和瓦西莱斯基提出，个体必须参与一个自我创造的过程，以开发其人类潜能、个性和独特性。员工被视为“最终的自我”，包括（但不限于）被认为是独一无二的人。以下评论最能表达受访者的情绪。

“……例如，管理者让员工可以自由地管理他们认为合适的项目。管理人员确保他们的员工在公司中被视为有价值的合作伙伴，并使他们每个人都感觉自己是公司成功不可或缺的一部分。”

“……管理者创造了一个自主的工作环境，激励员工发挥创造力，实现自己的目标。让人们有机会对自己的行为负责，这可以使员工做真正的自己。”

“……我们公司招聘各级员工。例如，在过去三年中，我们共招聘了16018名本科以上学历人员，共有53973名毕业生（包括高中毕业生）。我们为下岗工人和退伍军人提供各种工作。”

“……此外，我们将支持员工的自主研究和设计，并为他们的设计提供创造性的平台和机会。”

“……我们鼓励员工参与管理和发明。我们鼓励员工参与公司运营和员工导向的工作设计。”

多样性的广义定义包括人格和思维方式的差异，性别、年龄、身体方面或种族等所有可见维度，以及文化、宗教、组织、社会经济和教育等无形影响。中国是一个幅员辽阔的国家，有着不同的民族、文化和地貌，但在意识形态上，中国人深受儒家思想的影响，在多样性中寻求和谐。多样性和包容性在当今中国很重要，因为全球化、城市化、个人主义和技术革命等大趋势增加了工作场所的多样性。简而言之，战略性企业社会责任强调必须尊重每个员工的独特性和主观性。人文主义管理还应尊重人的自决逻辑，包括人的独特性。

4. 实施提高员工福利的政策

对现有员工的研究表明，在员工对待公司和工作场所的行为态度方面，企业社会责任有很多积极影响，包括组织自豪感、满意度、承诺、角色内绩效、组织公民行为和离职倾向等方面。总而言之，这些研究提供了越来越多的证据，证明企业社会责任会影响员工。尽管如此，改善员工工作和生活幸福感的举措，会影响企业社会责任与员工态度和行为之间的关系。一些员工的例子可以表明：

“……我们公司提供足够的薪酬，并且绝对公平公正。我们公司甚至为员工提供幼儿园和疗养院。”

“……满足员工的住宿需求……解决住房问题，以及通勤不便的问题，长城汽车为员工建造了长城家园。长城家园占地45万平方米，旨在为员工提供全面的现代生活方式。”

“……员工的幸福感融入了我们全球业务的各个方面。它是我们整个健康管理系统的基础，体现了我们对员工健康和安全的承诺，并重视员工个人，无论是在工作中、家庭中，还是作为一个更大的社区的一员。”

“……我们的卓越品质得到了认可——ISO9000 和 ISO14000 认证。ISO9000 和 ISO14000 的外部认证保证了产品质量在全球范围内的一致性。这也使我们的公司能够满足市场需求并发现商机，因为公司更容易向客户和潜在客户展示其管理员工福利的标准化方法。”

中国在 2001 年加入世界贸易组织后，经济结构和组织结构发生了变化。北京一项关于员工工作压力的调查显示，41.1% 的受访者压力较大，61.4% 的受访者表示在中国感到工作倦怠。因此，帮助员工协调他们的私人生活和职业生活，考虑到员工的长期发展，布置体面的工作条件，设定灵活的工作时间，与员工建立信任，将提高员工在工作中的幸福感。

5. 避免招募和晋升中的歧视

员工期望受到公平和周到的对待，这一期望得到了法律的普遍支持。在共同利益原则的基础上，一个组织需要通过合作创造条件，以使社区内的所有人获得更多的共同繁荣的机会。如果一个组织运作以造福人类为前提，那么管理组织的指导原则可能包括满足利益相关者的共同利益。具有社会责任的公司应确保任何员工不会在工作场所的任何过程或任何领域受到歧视。这包括雇用、工资、福利的分配、晋升、纪律和解雇以及退休。如下面的评论所示：

“……平等是我们招聘和选拔制度和流程的重要部分，我们要求所有负责人事的人员都接受适当的培训，以公平招聘和选拔人才。”

“……无论是内部还是外部广告（包括所有媒体，如印刷和在线的传单、海报和其他辅助工具，视觉或非视觉的广告内容）不得表明或暗示我们的制度中有歧视存在。”

“……我们的制度适用于绩效管理，继任计划和发展机会。在评估和报告绩效时，评估应基于证据，而不应基于对员工的刻板印象和假设，如女性的流动性或未来服务的期限，或特定群体员工是否适合从事特定工作。”

“……现在所有部门都有性别代表，他们有信心倡导妇女的权利，40 名高级管理人员本身也接受过培训。员工入职手册信息描述清晰，易于所有员工理解。”

无论是有意还是无意，歧视在招聘、选择和雇用过程中会出现。防止工作场所的歧视是一项法律义务。对于大、小型组织而言，这也是遵守道德和在商业方面表现良好的途径。虽然就业歧视问题仍然很复杂，但有一点似乎很清楚：人们逐渐意识到其普遍存在和猖獗程度，以及歧视的潜在危害，并表示愿意消除歧视。公司需要确保对求职者的评估只是基于他们的工作能力。通过让自己的员工参加培训，公司能够减少歧视的发生，并在各级员工之间建立信任和信心。

6. 帮助员工渡过困难时期

直击问题的正式制度和公司计划，例如员工福利、员工援助计划、工作条件和发展计划，可以证明公司对员工的普遍承诺。这有助于判断公司是否公平对待每一位员工，同时在公司内建立一种信任感。一些在 YGE 和 GWM 工作的员工指出：

“……如果一位家庭成员去世，或者因意外疾病导致高昂的医疗费用产生，那些面临这些危机的员工可以从我们公司的员工援助基金（EAF）快速获得帮助，通常公司会资助其大部分所需资金。”

“……员工援助基金成立于 2008 年。从自然灾害发生后提供住所，到意外疾病或其他极端情况下的资金帮助，该基金旨在对员工的生活产生积极影响。该基金依赖于员工捐款。捐款通过工资扣除、支票或有价证券获得。公司每年开展一次活动，并匹配所有新增的捐献。员工捐款可以免税。任何被基金会认可的做过慈善的员工，在其遇到困难时，可以申请补助金。”

“我们的目标之一是不断加强我们与员工和社区的信任。员工援助基金是这项工作的重要组成部分，因为它使我们能够在为需要的人提供服务的同时维持保密性。”

“我们希望员工援助基金帮助我们更好了解人们需要哪些资源，将财务状况或其他原因导致的问题分类，并使我们能够在帮助员工的同时保护员工的自尊和隐私。”

突发事件本质上是意外事件，会给员工造成巨大的经济负担。当突发事件发生在员工身上时，其影响会以士气、绩效、旷工、离职和成本等形式扩散到其他员工和雇主。因此，公司有必要设立各种形式的员工援助计划，以应对员工的紧急情况。

7. 支持员工参与组织保护社区环境类的活动

这是在中国背景下关于员工期望的半结构化访谈中产生的主题。员工参与计划正成为不同行业中更广泛的企业环境战略和计划的一个组成部分。额外的企业社会责任活动，尤其是志愿服务和社区外展项目，为员工提供直接帮助他人的机会，因此可能会增强员工与公司的联结。随着全球经济一体化的形成，虽然经济发展迅速，但造成了环境恶化，特别是大气、水、海洋污染日益严重，据报道，世界海洋已经没有一块未被污染的区域。与此同时，野生动物面临着生存危机，森林和矿产的过度开发，对人类生存和发展造成重大威胁，环境问题造成经济发展停滞不前。为了人类的生存和经济的可持续发展，全球企业必须保护环境，保持自然和谐，这是企业义不容辞的责任。参与这些计划提供了服务社区的机会，从而增强了集体的自尊和员工对组织的认同。YGE 和 GWM 的员工都重申了这一点：

"……我们鼓励员工参与社会和环境项目，我们组织了一个光伏电站的捐赠——向位于甘肃省的××中学捐赠了一座年发电量超过3.6万度的光伏电站。"

"……企业参与社会活动会改善既有员工的组织认同感，因为这些活动可以提高公司的声望。同时，企业社会责任活动也会校准员工观念中的'组织原型'，进而影响他们的组织认同感。"

"……我们公司制订了两个平行的计划，由公司两个不同部门的员工负责提高对环境问题的认识，从而提高整个组织的员工敬业度。"

"……我们公司在零售业务中设立了绿色协调员。绿色协调员是志愿者，负责提高员工对环境问题的意识。"

"我们公司已在每个业务部门和分部门设立环保大使，以推行环保计划，并确定让员工参与落实本组织环保策略的机制。"

环境危机是工业化快速发展产生的众多严峻危机之一。员工参与志愿服务有助于在工作中创造互相协作的工作环境，使员工容易欣赏他人，并为建设一个有高道德标准的公司而努力。参加志愿服务的员工往往容易和其他同事产生共鸣，认为和他人分享着同一种有意义的价值观。

8. 在相互信任和尊重的基础上建立有效的工作关系

这是又一个基于中国背景下的访谈产生的主题。员工需要尊重，并且可以通过工作上的成就或平等对待获得尊重。这是因为对于组织成员而言，工作往往是骄傲和价值的源泉。员工感知到平等待遇会获得归属感，并验证个人的世界观。信任通常通过反复交互中的互惠来培养。组织制定出明确的禁令性和描述性的行为条款可以塑造成员的期望，即其他人将以可信赖的方式行事。正如受访者所指出的那样：

"……我们公司将所有员工的利益纳入我们的业务决策，以协作促进发展。我们公开诚实地与员工沟通，不涉及政治因素。"

"……我们相信，公司的企业社会责任活动可以表明其对道德规则的理解和承诺，这些规则可以指导和约束员工行为，从而促进推定信托。"

"……我们公司的工会是一个保障员工权利的组织，因此与员工进行良好沟通，选择合格的候选人成为工会成立委员会成员非常重要。委员会成员和工会主席的合作将有助于公司的正常生产和经营。最后，建立一个全面透明的工会只会使我们公司变得更强大，员工更快乐，工作更轻松。"

随着国家对全球企业和组织的开放，中国的商业文化正在发生变化，更强调一个商业伙伴的能力和成就是这一变化的一部分。第一，企业应该承担并履行好经济责任，增强其合作能力，为构建和谐社会发挥自己应有的作用，并取得成就。简单来说就是获利，尽可能地在绿色理念的基础上降低成本，获得更多的利益。第二，企业及其员工越来越重视潜在合作伙伴带来的价值以及这种价值的可靠性。展现企业对员工的关心，并承诺提供以互信和尊重为基础的良好工作环境的企业社会责任政策和程序，为判定普遍公正提供支持并培养公司内部的信任感，这会增加组织的吸引力和承诺，并减少适得其反的工作场所行为。作为启示，公司在做出有关员工工资、福利、安全生产流程以及与员工利益相关的其他问题的决策时，需要咨询工会和员工。公司还需要邀请员工代表参加相关会议。至于员工的期望，从文献中产生了八个主题，并且通过半结构化访谈得到了支持。

专题分析的结果如表5-4所示，根据主题分析，员工确定的主要期望是企业"促进员工的安全和健康"（$n=16$），"实施提高员工福利的政策"（$n=16$）和"提供平等的工作机会（例如性别平等政策）"（$n=11$）。但是，企业"帮助员工度过困难时期（例如医疗、社会救助）"（$n=4$），"支持员工参与组织保护社区环境类的活动"（$n=7$）和"在相互信任和尊重的基础上建立有效的工作关系"（$n=8$）员工较少关注。

表 5-4　员工期望

主题	员工数量（总数为 10 名）	对应代码	管理者数量（总数为 9 名）	对应代码	总计（名）
1. 促进员工安全与健康	7	YGE-E1，E3，E5 GWM-E1，E2，E4，E5	9	YGE-M1，M2，M3，M4，M5 GWM-M1，M2，M3，M4	16
2. 提供平等的工作机会	9	YGE-E1，E2，E3，E4，E5 GWM-E1，E2，E3，E4	2	YGE-M3 GWM-M1	11
3. 激发员工在工作场所的多样性	8	YGE-E1，E2，E3，E5 GWM-E1，E2，E4，E5	2	YGE-M1 GWM-M1，M3	10
4. 实施提高员工福利的政策	10	YGE-E1，E2，E3，E4，E5 GWM-E1，E2，E3，E4，E5	6	YGE-M1，M3，M5 GWM-M1，M2，M4	16
5. 避免招募和晋升中的歧视	3	YGE-E1，E3 GWM-E5	7	YGE-M1，M2，M3，M5 GWM-M1，M2，M4	10
6. 帮助员工度过困难时期	3	YGE-E1，E3 GWM-E1	1	YGE-M5	4
7. 支持员工参与组织保护社区环境类的活动	7	YGE-E1，E3，E5 GWM-E1，E2，E4，E5	0		7
8. 在相互信任和尊重的基础上建立有效的工作关系	6	YGE-E1，E3，E5 GWM-E1，E2，E5	2	YGE-M1 GWM-M2	8

5.1.6.2 客户对企业社会责任的期望

下面将讨论从访谈和相关文献中得出的客户对企业社会责任的期望。将从产品符合质量标准、提供安全的产品、解决客户抱怨机制、产品标签简单易懂、有效的客户沟通策略、环保产品、产品价格公平合理、客户培训项目等方面进行详细的阐述。

1. *产品符合质量标准*

实证研究表明，企业社会责任对客户的产品质量感知、产品协会与企业的评价、企业声誉、购买意愿以及客户满意度和客户忠诚度均有正向影响。诚信缺失是当前社会存在的一个现象，社会经济市场也不可避免会面临这种问题，比如在企业经营活动中，由于个别企业的不守信，出现假冒伪劣商品，消费者因此受到的损失每年在2500亿~2700亿元，占GDP比重的3%~3.5%。为了维护市场的秩序，稳定市场的正常运转，保障员工、客户等利益相关者的利益，企业必须履行诚信经营的社会责任。客户对企业社会责任的评价不同于利益相关者对企业社会责任的评价。客户最关心的是与自己直接相关的责任，如产品质量。研究人员将不同企业社会责任话题在普通客户心目中的重要性进行了排序：最重要的方面是提高产品质量。以下评论最能表达受访者对这个话题的看法：

“A公司为所有客户提供非常优质的产品，该公司光伏组件的质量保证为10年，电力的质量保证为25年。”

“……客户对与他们直接相关的方面的变化最为敏感。因此，安全性、质量、产品来源等至关重要。如果不能确保这些方面，产品将受到抵制。”

“……我的公司选择实施ISO 9001并获得认证，因为许多客户和行业都需要它。通过让客户满意，我们可以提高相关业务的销售额和盈利能力，并达到质量标准。如果公司计划的某个领域过于官僚主义和无法增值，那么这也可能是一个持续改进的领域。”

产品质量对客户的影响最大。优质的产品会树立客户的信心，吸引更多的买家。相反，对产品方面不负责任将导致客户失去对产品的信任，进而放弃这款产品。

2. 提供安全的产品

之前在新加坡进行的一项研究表明，大多数公司都积极提供真实的信息。莫尔、韦布和哈里斯得出结论，研究表明，对公司的评估以及对产品的购买意向取决于所提供的企业社会责任信息的数量和性质。高于平均水平的社会责任（如广泛捐赠）带来更加惊人的结果。实验还倾向于强调企业不道德行为的负面影响，例如产品安全性低。卡茨、斯旺森和纳尔逊认为，利益相关者对企业社会责任问题的要求将取决于一个国家的文化背景。例如，一些低功耗国家的客户会期望从公司获得更多的产品信息。以下是一些受访者的意见：

“……公司采用 ISO9000 国际标准，为客户提供安全可靠的汽车产品。”

“……长城汽车可以提供详细的信息和安全保障。我们需要的是完善的制度。我们可以确保长城汽车的产品质量，而且长城汽车率先获得国际质量认证。我们的产品价格合理、性能良好、客户服务优质。”

“……为了对客户负责，公司应确保其产品的质量，并确保其产品符合国家法律法规的要求。企业还需要向客户特别介绍产品的功能，做好事，不欺骗客户，并愿意承担责任。YGE 在这方面做得很好。”

产品安全是近年来相关企业社会责任的一个关注点。一些食品公司利用相关部门法规执行不力，将假冒成分混合到产品中，签署合同生产另一种产品，只是把原材料换成了廉价替代品，然后添加色素以使旧的和陈腐的食物看起来令人有胃口。因此，从访谈中可以看出，客户对企业道德方面抱有很高的期望，希望企业提供真实的信息和安全的产品。报告信息中体现出的对产品安全的期望与对英国客户的研究是一致的，这表明他们希望公司可以做到公开和诚实。

3. 解决客户抱怨机制

施瓦茨和卡罗尔开发了一个利润义务模型，该模型以企业社会责任金字塔的形式呈现，由经济、法律、伦理和慈善四个维度组成。正如施瓦茨和卡罗尔所提出的那样，法律是金字塔的一个层面，企业需要遵守法律，包括遵循有关业务操作规章制度、环境保护条例、客户权益和业务承诺，等等。他们认为企业有责任回应客户投诉，履行客户承诺并保护客户权利。以下参与者的评论反映了他们的态度：

“……公司在售后服务与客户投诉系统方面做得很好，更加注重客户服务，提供售后支持、投诉机制和24小时客户服务互动平台。”

“……在售后反馈机制方面，YGE建立了客户投诉中心，与客户沟通，为客户解决问题。虽然YGE在海外的市场份额相对较小，仍处于发展阶段，但却在西班牙设立了售后服务中心。随着海外市场的发展，YGE的国内反馈机制将日益完善。”

“……此外，良好的投诉机制将为客户带来好处。公司可以根据投诉机制改善销售的每个环节。这一点非常重要，因为只有这样做，公司才能获得更好的发展，让客户信任这家公司。”

客户是企业可持续发展的基础。为了在全球商业大环境中提高核心竞争力，企业倾向于保护客户的权利，追求企业价值和客户价值的共同增长，深化理解客户需求，不断创新，为客户提供合适的和高质量的产品和服务。因此，企业有责任为客户做出承诺和保护，与客户互动，优化产品或服务，提高客户满意度。

4. 产品标签简单易懂

企业社会责任意味着公司以“超出法律要求的方式”使用环境或健康友好型技术。产品标签可向客户表明企业社会责任，其中有影响力的标签因素包括产品（原材料和人力资源）的构成、产品的用途、产品使用和误用的后果、产品使用中涉及的风险、产品耐用性、产品处理以及产地。大多数公司通过使用标签向客户展示它们提供的产品或服务符合特定质量。如受访者的评论所示：

“……公司的PANDA技术实际上效率很高，PANDA是自主研发的光伏领域的技术。”

“……在社会和环境活动中，我希望公司能够开展更多创新活动，并强调环境保护的重要性。除了在生产设计和生产中实现节能减排外，公司还应参与更多的研发活动，为环境做出贡献，生产出更多的新产品。”

“……关于客户的企业社会责任，我认为开发这样的技术可以为客户提供更好的体验。PANDA技术是一项领先的方案，有助于提高整个行业的技术创新进程。”

“……GWM开展广告和营销活动，准确地向客户传达产品和服务的细节。

同时，我们努力根据法律法规提供与我们的产品和服务相关的准确信息。为实现这一目标，我们已制定了一项集团政策并正在实施。标签根据质量管理体系进行验证。”

“……GWM 的品质保证部门对实际销售的产品上的标签进行检查和审查，并将结果反馈给负责产品的部门。它还检查和审查 GWM 所有产品的标签，每年约 70 种产品。”

“……标签是一种重要的市场工具，应被视为社会参与者（企业、中间商、客户、政府等）之间沟通的一个组成部分。标签不再像以前一样是向客户传递信息的唯一可靠方式，但它仍然是一种有效的工具。”

“……一般来说，向客户传递产品信息和使用标签的好处是显而易见的。对于客户而言，它是经营者传递有关产品基本信息（使用日期，安全警告等）的手段，尽管有些信息可能不是必需却都是有用的（如营养标签、回收细节等）。因此，标签的作用是允许客户在销售点做出关于是否购买产品的明智选择，如果他们选择购买，则考虑如何最好地使用产品。”

“……对于行业而言，标签是一种强大的工具，当标签得到有效和负责使用时，不仅可以确保经营者传递必要的信息，而且可以使他们在与竞争对手竞争时突出其产品的优势。一个重要的因素是，如果提供这些好处需要增加额外的成本，运营商需要说服客户接受比市场上的竞争产品更高的价格。事实上，在欧洲进行的一项社会学研究表明，生产理念中缺乏使用标签这一观念，可能会使客户无法青睐此类产品。”

客户通过产品信息了解产品，从而在产品信息的提示下购买产品。之所以会购买产品，是因为产品的目的是解决客户所遇到的问题以及满足客户的需求。因此企业应根据客户的喜好明确阐述产品信息，包括产品名称、产品用途、购买地点以及制造商名称和产品规格等。仅仅这些是不够的，企业还需要介绍产品的功能、特征、好处以及不足之处，以便客户了解购买产品的有利性和必要性。事实上，标签应该是客户与经营者之间的一个有效的沟通中介。但实际上，市场经常会出现对标签所示内容表现出质疑的现象，许多经营者会认为标签并未起到它应当发挥的作用。简而言之，一些客户对标签所提供信息的有效性是持怀疑态度的，违背了经营者提供标签的初衷。产生这种现象的原因各种各样，但是客户对标签提供的信息缺乏兴趣是主要原因。

即使客户对标签感兴趣，正确使用标签对于大多数不谙此道的人来说是极其困难的，因为标签中包含太多信息，尤其是一些专有名词和概念，对客户来说晦涩难懂。这造成了标签功能在市场无法很好发挥作用的现象。因此，产品开发人员必须抓住客户的易理解点，优先向客户提供可以信赖的准确产品信息。

5. 有效的客户沟通策略

鉴于以往的研究，可以发现，对于参与企业社会责任活动的企业，尤其是在积极应用企业社会责任实践方面，可以进行有效沟通的大型企业，客户往往抱有极大的期望。近年来，随着企业社会责任发挥越来越重要的作用，企业社会责任沟通问题引起了研究人员的关注。莫辛将企业社会责任沟通定义为“由公司自身设计和传播的关于开展企业社会责任工作方面的沟通方式”。从公司的角度看，公司希望从企业社会责任的沟通方式中获得客户对自己的高度评价，比如品牌形象良好，品牌资产增加，产品差异化和品牌知名度提升；从客户的角度来看，客户希望支持有道德的公司并惩罚不道德的公司，从而使公司可以承担更多的企业社会责任。因此，无论是从公司还是客户角度，公司与客户有效沟通企业社会责任的信息至关重要。受访者的以下评论说明了这一点：

“……公司与客户建立了长期合作关系，参加 SNEC 国际太阳能光伏大会暨（上海）展览会和中国新能源国际峰会，与来自不同国家的客户进行沟通。”

“……企业社会责任沟通有三个关键方面：沟通内容，沟通方式，以及了解影响公司及其客户企业社会责任沟通有效性的因素。”

“……YGE 最常用的企业社会责任通信渠道是年度报告、网站和广告。尽管每种营销传播工具都可以用来传达企业社会责任活动，但公关、广告和赞助等一些工具比其他工具更强大、更有效。”

随着市场经济在中国的不断发展与完善，各个企业在中国面临着激烈的竞争。中国经济的发展也依靠企业的发展，但同时企业的经济发展也造成了一些问题，如对环境的破坏、对客户健康的危害等。如果一个企业想要在众多竞争者中脱颖而出，那就必须加强与客户的有效沟通，向社会传达企业减少其活动对社会和环境的影响所做的努力，从而使客户感受到这是一个有道德的公司。当客户增强了对该公司的信心，该公司的产品就更受客户信赖。

6. 环保产品

环保产品是客户对企业承担社会责任的呼吁。在今天这样一个经济快速发展的社会里，人民生活水平质量普遍提高，他们更多关注自身所生活的环境。戈洛布等在一项关于斯洛文尼亚客户的研究中进一步表明，客户在防止环境污染和应对气候变化方面有越来越高的期望。面对全球变暖造成的一系列灾难，客户表示担忧，并希望不只是政府在努力，更希望对社会环境造成破坏的企业能够承担责任，为改善环境而做出不懈努力。所以环保产品应运而生，因为环境责任的重点是通过循环利用和减少二氧化碳排放等防止污染和环境破坏，而环保产品恰好能满足多方面的需求。一些关于客户对企业社会责任期望的研究调查结果显示，企业参与的社会实践非常重要，例如有益于社会的公益行动。因此，公司的社会责任举措对客户的企业社会责任期望有重要影响，如以下访谈内容所示：

"……公司尽最大努力减少对环境的影响，建立世界一流的研发设备和系统，以生产更多低排放汽车，并使用新的可再生能源，如电力。"

"……作为全球领先的可再生能源公司，YGE 明白身为企业不仅要生产清洁能源产品，还要运用制造清洁能源产品的方法。该公司认为，可持续制造可以带来三种收益方式。一是客户更加信任公司，从而建立更牢固的关系。许多客户都有环境、社会和治理要求，并希望与实施可持续环境管理的公司合作。二是改善社区关系，获得社区支持。公司有责任在其开展业务的社区中成为好邻居，这意味着最大限度地减少公司生产对当地区域产生的影响。三是产品营销与公司实践之间的一致性。由于公司生产绿色能源产品，公司还有义务确保公司的运营保持高环境标准。"

"……为了保护环境，实现可持续发展，长城汽车改善了管理体制和技术。通过有效的节能手段，长城汽车尽最大努力减少对环境的影响，实现可持续发展。"

众所周知中国一跃成为世界第二大经济体，很大程度上依赖于庞大的制造业，而庞大的制造业除了带动经济迅速发展外，也带来了一些后遗症，如缺乏创新精神，这背后隐藏的更大危机是对本土资源环境的破坏，所以我们这些年一直在呼吁保护环境。中国共产党第十九次全国代表大会也明确指出中国经济转型的进一步策略，以及环境污染治理的方针政策。因此，在面对环境恶化的挑战时，越来越多的企业开始将环境管理体系纳入企业战略。同时随着客户对自然环境的重视，企业也会在客户的压力下开始改善环境，增强企业社会责任，采取积极的绿色创新战略。这些策略可以通过产品差异化使公司受益并因此获得竞争优势。要进入全球市场的产品，必须经过认证，因为认证产品或环境管理系统可以为其生产过程和产品提供可靠的信息，人们通过这些信息评判该产品是否具有进入全球市场的资格。所有公司都是社会的一部分，应该在一定程度上做出贡献。

7. 产品价格公平合理

如今，产品价格是否公平合理，是客户关注公司企业社会责任的重要依据。他们把这归于公司的道德企业社会责任，并认为这很重要。道德责任主要表现在防止贿赂、反腐败和公平贸易上。根据考伊和威廉姆斯的观点，有道德的客户是在选择产品和服务时受到道德层面影响的人。他们指出道德用于涵盖良心问题，如公平贸易、劳工标准等社会方面。之前的研究表明，客户对道德企业社会责任有很高的期望，他们希望公司遵守法规，遵守道德规范以及社会习俗，并依此采取负责任的行动。其他研究表明，英国的客户希望公司开诚布公。此外，对哈萨克斯坦客户及其对企业社会责任领域的不同期望的研究表明，客户对公司道德方面抱有很高的期望，并期望这些企业超越法律要求，认可社会规范、价值观和习俗。一些采访者表示：

“……公司生产的产品价格非常具有竞争力。具有竞争力的产品价格与质量相称。产品通过了 ISO9002 认证。”

“……对于企业来说，反腐败是非常重要的。长城汽车与客户和供应商保持互惠互利，坚持创造公平、公正、开放、透明的商业环境。长城汽车与客户和供应商签订了阳光协议，规范双方的合作行为，并致力于维护客户和供应商的利益。”

“……2011 年，YGE 成为 GRID Alternatives 的第一家也是最大的官方太阳能电池板供应商，GRID Alternatives 是一家非营利的太阳能安装商，为美国的低收入家庭提供可再生能源和能源效率服务。自那以后，我们每年都重新建立长期合作伙伴关系。到 2013 年年底，YGE 将向 GRID Alternatives 提供近 4 兆瓦的公平市价太阳能电池板，帮助近 1200 个低收入家庭购买到了太阳能电池板。这些家庭将在系统生命周期内节省大约3000万美元，他们能够更轻松地克服意外财务困难，从而扩大教育、医疗保健和其他必需品的预算。”

为了满足客户需求以及维持本身的生存发展，公司采取了各项措施，注重协调发展，而且在参与企业社会责任活动方面也发挥积极作用，并为营造文明和谐美丽的社会而付出努力。客户需求的道德社会责任既强调了组织公平，也体现在公平交易、平等运营等方面，同时期望企业能符合该地区和公司所在国家的道德原则。

8. 客户培训项目

企业有责任设计客户培训项目，帮助客户熟悉那些被忽视的领域。人权问题是一个普遍而又严肃的话题，企业除了要满足客户的需求外也要尊重人权，这是一个企业必须认识到的问题，在执行任何决策前应当将此考虑在内。关于劳工权利，从客户角度看，他们认为明智的公司应视其员工为重要的资源，并应尽其所能提高员工对公司的满意度，而重要的举措就是尊重员工。

“……我们公司在人权责任方面采取非歧视政策，保护当地居民的权利并保护员工在工作场所的权利。对于公司而言，劳动权利责任涉及诸如不使用童工、确保工作场所的环境健康和安全、工作时长合理、工资公平。我们在企业社会责任报告中将这些领域的企业社会责任工作展示给我们的客户。”

“……公司举办各种活动，如‘汽车文化节’。在这些活动中，经理们将帮助客户了解汽车的历史、新能源汽车、生产过程和劳动保护。”

“……通过各种倡议，包括会议、论坛和调查报告，长城汽车吸引了属于自己的客户。我们的许多客户群也定期开会讨论影响产品和服务的关键问题。”

处在中国市场的公司实际上承担的除了本身的企业社会责任外，还承担了类似供应商和外包代理商形式的外包服务的企业社会责任。此外，做出合理的消费行为是客户必有的技能，公司应该提供更多服务，满足客户的期望，这是一个公司在企业社会责任方面该做的事。若想推广新产品，且让客户乐于接受，那么开展与客户相关的培训项目是公司必要的选择。客户培训项目是公司为更好发展客户而采取的方法，目的在于更好告知客户产品知识和使用技能，使得客户能正确接受并发挥出产品的真正价值。除此之外，客户能够从中获得完整的产品信息，学习如何做出合理有效的选择以及保护他们的权益。公司自愿承担企业社会责任，致力于通过为客户提供特定物质资源如社会慈善等公益行为来解决社会问题。

研究者从文献中总结了八个客户期望主题，并得到了半结构化访谈的支持。

专题分析的结果如表 5－5 所示。

表 5－5　　专题分析的结果

主题	客户数量（总数为 10 名）	对应代码	管理者数量（总数为 10 名）	对应代码	总计（名）
1. 产品符合质量标准	10	YGE－C1，C2，C3，C4，C5 GWM－C1，C2，C3，C4，C5	7	YGE－M1，M2，M5 GWM－M1，M2，M3，M5	17
2. 提供安全的产品	8	YGE－C1，C2，C3，C4 GWM－C1，C2，C3，C5	7	YGE－M1，M2，M3 GWM－M1，M2，M3，M4	15
3. 解决客户抱怨机制	10	YGE－C1，C2，C3，C4，C5 GWM－C1，C2，C3，C4，C5	5	YGE－M1，M2，M5 GWM－M2，M3	15
4. 产品标签简单易懂	5	YGE－C2，C3，C5 GWM－C2，C3	4	YGE－M1，M3，M5 GWM－M2，M3	9
5. 有效的客户沟通策略	10	YGE－C1，C2，C3，C4，C5 GWM－C1，C2，C3，C4，C5	2	YGE－M5 GWM－M2	12
6. 产品符合环保要求	10	YGE－C1，C2，C3，C4，C5 GWM－C1，C2，C3，C4，C5	7	YGE－M1，M2，M4，M5 GWM－M2，M3，M4	17

续 表

主题	客户数量（总数为10名）	对应代码	管理者数量（总数为10名）	对应代码	总计（名）
7. 产品价格公平合理	4	YGE－C3，C5 GWM－C2，C3	2	YGE－M5 GWM－M3	6
8. 提供客户培训项目	6	YGE－C2，C3，C5 GWM－C1，C2，C3	2	YGE－M2 GWM－M3	8

表5－5显示了客户的主要期望。客户确定的主要预期是“产品符合环保要求”（$n=17$），“产品符合质量标准”（$n=17$），“提供安全的产品”（$n=15$）和“有解决客户抱怨机制”（$n=15$）。然而，“产品价格公平合理”（$n=6$）、“提供客户培训项目”（$n=8$）和“产品标签简单易懂”（$n=9$），则受到客户较少的关注。

个注重客户期望的企业，对外会考虑客户的需求，对内会满足员工的要求，承担起对社会的责任，而不是一味追求经济效益。一个注重企业社会责任的企业，在做好本身发展计划的同时，肯定要制订符合社会发展需求的战略计划，也就是说，完成企业本身所肩负的社会使命。而社会也会对一个有声誉的企业抱有某种特定的期望，这种期望也是该企业在长期的发展中很好实施了社会企业责任活动而赢得的。企业领导群体对企业的发展起决定性作用，企业的社会期望也在一定程度上反映出企业领导群体的智慧。一方面，企业的发展受到经济法的制约；另一方面，企业需要在良好社会环境下健康成长，并始终牢记只有国家强大，人民富裕，经济发展，企业才能有生命和活力。同样，随着发展得越来越好，政府和民众对企业寄予的期望会更大，企业承担的社会责任也会更大。

因此，企业应在以下几个方面制订社会责任策略。第一，企业应该建立一个清晰的流程，确保社会问题得到充分的讨论，并纳入企业的战略规划中，从企业的整体战略来看，企业的社会责任贯穿于整个运营过程。第二，企业应对社会责任负责，并设立专门机构进行适当的社会责任评估。第三，提高员工的社会责任意识，使企业的每一位员工自觉履行社会责任。第四，继续定期发布企业社会责任报告，充分展示企业公民身份。

5.2 定量研究

本节介绍了本研究的定量数据分析结果。研究者共向上市公司受访者发放了1749份问卷，收回433份。研究者运用社会科学项目的统计软件包和结构方程模型来分析数据和应对研究目标。采用SPSS（统计产品与服务解决方案）version 23分析原始数据，采用独立样本t检验、哈曼单因素检验和探索性因子分析（EFA）进行分析，利用PLS－SEM对测量模型和结构模型进行了评估。这包括两个阶段，第一阶段评估测量模型的效度，第二阶段评估结构模型来检验假设。

5.2.1 问卷调查

本研究所使用的问卷由三部分组成。问卷1调查了管理者对企业社会责任的认知。通过使用李克特量表，受访者对每一陈述的同意或不同意程度进行了评分。李克特量表是对与某一特定领域相关的一系列态度的测量。本研究采用7分制，1表示“强烈不同意”，7表示“强烈同意”。其中还包括一个“不确定”选项，因为试点测试显示，一些受访者无法选择答案，宁愿选择“不确定”。问卷2旨在收集员工对企业社会责任的期望以及企业社会责任战略举措的基本效益。问卷3旨在收集客户对企业社会责任的期望和参与企业社会责任的好处。调查问卷修改了很多次，这是为了确保调查工具的有效性、问卷的可操作性，并确保所提出的问题与本研究的研究目标高度关联。

5.2.2 抽样

本研究采用分层随机抽样方法，这是一种概率抽样方法，以确保研究结果的普遍性。

5.2.2.1 目标人群

McMillan和Schumacher表示，一个群体是一组符合特定标准的元素或案例，无论个人、物体还是事件，研究者打算将研究结果进行概括。同时，Wiersma 将样本描述为研究人员打算归纳研究结果的群体的子集。

本研究的群体包括上海证券交易所所有 1749 家制造业上市公司。本研究采用中国国家统计局 2017 年《大、中、小型工业企业划分标准》中对企业规模的定义。公司规模是根据该局的定义确定的，即大公司是拥有 2000 名或更多雇员的公司，中型公司是雇员在 300 ~ 1999 人的公司，而小型公司则是拥有不到 299 名雇员的公司。从公开渠道收集有关这一群体规模的信息。

5.2.2.2 抽样框架

抽样框架是指用于抽样的原材料或设备的集合。它是一个群体中所有可以抽样的名单，可能包括个人、家庭或机构。在研究术语中，抽样是一种仅基于少量单位却得出整个群体结论的技术。抽样能够确保样本具有代表性，显著提高了数据的效度。在本研究中，抽样框架包括所有在上海证券交易所上市的制造企业。

5.2.2.3 样本量

Chisnall 提出，样本量取决于群体的基本特征、调查所需的数据类型和研究成本。具体来说，样本量决定了样本的统计值与其所代表的实际总体值的接近程度。以下是两种常用的确定样本量的方法。第一种方法是置信区间法，第二种方法是百分比法。本研究采用置信区间法和样本量计算器计算样本量。在误差为 5%、置信水平为 95% 和群体规模为 1749 的情况下，样本规模设置为 317 家公司。

5.2.2.4 抽样技术

抽样方法有概率抽样和非概率抽样两种。Burns 和 Bush 指出，概率样本是从总体中选择成员进入样本的概率已知的样本，而非概率样本是从总体中选择成员进入样本的概率未知的样本。本研究采用概率抽样技术，即多阶段抽样。如前所述，中国上海证券交易所共有 1749 家制造业上市公司，问卷调查对象为上海证券交易所的全部 1749 家制造业上市公司。如此选择的主要目的是获得足够的样本。

5.2.3　数据收集

采用问卷调查法收集原始数据。研究人员将自我管理的量表分发给选定的公司。在每一份问卷的封面上，有一份问卷的附信，说明研究的目的和用途。此外，调查问卷由研究人员邮寄给被调查者。研究人员用一个印有自己地址的信封，将问卷邮寄给被调查者，让他们回答问题并将其返还。

在选择合适的方法上，两种收集数据的方法（邮寄问卷法或亲自访问法）都各有一些优点和缺点。邮寄问卷法的主要优点是成本低。邮寄问卷法的另一个优点是它不需要训练有素或操纵熟练的助手。此外，邮寄问卷法可以覆盖的地理区域广泛，这一点对研究人员来说非常重要。但邮寄问卷法的主要缺点是不能澄清或纠正参与者可能产生的误解。此外，用邮寄问卷法不可能检查或处理不完整的答复。邮寄问卷法还有一个缺点是答复率水平低。其他方面，由于整个过程是在研究人员的指导下进行的，个人管理的问卷调查法的主要优点是减少了调查偏误，确保了高答复率。换言之，问卷中的所有问题都是调查参与者现场澄清的，以确保准确抽样并减少调查偏误。与邮件或电子邮件收集数据的技术相比，个人管理的问卷调查法的主要缺点是所需时间长，成本更高。本研究的样本地理位置分散，因此对于地理位置较远的企业，采用邮寄问卷法收集信息，对于离研究人员较近的企业，采用个人管理的问卷调查法来提高回复率。

实证研究表明，企业规模与企业社会责任参与水平之间存在正相关关系。因此，基于前面提到的员工人数和样本量计算结果，本研究以上海证券交易所上市的317家制造业企业为研究对象，进行问卷调查。

如前所述，部分受访者是管理者。研究人员邀请人力资源经理、市场经理或企业社会责任经理等管理者参加调查。基于本研究的群体（1749家上市公司）和样本量（317家上市公司），考虑到中国上市公司的调查回复率为20%～30%，问卷以邮寄方式发放至1749家上市公司。

数据是通过邮政调查收集的。数据收集的过程包括打电话、邮寄问卷、提醒调查对象等，最后由研究者接收问卷。研究者向上市公司受访者共发放问卷1749份，完成并回收433份。研究者对已完成的问卷进行了检查，在433份返回的问卷中，有30份问卷因缺失部分内容和回答不一致无法使用。

因此，只有 403 份有效问卷，最终有效回答率为 23%。

对于在 PLS－SEM 中提供稳定结果所需的足够样本量，还未达成一致的意见。普遍的共识是，到目前为止还没有明确的规则，样本量应根据模型复杂性和测量特性等诸多因素来考虑。PLS－SEM 中的模型和参数估计假设数据渐近分布。因此，基于一些标准，有人对构成最小样本量的因素提出了一些建议。例如，Anderson 和 Gerbing 建议，对于大多数研究来说，至少需要 150 个样本才足够。Hair 等人还建议，对于 7 个或更少、共同度为 0.5 和未确定构建的模型，最少 150 个样本才足够。还有一些人认为，200 个样本应该足以确保结果的可信度，因此，本研究的 403 个样本足以满足 PLS－SEM 的最小样本量要求。

5.2.4 定量数据分析

5.2.4.1 使用 SEM 进行数据分析

本研究采用 SEM 来检验概念框架的逻辑关系，评估了利益相关者的企业社会责任期望是否调节了战略性企业社会责任与企业非财务绩效之间的关系。Bollen 和 Long 提出 SEM 是社会科学领域方法学宝库中一个众所周知的组成部分。Hoyle 评论 SEM 是一种综合的统计方法，用于检验所提出模型中观测变量和隐变量之间关系的假设。通常，SEM 有两种不同的统计方法：基于方差分析的方法和基于协方差分析的方法。在本研究中，研究者执行基于方差分析的 SEM 技术，即偏最小二乘法（PLS）。基于方差的 SEM 技术更适合于实施预测性研究，因此本研究使用偏最小二乘法，该技术可以探索复杂的问题，但缺乏之前的理论背景。更重要的一点是，只有偏最小二乘法允许对具有形成性的变量进行建模。PLS 具有从理论模型中描述相对新的现象的潜在能力，在没有深入的理论背景的情况下也能够对其进行测量，因此偏最小二乘法之前也在类似的研究中使用过。

SEM 帮助研究人员用综合方法评估和修改理论模型。使用 SEM 的主要原因是它能够构建并回答关于所收集数据的复杂的研究问题。SEM 考虑了变量中的测量误差，使研究人员能够明确潜在变量之间的结构关系，以便生成更精确的描述。50 多年前，人们就对寻找企业社会责任与企业非财务绩效之间的任何可能的关系这一研究感兴趣。一些研究表明，实施企业社会责任与提高企业非财务绩效之间存在着积极的关系，而一些其他学者则认为两者之间存在负相关关系；进一步的研究并不能指明这种关系的方向。

回顾本研究，本研究提出的模型不仅着眼于战略性企业社会责任与企业非财务绩效之间的直接关系，而且旨在阐明在提高企业非财务绩效方面，战略性企业社会责任的努力如何得到不同利益相关者的回报。由于 SEM 能够构建和回答复杂的关于数据收集的问题，本研究用它来评估假设的参数。战略性企业社会责任与中介结构（利益相关者的企业社会责任期望）相关，也与企业非财务绩效相关，因此该假设将战略性企业社会责任确定为一个外生结构。中介结构，即利益相关者的企业社会责任期望，也与企业非财务绩效相关。

此外，由于 SEM 提供的测量方法比传统的因子分析（如 SPSS 和 Amos）更通用，可以将 SEM 视为更强大的替代多元回归和因子分析的方法。SEM 的主要优点是它考虑了具有许多因变量的联立方程。SEM 是一种同时分析一系列结构方程的统计技术，而其他多元统计技术通常一次只能测试一个关系。

本研究旨在证明，战略性企业社会责任行动的整合，加上利益相关者的高度关注和积极参与，有助于提高企业非财务绩效。因此，本研究从多方利益相关者的角度分析了战略性企业社会责任实践的发展与企业非财务绩效之间是否存在直接或间接关系。为了完成这项任务，我们收集了中国上市制造企业的数据，并利用 SEM 技术对数据进行了分析。

5.2.4.2　使用 PLS – SEM 进行数据分析

本节使用 PLS – SEM 对数据分析进行了验证。如上所述，SEM 有两种不同的统计方法，第一种是基于方差分析的方法，例如偏最小二乘法，其目的是最大化内生潜在构念（因变量）的解释方差。第二种是基于协方差分析的方法，其目的是在不专注于解释方差的情况下再现理论协方差矩阵，例如 CB – SEM。

通常使用基于协方差分析的 SEM（CB – SEM）来验证理论，而使用基于方差分析的 SEM 来发展理论。因此，基于研究目标选择 CB – SEM 或 PLS – SEM 方法。CB – SEM 和 PLS – SEM 方法在统计分析中的作用不同。表 5 – 6

给出了选择 PLS－SEM 和 CB－SEM 的经验法则。

表 5－6　　选择 PLS－SEM 和 CB－SEM 的经验法则

标准	PLS－SEM	CB－SEM
研究目标	将预测关键目标构念或识别关键驱动因素作为目标 研究是探索性的或是现有构念理论的扩展	将测试理论或一个理论与另一个理论进行比较作为目标
测量模型规范	形成性测量构念是结构模型的一部分	错误术语需要额外的说明，例如协同变异
结构模型	结构模型复杂（有许多结构和许多指标）	模型是非递归的
数据特征和算法	1. 如果不能满足 CB－SEM（即模型设定、非收敛性、数据分布假设） 2. 如果样本量相对较少 3. 如果数据在某种程度上不正常	数据完全符合 CB－SEM 假设
	对于大数据集，PLS－SEM 和 CB－SEM 结果相似	
模型评估	后续分析需要多反应变量回归模型	需要拟合优度检验 需要测试测量模型的不变性

CB－SEM 方法使用极大似然函数来最小化样本协方差与理论模型预测值之间的差异。相反，PLS－SEM 方法的主要目标是最大化潜在变量（自变量）和内生潜在变量（因变量）之间的协方差。表 5－7 总结了 PLS－SEM 和CB－SEM 的差异。

表 5－7　　PLS－SEM 与 CB－SEM 的差异

标准	PLS－SEM	CB－SEM
目标	以预测为导向	以参数为导向
方法	基于方差	基于协方差

续 表

标准	PLS－SEM	CB－SEM
假设	预测规范（非参数）	典型的多元正态分布和独立观测（参数）
参数估计	与指标一致，样本量增加（即一致性大）	一致
多反应变量回归模型	显式估计	未定数
潜变量及其测度的认知关系	可以用形成性或反映性指标来建模	通常只与反映性指标一起使用
启示	预测精度最优	低到中等复杂度
模型复杂性	复杂度大（例如，100 个构念和 1000 个指标）	低到中等复杂度（例如，少于 100 个指标）
样本量	效能检验基于模型中具有最多预测数的部分。建议至少观察 30 例	理想情况下，基于特定案例的效能检验模型样本量最小为 200 例
优化类型	局部迭代	全局迭代
显著性检验	仅通过模拟：有效性受限	可得到
整体拟合优度（GoF）指标	标准均方根残差（SRMR）是唯一的（模型）拟合优度度量	可用的既定 GoF 指标（即卡方/差分、近似误差均方根、比较拟合指数、基准化适合度指标等）
可用软件	SmartPLS、PLS-GUI、PLS-Graph、WarpPLS、Visual PLS、ADANCO	EQS、Amos、LISREL、Mplus、lavaan

此外，PLS－SEM 的灵活性允许研究人员同时使用反映性、形成性或反映性和形成性构念的组合。CB－SEM 仅限于涉及反映性构念的研究模型。以前在 CB－SEM 中使用形成性构念的研究通常会导致识别问题，并造成无法解释所有指标协方差的情况。另外，PLS－SEM 可以用来分析由反映性构念和形成性构念组成的研究模型。

最后非常重要的一点是，PLS－SEM 已越来越多地应用于与商业相关的研究。这是因为在社会科学中常常将 CB – SEM 的先决条件视为不现实的。CB – SEM 和 PLS – SEM 是两种不同的统计方法，但它们是互补的。

基于上述分析，在本研究中，基于变量的 SEM（PLS – SEM）方法被认为更适合用于数据分析，原因如下。

（1）本研究的目的是在参与战略性企业社会责任的背景下，找出影响利益相关者期望和企业非财务绩效的关键构念或关键驱动因素。运用利益相关者理论，本研究试图确定战略性企业社会责任能否预测企业非财务绩效。除此之外，本研究检验了利益相关者的期望是否会影响企业非财务绩效。同样，本研究检验了战略性企业社会责任与企业绩效之间的关系，以及战略性企业社会责任与利益相关者期望之间的关系。通过这样的方式，本研究的特征满足了使用 PLS – SEM 进行数据分析的研究目标标准。

（2）本研究的结构模型由形成性构念组成。每个构念的维度都有不同的含义且每个构念的维度测量这些构念的不同方面，因此战略性企业社会责任（可见性、中心性和主动性）、利益相关者期望（员工期望和客户期望）和企业绩效（非财务绩效、组织学习、创新和形象）的构念是形成性的。具体来说，对于战略性企业社会责任的构念，企业社会责任活动的中心性与企业的使命、愿景和目标密切相关；企业社会责任活动的可见性与传播或提高组织认可和声誉密切相关；企业社会责任活动的主动性与具有创新性和前瞻性的自愿管理步骤密切相关。对于利益相关者期望的构念，员工期望与员工的社会责任期望相关，客户期望与客户的社会责任期望相关。非财务绩效、组织学习、创新和形象构成了企业非财务绩效。Hair 等人通过适当论证本研究的模型，包括形成性构念以及使用多反应变量回归模型的必要性，说明使用 PLS – SEM 进行数据分析是合理的。

（3）本研究试图调查的现象相对较新（即评估战略性企业社会责任如何影响企业的财务和非财务绩效）。根据 Chin 和 Newsted 的研究，当研究中的现象相对较新或不断发展，或者理论模型或测量方法实施不佳时，PLS 通常是更合适的方法。

（4）这项研究不涉及模型比较。然而，本研究的主要目的是预测有助于提高企业非财务绩效的企业社会责任战略，因此预测比模型比较更为重要。

Hair 等人提出了将 PLS – SEM 应用于数据分析的两个步骤。PLS – SEM 分析的这两个步骤是：①评估检验建构信度和效度的测量模型；②评估检验模型路径系数的结构模型，确定了各外生构念对内生构念的影响系数以及预测相关性。下面几节将详细讨论各个层次的分析。

在 PLS－SEM 中，构念和指标之间有两种形式的关系。第一种形式是指标和构念之间的形成性关系，其中指标本身是潜在变量，并且它们之间不可互换。移除任何单一指标都将改变潜在变量的含义。在测量模型图中，指标和构念之间的形成关系由一个箭头表示，该箭头从指标指向构念。

第二种关系形式是指标和构念之间的反映性关系，其中指标本身代表潜在变量。这里的指标是高度相关且可互换的。移除任何单一指标不会改变潜在构念的含义。在测量模型图中，从构念指向指标的箭头表示指标和构念之间的反射关系。表 5－8 给出了 PLS－SEM 中测量模型的选择指南。

表 5－8　　PLS－SEM 中测量模型的选择指南

标准	决策
指标与构念之间的因果优先级	从构念到指标：反映性 从指标到构念：形成性
构念是解释指标的特征还是指标的组合	如果是特征：反映性 如果是组合：形成性
指标代表了构念的结果还是原因	如果是结果：反映性 如果是原因：形成性
如果改变对特征的评估，所有指标都会以类似的方式发生变化（假设它们的编码相同），这一定是真的吗	如果是：反映性 如果不是：形成性
这些指标可以互换吗	如果是：反射性 如果不是：形成性

根据 Henseler 等人的说法。PLS 路径模型通常使用两组线性方程——测量模型和结构模型来定义。前者规定了未观测变量和潜在变量之间的关系，后者则观察潜在变量和显变量之间的关系。内部和外部模型有时也称为结构和测量模型。接下来的部分介绍了使用 PLS－SEM 进行测量模型分析的方法。

5.2.4.3 用 PLS－SEM 分析测量模型

PLS－SEM 分析首先要建立测量模型，并在研究中对测量模型的构念进行评估。测量模型分析评估：①构念与指标之间的关系；②构念与指标之间的相关关系。如上所述，由于在 PLS－SEM 中，构念和指标之间存在两种形式的关系（反映性关系和形成性关系），因此使用 PLS－SEM 时，测量模型分析准则在反映性关系和形成性关系方面有所不同。

使用 PLS－SEM 检验测量模型的反映性构念需要进行三种分析，即建构信度评估、聚合效度评估和区别效度评估。

建构信度评估。Hair、Anderson、Babin 和 Black 将信度定义为一个或一组变量在其预期测量的范围内保持一致的程度。在 PLS－SEM 中，使用以下标准对建构信度进行评估：第一，内在信度——当克朗巴哈系数为 0.70 或更高时，则称内在信度已实现；第二，建构信度——代表潜在构念的被测变量的信度和内部相容性的量度。好的建构信度指标的信度评估在 0.60～0.70，但应以模型建构效度的其他指标良好为前提。

聚合效度评估。Kline 将聚合效度定义为假定测量一个构念的一组变量（指标）。另外，Hair 等人将聚合效度定义为特定构念的指标在多大程度上聚合或占有很高的共同比例。他们进一步主张通过平均提取方差值（AVE）来获得聚合效度。

Hair 等人将平均提取方差值定义为表示潜在构念的一组项目之间的聚合性的汇总度量。它是一个构念各项目之间解释的变异（提取的方差）的平均百分比。当平均提取方差值至少为 0.50（$AVE \geq 0.50$）时，才认为该构念能够实现建构信度，因子载荷高表示构念内的项目高度聚合。Hair 等人建议标准化载荷估计值应为 0.50 或更高，但理想情况下应为 0.70 或更高。

区别效度评估。Hair 等人将区别效度定义为一个构念与其他构念真正不同的程度。测量模型中的每一个构念都应该具有很高的区别效度，以便测量模型中的每一个构念都是唯一的，并抓住其他构念所没有的东西。目前有三种方法可用来评估区别效度。

首先，区别效度可以通过构念之间的交叉载荷来评估。Hair 等人表示，为了达到区别效度，构念的载荷必须是自身高载荷，其他构念低载荷。Vinzi、

Chin、Henseler 和 Wang 主张 0. 10 的交叉荷载差异对于证明一个构念相对于其他构念的区别效度具有重要意义。

其次，通过比较两个因子的平均提取方差值与两个因子之间的相关系数的平方（r^2），可以获得构念的区别效度。这一区别效度的标准是由 Fornell 和 Larcker 提出的。为了获得高区别效度，两个因子的平均提取方差值必须大于两个因子的相关系数的平方。

然而，在近期的判别分析统计数据研究中，Henseler、Ringle 和 Sarstedt 认为，Fornell 和 Larcker 提出的区别效度评估标准存在严重缺陷。他们的蒙特卡洛模拟显示，在检测缺乏区别效度方面，Fornell 和 Larcker 标准灵敏度低。Henseler 等人提出了一种多线程的体系结构（HTMT）项目验证的新标准，在他们的模拟研究中，关于检测区别效度缺失方面，该标准表现出非常高的灵敏性。

根据 Henseler 等人的研究，为了达到区别效度，从自助法程序中得到的 HTMT 评估的置信区间值必须在 -1 和 1（$-1 < HTMT < 1$）之间。包含值 1 和 -1 的置信区间表示缺乏区别效度。

表 5 -9 描述了 PLS - SEM 分析中评估测量模型的指标和偏最小二乘路径模型的拟合优度指标。在本研究中，作者采用 Fornell 和 Larcker 标准和 Henseler等人的 HTMT 项目来评估区别效度的构念。

表 5 -9　　PLS - SEM 分析中的部分指标

评估测试	指标名称	接受程度
建构信度	内部一致性信度	克朗巴哈值 >0. 7 组合信度 > 0. 708
聚合效度	平均提取方差值	AVE 评估 >0. 5
	因子载荷	指标载荷 >0. 708
区别效度	交叉载荷评估	交叉载荷评估相差 0. 1
	Fornell 和 Larcker 标准	$AVE > r^2$ $HTMT_{85}$、$HTMT_{90}$
	HTMT 标准	HTMT 推断

利用 PLS－SEM 对形成性结构测量模型进行检验需要进行三种分析，即评估形成性测量模型的聚合效度、评估共线性问题的形成性测量模型、评估形成性指标的重要性和相关性。

评估形成性测量模型的聚合效度。聚合效度是指一个测度与同一构念的其他测度（指标）正相关的程度。为了评估形成性测量模型，形成性构念必须与同一构念的反映性测量高度相关。这种分析称为冗余度分析。具体来说，Hair 等人提到，这种冗余度分析可以通过将每个形成性构念与该构念的整体度量相关联来实现。形成性构念将被建模为自变量，整体度量则为因变量。高于 0.70 的路径系数为形成性构念的聚合效度提供了支持。

评估共线性问题的形成性测量模型。这些指标在本质上是不可互换的，因此在形成性测量模型中，预计项目之间的相关性并不高。事实上，两个形成性指标之间的高相关性被称为共线性问题，对权重估计及其统计意义有影响，因此是有问题的。

具体来说，共线性消除了标准误差，从而降低了证明估计权重和与零显著不同的能力。这在使用较小样本量的 PLS－SEM 分析中是至关重要的，因为取样误差通常导致标准误差较高。此外，高共线性可能导致权重估计错误以及权重符号颠倒。为了评估 PLS－SEM 中的共线性水平，方差膨胀因子（VIF）为 5 或更高表明存在潜在的共线性问题。也就是说，任何形成性指标都必须满足 $VIF<5$ 的标准，否则，就应该从形成性测量模型中剔除。

评估形成性指标的重要性和相关性。外部权重是评价形成性指标贡献的一个重要标准。Hair 等人强调外部权重是以潜变量评估作为因变量，以形成性指标作为自变量的多元回归分析结果。

外部权重的值可以使用自助法技术获得（t 是根据形成性构念的每个指标权重进行评估的），因此可以用于确定每个指标对构念的相对贡献或相对重要性。

当指标的权重不明显时，它的相对重要性很低，应将其从构念中移除。尽管如此，即使它们的外部权重并不明显，研究人员仍可以保留形成性构念中的指标。在捕捉构念的内容效度相关性方面，如果先前的研究和理论为这些指标提供了足够的支持，则该规则可以应用。

表 5－10 列出了评估形成性测量模型的有效性指南概要，解释了形成性

测量模型的评估标准。

表 5－10　　　　评估形成性测量模型的有效性指南概要

效度类型	标准	指南
聚合效度	冗余度分析	若冗余度分析结果为 0.8 及以上，则其结果具有较高的满意度 若冗余度分析结果为 0.7 及以上，则其结果具有令人满意的水平 若冗余度分析结果大于 0.6，则其结果可用于探索性研究
指标间的共线性问题	VIF	如果 *VIF*≥5，则表示潜在的共线性问题（Hair Ringle 和 Sarstedt） 如果 *VIF*≥3.3，则表示潜在的共线性问题（Diamantopoulos 和 Siguaw）
形成性指标的重要性和相关性	平均提取方差值	自助法的结果必须表明各形成性指标的外部权重是显著的。如果指标不显著，我们仍然可以通过内容效度的论证保留它

5.2.4.4　使用 PLS－SEM 进行结构模型分析

PLS－SEM 分析的最后阶段包括建立结构模型和对结构模型进行评估。在进行分析之前，每个个体的构念必须满足测量模型分析的前提条件，即建构信度、聚合效度和区别效度。

结构模型是用一组结构方程来表示理论，通常用一个可视化的图表来表示。结构模型用于说明连接假设模型结构的一个或多个依赖关系。结构模型有助于描述外生变量和内生变量之间的相互关系。

结构模型评价的主要内容是：评估内部模型的共线性；评估路径系数（假设检验）；评估外生变量对内生变量的直接和间接影响；评估平方相关（R^2）及其效应值（f^2）和评估预测相关性（Q^2）。

结构模型不像测量模型那样用来测试建构信度或建构效度。表 5－11 给出了结构模型在 PLS－SEM 分析中的评价指标。偏最小二乘路径模型的拟合优度指标可用于评估 PLS 路径模型解释不同数据集的能力。

表 5-11　　结构模型在 PLS-SEM 分析中的评价指标

评估测试	指标名称	接受程度
共线性	VIF	$VIF<3.3$ 或 $VIF<5.0$
路径系数	路径系数	$p<0.05$，$t>1.96$
R^2	测定系数	0.26——大 0.13——中 0.02——小
f^2	R^2效应值	0.35——大效应值 0.15——中效应值 0.02——小效应值
Q^2	Stone-Geisser Q^2 预测相关性	大于 0 的值表明，外源构念比内源构念具有预测相关性

5.2.4.5 检查数据

为了检验数据是否符合运行 SEM 的假设，我们进行了几项测试。如果这些假设得到满足和支持，则可以使用结构方程模型。它包括两个步骤——数据清理和共同方法偏差（CMB）检验。

进行数据清理是为了确保在执行任何分析步骤之前，可以以最小的错误启动数据输入和重新编码过程，以获得高质量的数据集。在 433 份问卷中，有 30 份问卷因缺失值多、回答不一致而无法使用。执行频数统计以检查是否存在任何条目错误，但并未检测到此类错误。直线排列的过程是使用 Microsoft Excel 进行的，没有迹象表明大部分问题的回答都是相同的。

常用方法偏差检验。这些数据仅从上市公司的管理者那里收集。因此，自我报告的单一来源数据的主要关注点之一是常用方法偏差，如一致性主题和社会期望。根据 Podsakoff 和 Organ 的程序控制措施，向所有答复者保证答复的保密性和匿名性。此外，根据 Podsakoff 和 Organ 等人的建议来评估常用方法偏差的程度。

采用哈曼的单因素检验对常用方法偏差进行了评估。为此，我们使用非旋转主成分因素分析对单个因素上的所有项目进行了探索性因素分析。如果单一因素在结果因子的方差中占很大比例，那么数据将有一个常用方法偏差问题。根据 Podsakoff 等人的研究，如果哈曼的单因素检验包含了大量（通常超过 50%）的方差，则有可能存在常用方法偏差。然而，如表 5 - 12 所示，本分析中没有出现单一因素，第一个因素占总方差的 39.71%。这些结果表明，数据不受常用方法偏差的影响。

表 5 - 12　　常用方法偏差检验

组成	初始特征值			被提取的载荷平方和		
	合计	方差（%）	累积（%）	合计	方差（%）	累积（%）
1	17.07	39.71	39.71	17.07	39.71	39.71
2	3.52	8.20	47.91			
3	2.46	5.72	53.64			

5.2.4.6　调查对象简介

本部分为参与研究的受访者的概况。本次研究总共呈现了三个企业特征，如表 5 - 13 所示。这些内容包括公司规模、公司成立时长和公司所有权性质。

公司规模是根据雇员人数来衡量的。从表 5 - 13 可以看出，大多数受访者（总样本量的 49.63%）来自大公司。大公司是雇员规模超过 1000 人的公司，而中型公司是雇员规模在 300 ~ 1000 人的公司（受访者占总样本量的 24.81%），而雇员规模低于 300 人的小公司，其受访者占总样本量的 25.56%。

表 5 - 13　　企业特征（N = 403）

类型	变量	频率	百分比
公司规模	小公司	103	25.56%
	中型公司	100	24.81%
	大公司	200	49.63%
公司成立时长	不到 3 年	21	5.21%
	3 到 5 年	23	5.71%
	6 到 10 年	91	22.58%
	超过 10 年	268	66.50%

续 表

类型	变量	频率	百分比
公司所有权性质	国有	76	18.86%
	国有控股	82	20.35%
	私营	229	56.82%
	外资	12	2.98%
	合资	4	0.99%

公司成立时长是自公司经营之日起开始计算的，从表5－13可以看出，大多数公司（占66.50%）成立时间超过10年，而成立6到10年的公司是第二大群体，占样本的22.58%。成立3到5年和3年以下的公司分别占5.71%和5.21%。

如表5－13所示，大多数公司是私营企业，占样本的56.82%，而国有控股公司和国有公司分别占样本的20.35%和18.86%，外资公司占2.98%，合资公司占0.99%。

5.2.4.7 探索性因子分析

探索性因子分析是因子分析中的一种相互依赖的技术，其首要目标是确定被测变量之间的潜在关系。基于先前为构念或因子开发的指标，本部分使用探索性因子分析技术改进了这些构念（因子）的测量指标。因此，本研究进行探索性因子分析，以找出究竟有多少因子或哪些变量属于哪些构念。

在这项研究中，对利益相关者的期望进行了探索性因子分析，确定构念中的维度数量。这是因为利益相关者期望的指标包括从访谈第一阶段确定的指标。

对潜在变量分别进行探索性因子分析。潜在变量可以通过测试关联项共享的方差来显示。这些因子或变量是基于主成分提取和最大方差旋转法，采用以下标准提取的：①Kaiser－Meyer－Olkin（KMO）检验超过0.60的推荐值；②特征值大于1.0的因子；③总方差解释等于或大于共同方差的50%；④因子载荷大于0.50；⑤提取的每个因子的克朗巴哈系数值等于或大于0.70。

首先，作者对利益相关者期望进行了KMO和巴特利特球形检验。基于KMO抽样充分性评估数据对因子分析的适用性，得到的值为0.95，超过Kaiser建议的阈值0.60。此外，巴特利特球形检验也显示了0.00的显著值，如表5-14所示。

表5-14 KMO和巴特利特球形检验

KMO	抽样充分性测量	0.95
巴特利特球形检验	约·卡方	5526.09
	自由度	120
	显著性	0.00

其次，运用主成分分析法确定利益相关者期望构念的维度，结果如表5-15所示。根据主成分分析的结果，这两个构成要素解释了71.69%的方差以及大于1.0的特征值。最终结果显示存在两个构成部分，即员工和客户对利益相关者期望的构念。这也表明该量表是适当的。

表5-15 利益相关者期望的总方差解释

构成	初始特征值			被提取的载荷平方和			转轴平方和负荷量		
	合计	方差（%）	累积（%）	合计	方差（%）	累积（%）	合计	方差（%）	累积（%）
1	9.36	58.54	58.54	9.36	58.54	58.54	5.93	37.09	37.09
2	2.10	13.14	71.69	2.10	13.14	71.69	5.53	34.60	71.69

注：1=员工期望；2=客户期望。

再次，采用最大方差旋转法和双因素轮换法对16项利益相关者期望进行分析。Hair、Anderson、Tatham和Black建议阈值为0.50，因此删除负荷低于0.50的指标。

根据这一有效性评估标准，所有利益相关者期望指标都达到了要求的阈值。关于利益相关者期望构念，表5-16列出了其探索性因子分析结果的因子载荷。

表 5-16　　利益相关者期望的旋转后因子载荷

构念	因子载荷	
	客户期望	员工期望
员工 1	0.31	0.73
员工 2	0.35	0.74
员工 3	0.25	0.79
员工 4	0.25	0.82
员工 5	0.25	0.77
员工 6	0.25	0.76
员工 7	0.29	0.79
员工 8	0.26	0.79
顾客 1	0.78	0.33
顾客 2	0.82	0.30
顾客 3	0.84	0.28
顾客 4	0.84	0.30
顾客 5	0.83	0.25
顾客 6	0.77	0.28
顾客 7	0.80	0.29
顾客 8	0.79	0.25

最后，为了检验利益相关者期望测量的信度，利用 SPSS 相关软件计算克朗巴哈系数值，得到本研究工具的项目间一致性信度。正如 Nunnally 所建议的，克朗巴哈系数值大于或等于 0.70 是可以接受的，大于 0.90 是最好的。表 5-17显示，员工和客户利益相关者期望的克朗巴哈系数值分别为 0.93 和 0.94，超过了 Nunnally 建议的 0.70 临界值。

表 5-17　　利益相关者期望的信度统计

利益相关者期望	克朗巴哈系数	无项目数
员工	0.93	8
客户	0.94	8

5.2.4.8 测量模型评估

本部分讨论测量模型的评估分析。在进行结构模型分析之前，应对测量模型进行评估。测量模型分析的重点是确定构念与项目之间的关系和构念之间的相关关系。

本部分内容首先讨论了一阶反映项模型的评估，其次介绍了对二阶形成模型的评估，最后，提供了全面的测量模型评估。本研究以 SmartPLS3.0、PLS－SEM 软件为基础，对量测结果与结构模型分析进行评估。

（1）一阶反映项模型评估。应对一阶反映项的测量模型进行评估。在进行结构模型分析之前，应对一阶反映项的测量模型进行评估。

可见性、中心性和主动性三个形成维度和 10 个反映项目是衡量战略性企业社会责任的指标。对员工期望和客户期望这两个形成维度进行了 16 项测量。采用组织学习、创新和形象三个形成维度共 17 项内容，对企业绩效构念进行了测量。由于评价反映性构念和形成性构念的标准不同，本研究分别对这两类结构进行了评估。在这种情况下，首先解释带有反映项的测量模型，然后解释形成模型。

员工期望和客户期望是利益相关者期望的两个维度，可见性、中心性和主动性是战略性企业社会责任的维度，组织学习、创新和形象是企业非财务绩效的维度。在 PLS－SEM 中，将它们描述为一阶构念，而利益相关者期望、战略性企业社会责任则被描述为高阶构念。这些维度将隐藏在结构模型中。将使用由该测量模型产生的多反应变量回归模型来评估结构模型。这种方法被称为两阶段递阶潜在变量模型。

下面介绍测量模型分析的结果。首先讨论了测量模型的建构信度评估，接下来分别对测量模型的聚合效度和区别效度进行了评估。

建构信度评估。组合信度认为指标具有不同的负荷，可以用与克朗巴哈系数法相同的方式来解释。无论使用哪种特定的信度系数，研究的早期阶段大于 0.70 的内部一致性信度值和研究的晚期阶段大于 0.80 或 0.90 的内部一致性信度值，都被认为是较满意的。而小于 0.6 的值表示缺乏信度。传统上，研究人员使用克朗巴哈系数法来评估建构信度。

克朗巴哈系数法假设所有指标都是同样可信的，也就是说，一个构念上的指标负载是相等的。然而，Hair 等人强调在 PLS - SEM 中，个体指标与构念的关系是 PLS - SEM 中的优先级。因此，本研究计算了克朗巴哈系数和组合信度评估。表 5 - 18、表 5 - 19 和表 5 - 20 说明了每个构念的组合信度和克朗巴哈系数。

表 5 - 18　　反映战略性企业社会责任一阶构念的组合信度

构念	项目	因子载荷	平均提取方差值	流动比率	克朗巴哈系数	聚合效度（平均提取方差值 >0.5）
可见性	VI1	0.86	0.72	0.88	0.81	是
	VI2	0.85				
	VI3	0.82				
中心性	CE1	0.87	0.79	0.92	0.87	是
	CE2	0.90				
	CE3	0.89				
主动性	PR1	0.80	0.62	0.86	0.79	是
	PR2	0.71				
	PR3	0.79				
	PR4	0.85				

注：组合信度 >0.708；平均提取方差值 >0.5；克朗巴哈系数 >0.70。

表 5 - 19　　反映利益相关者期望一阶构念的组合信度

构念	项目	因子载荷	平均提取方差值	流动比率	克朗巴哈系数	聚合效度（平均提取方差值 >0.5）
员工期望	EM1	0.80	0.68	0.94	0.93	是
	EM2	0.82				
	EM3	0.83				
	EM4	0.85				
	EM5	0.81				
	EM6	0.80				
	EM7	0.84				
	EM8	0.83				

续 表

构念	项目	因子载荷	平均提取方差值	流动比率	克朗巴哈系数	聚合效度（平均提取方差值>0.5）
客户期望	CU1	0.85	0.79	0.95	0.95	是
	CU2	0.88				
	CU3	0.88				
	CU4	0.90				
	CU5	0.87				
	CU6	0.82				
	CU7	0.85				
	CU8	0.83				

注：组合信度>0.708；平均提取方差值>0.5；克朗巴哈系数>0.70。

表5-20　反映企业非财务绩效一阶构念的组合信度

构念	项目	因子载荷	平均提取方差值	流动比率	克朗巴哈系数	聚合效度（平均提取方差值>0.5）
组织学习	OG1	0.87	0.73	0.93	0.90	是
	OG2	0.86				
	OG3	0.84				
	OG4	0.82				
	OG5	0.87				
创新	IN1	0.85	0.72	0.93	0.90	是
	IN2	0.85				
	IN3	0.89				
	IN4	0.84				
	IN5	0.82				
形象	IM1	0.89	0.81	0.94	0.92	是
	IM2	0.89				
	IM3	0.90				
	IM4	0.91				

注：组合信度>0.708；平均提取方差值>0.5；克朗巴哈系数值>0.70。

一阶构念对战略性企业社会责任、利益相关者期望和企业非财务绩效的组合信度表明，这三个构念具有较高的内部一致性。具体来说，战略性企业社会责任的可见性（0.88）、中心性（0.92）和主动性（0.86）这三个维度，利益相关者期望的员工期望（0.94）和客户期望（0.95）这两个维度，以及企业非财务绩效包含的组织学习（0.93）、创新性（0.93）和形象（0.94）这三个维度都显示出高度的内部一致性。因此，在本研究中，所有组合信度都超过了建议的阈值，这表明一阶构念具有足够的内部一致性。

克朗巴哈系数信度估计量用来测量多维尺度的内部一致性。正如 Nunnally 所建议的，克朗巴哈系数值大于或等于 0.70 是可以接受的，特别是大于 0.90 是非常好的。战略性企业社会责任、利益相关者期望和企业非财务绩效的克朗巴哈系数值也表明，这三个构念具有高度的内部一致性。

具体来说，战略性企业社会责任的三个维度——可见性（0.81）、中心性（0.87）、主动性（0.79）；利益相关者期望的两个维度——员工期望（0.93）、客户期望（0.95）以及企业非财务绩效的三个维度——组织学习（0.90）、创新（0.90）和形象（0.92），从它们的克朗巴哈系数值可以看出，所有这些构念具有高度的内部一致性。因此，在本研究中，各构念的克朗巴哈系数值都大于 0.70，表明测量项目的信度很高。

聚合效度评价。聚合效度指的是一个指标与同一构念的替代指标之间的正相关程度。在指标与一个构念呈反映性关系的情况下，即使用多个指标来衡量同一个构念时，这些指标应具有较高的方差或聚合比例。聚合效度评价只能用于反映本质的指标—构念关系。Hair 等人认为用于评估聚合效度的常用指标是平均提取方差值和因子载荷。

表 5－18、表 5－19 和表 5－20 对战略性企业社会责任、利益相关者期望和企业非财务绩效的一阶构念的聚合效度进行了评估。Hair 等人主张平均提取方差值为 0.50 或更高则表示，一个构念解释了其指标方差的一半或一半以上。表 5－18、表 5－19 和表 5－20 中，所有一阶构念的平均提取方差值都高于 0.50，可验证其效度。

同样，因子载荷可以用来评估聚合效度。Hair 等人提出指标外载荷应大于 0.708。确定此阈值的算法是，通过将因子载荷评估值 0.708 乘以平方值，可以得到项目共同度的约值为 0.50。共同度表示一个项目中有多少变化是由构念解释的，称为“变异抽取量”。共同度为 0.50 或更高表示一个项目中 50% 的方差是由构念解释的。这一解释与使用平均提取方差值的解释相同。

区别效度评价。评估区别效度时，在测量模型中，项目应更强烈地负载在其自身构念上，其中每个构念与其项目之间的平均方差（平均提取方差值）应大于该构念与其他构念相关性之间的平均方差。其中所有平均提取方差的平方根大于所有反映构念的相关性。为了验证 Fornell 和 Larcker 标准的区别效度，对 Henseler 等人的 HTMT 标准进行了验证。

研究者进行区别效度评价来确保个体的一阶构念真正不同。在本研究的背景下进行了判别分析，以确定战略性企业社会责任、利益相关者期望和企业非财务绩效的一阶构念在经验上存在显著差异，从而在概念上和理论上支持了它们的定义明显不同这一事实。

表 5－21 描述了使用 Fornell 和 Larcker 标准对一阶构念的区别效度的评估。在本研究中，战略性企业社会责任、利益相关者期望和企业非财务绩效的建构是一个高阶形成构念，不适用于评估其相对于其他构念的区别效度。

表 5－21 使用 Fornell 和 Larcker 标准对一阶构念的区别效度的评估

	1	2	3	4	5	6	7	8	9
1. 中心性	0.89								
2. 主动性	0.50	0.78							
3. 可见性	0.60	0.55	0.85						
4. 财务绩效	0.23	0.39	0.37	0.92					
5. 形象	0.37	0.52	0.50	0.31	0.90				
6. 创新	0.34	0.51	0.49	0.40	0.61	0.85			
7. 组织学习	0.30	0.59	0.61	0.41	0.55	0.62	0.85		
8. 客户期望	0.32	0.40	0.35	0.39	0.52	0.51	0.59	0.83	
9. 员工期望	0.23	0.39	0.32	0.37	0.50	0.49	0.61	0.62	0.82

第二种评估区别效度的方法是使用 Henseler 等人的异质单性状标准。Henseler 等人提出 HTMT 评估值范围为 －1 到 1（$-1 < HTMT < 1$），表示两个

构念是不同的。

如表5－22所示，所有值都通过了HTMT.90和HTMT.85的检测，从而表明已经确定区别效度。

表5－22　使用HTMT标准对区别效度的评估

	1	2	3	4	5	6	7	8	9
1. 中心性									
2. 主动性	0.59								
3. 可见性	0.72	0.68							
4. 财务绩效	0.26	0.43	0.40						
5. 形象	0.41	0.56	0.54	0.34					
6. 创新	0.39	0.55	0.53	0.43	0.66				
7. 组织学习	0.33	0.63	0.66	0.45	0.59	0.69			
8. 客户期望	0.35	0.47	0.40	0.43	0.56	0.55	0.63		
9. 员工期望	0.25	0.66	0.36	0.37	0.40	0.53	0.66	0.66	

（2）评价二阶形成模型。战略性企业社会责任（中心性、可见性和主动性）、利益相关者期望（员工期望和客户期望）和企业绩效（财务绩效、组织学习、创新和形象）是形成性的，因为每个构念的维度都有不同的含义，它们衡量的是这个构念的不同方面。

具体来说，对于战略性企业社会责任构念，中心性是指接近企业使命、愿景和目标的企业社会责任活动；可见性是指传播或提高组织认可度和声誉的企业社会责任活动；主动性是指企业社会责任活动，它反映了一个具有创新性和前瞻性的自愿管理步骤。对于利益相关者期望构念，员工的期望与员工的企业社会责任期望相关，而客户的期望与客户的企业社会责任期望相关。财务绩效、组织学习、创新和形象构成了企业绩效构念。

对于二阶结构，表5－23显示战略性企业社会责任、利益相关者期望和企业非财务绩效的方差膨胀因子均低于3.33。因此，结果表明不存在判别问题。对区别效度的分析表明，每个指标在其预期构念上的权重都比在任何其他构念上的权重要高。

表 5 - 23　　二级形成构念的测量模型

构念	维度	权重	t 值	方差膨胀因子
战略性企业社会责任	可见性	0.37	25.78**	1.83
	中心性	0.38	22.77**	1.69
	主动性	0.43	21.29**	1.53
利益相关者期望	员工期望	0.54	43.76**	1.68
	客户期望	0.56	42.05**	1.77
企业非财务绩效	组织学习	0.37	33.20**	2.24
	创新	0.37	33.74**	2.09
	形象	0.31	28.53**	1.89

注：** 表示 $p<0.01$，$VIF<3.33$。

（3）整体测量模型评价。测量模型评估的目的是评估指标和构念之间的关系，确定构念之间的相关关系，确保研究中的每个构念彼此不同。

本研究共进行了三项评估，即建构信度评估、聚合效度评估和区别效度评估。如前所示，所有构念都符合建构信度评估的最低阈值标准（组合信度评估 >0.708）。同样，在聚合效度的评估中，每一个构念都满足平均提取方差值 >0.5 和因子载荷大于 0.708 的最低要求。最后，采用 Fornell 和 Larcker 标准以及 HTMT 标准对区别效度进行了检验。这两种方法都表明，本研究中的每个构念是不同的。

本研究构念的模型满足测量模型评价的要求。对一阶模型进行了形成性模型评价。由于方差膨胀因子小于 3.33，且所有路径权重均与二阶构念显著相关，形成性模型满足验证标准。接下来描述了本研究的结构模型评估。

5.2.4.9 结构模型评估

本部分介绍结构模型评估的结果。图 5 - 1 为本研究的结构模型。结构模型中隐藏了利益相关者期望（员工期望和客户期望）、战略性企业社会责任（可见性、中心性和主动性）和企业非财务绩效（组织学习、创新和形象）的维度。这是因为在 PLS - SEM 中，将它们描述为一阶结构，而利益相关者期望和企业非财务绩效是高阶结构。将使用由其测量模型生成的多反应变量回归模型对结构模型评估。这种方法被称为两阶段递阶潜在变量模型。

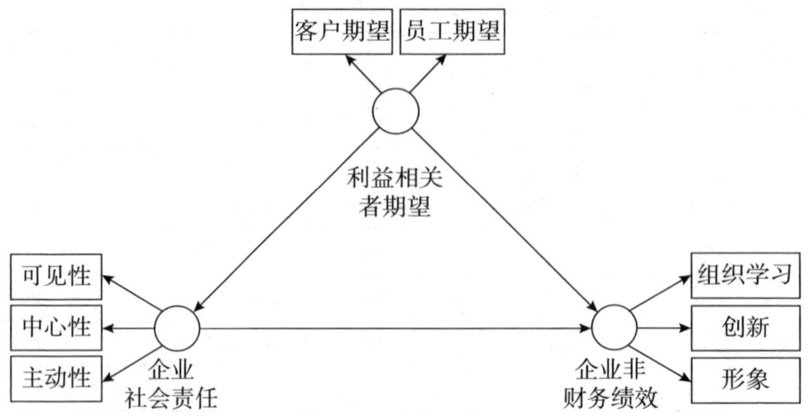

图 5-1　结构模型

为了评估结构模型，Hair 等人提出了评估本研究中使用的结构模型的六步程序。图 5-2 总结了 Hair 等人提出的结构模型评估的六个步骤。

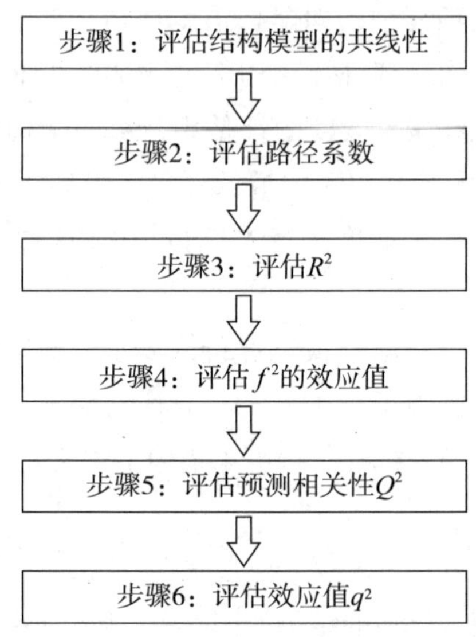

图 5-2　结构模型评估的六个步骤

步骤 1：评估结构模型的共线性

在评估结构模型之前，确保结构模型中不存在横向共线问题是至关重要的。根据 Kock 和 Lynn 的研究，即使满足区别效度标准（即垂直共线性），横向共线性问题（即预测标准共线性）可以掩盖模型中的强因果效应，仍然可能误导研究结果。当假设有因果关系的两个变量测量同一个构念时，通常会发生这种情况。表5－24给出了横向共线性评估的结果。根据Hair等人的建议，每个构念的方差膨胀系数评估应低于截止值5。因此，本模型表明不存在共线性问题。

表5－24　　　　共线性评估（方差膨胀系数）

	1	2	3	4	5
1. 企业非财务绩效					
2. 利益相关者期望	1.29				
3. 可见性	1.86	1.83			
4. 中心性	1.70	1.69			
5. 主动性	1.68	1.53			

注：方差膨胀系数 <5。

步骤2：评估路径系数

路径系数的评估是评估各构念之间假设关系的重要性。总体结构模型中有五个潜在的构念，即战略性企业社会责任——可见性、中心性、主动性；利益相关者期望以及企业非财务绩效。

共提出了七个假设来检验这些构念之间的直接关系，七个假设如下。

H1a：可见性维度与利益相关者期望之间存在正相关关系。

H1b：中心性维度与利益相关者期望之间存在正相关关系。

H1c：主动性维度与利益相关者期望之间存在正相关关系。

H2：利益相关者期望与企业非财务绩效之间存在正相关关系

H3a：可见性维度与企业非财务绩效之间存在正相关关系。

H3b：中心性维度与企业非财务绩效之间存在正相关关系。

H3c：主动性维度与企业非财务绩效之间存在正相关关系。

基于该模型，得到了7个直接相关的结果。为了测试显著性水平，使用智能PLS引导生成了所有路径的 t 统计量。对样本量和5个直接假设进行 t 检验，t 值≥1.645，在0.05水平上具有显著性。根据对路径系数的评估，发现5个关系的 t 值结果≥1.645，因此在0.05水平上显著。发现两个关系（H1b和H3b）的 t 值≤1.645，因此在0.05水平上不显著。表5－25描述了每种假设关系的路径系数评估结果。

表 5－25　　路径系数评估

	直接效应	标准误差	t 统计量	p 值	结果
利益相关者期望→企业非财务绩效	0.59	0.03	16.45**	0.00	显著性
可见性→企业非财务绩效	0.15	0.04	3.55**	0.00	显著性
中心性→企业非财务绩效	0.05	0.04	1.35	0.09	否显著性
主动性→企业非财务绩效	0.11	0.04	2.66**	0.00	显著性
可见性→利益相关者期望	0.17	0.05	2.95**	0.00	显著性
中心性→利益相关者期望	0.04	0.05	0.84	0.20	否显著性
主动性→利益相关者期望	0.11	0.04	6.32**	0.00	显著性

注：** 表示 $p<0.01$。

评估了利益相关者期望对企业非财务绩效的影响。结果表明，利益相关者期望与企业非财务绩效呈正相关（$\beta=0.59$，$t=16.45$，$p<0.01$）。因此，H2 得到证实。

评估了路径系数，以评估战略性企业社会责任的可见性、中心性和主动性维度与利益相关者期望之间的子假设关系的重要性。基于该模型，得到了三个直接关系结果，即战略性企业社会责任的可见性维度和利益相关者的期望；战略性企业社会责任的中心性维度和利益相关者的期望；战略性企业社会责任的主动性维度和利益相关者的期望。为了测试显著性水平，使用智能 PLS 引导生成了所有 3 条路径的 t 统计量。对样本量和两个直接假设进行 t 统计，结果均≥1.645，在 0.05 水平上有显著性差异。

根据对子假设路径系数的评估，发现两个关系的 t 值≥1.645，因此在 0.05 水平上显著。战略性企业社会责任的可见性维度与利益相关者期望、战略性企业社会责任的主动性维度与利益相关者期望之间存在显著关系。

战略性企业社会责任的可见性维度与利益相关者期望呈正相关（$\beta=0.17$，$t=2.95$，$p<0.01$）。因此，H1a 得到证实。

战略性企业社会责任的主动性维度与利益相关者期望呈正相关（$\beta=$

0.11，$t=6.32$，$p<0.01$）。因此，H1c 得到证实。

然而，战略性企业社会责任的中心性维度与利益相关者期望没有直接关系（$\beta=0.04$，$t=0.84$，不显著）。因此，H1b 未得到证实。

评估了战略性企业社会责任对企业非财务绩效的影响。用路径系数来评估战略性企业社会责任的可见性、中心性和主动性维度与企业非财务绩效之间的子假设关系的重要性。在此模型基础上，得出了战略性企业社会责任与企业非财务绩效的可见性维度、战略性企业社会责任与企业非财务绩效的中心性维度、战略性企业社会责任与企业非财务绩效的主动性维度三个直接关系结果。为了测试显著性水平，使用智能 PLS 引导生成了所有 3 条路径的 t 统计量。对样本量和两个直接假设进行 t 检验，结果均 ≥1.645，显著性为 0.05。其中一种关系的 t 值 ≤1.645，因此在 0.05 水平上不显著。

根据子假设路径系数的评估，发现两个关系的 t 值 ≥1.645，因此在 0.05 水平上显著。战略性企业社会责任的可见性维度与企业非财务绩效、战略性企业社会责任的主动性维度与企业非财务绩效之间存在显著关系。

战略性企业社会责任的可见性维度与企业非财务绩效呈正相关（$\beta=0.15$，$t=3.55$，$p<0.01$）。因此，H3a 得到验证。战略性企业社会责任的主动性维度与企业非财务绩效呈正相关（$\beta=0.11$，$t=2.66$，$p<0.01$）。因此，H3c 得到证实。然而，战略性企业社会责任的中心性维度与企业非财务绩效没有直接关系（$\beta=0.05$，$t=1.35$，不显著）。因此，H3b 未得到证实。

步骤 3：评估 R^2

评估结构模型的第三步是评估模型的 R^2 水平。人们通常将 R^2 称为系数的确定，用于表示由所有与之相关的外生构念解释的内生构念中的方差量。本模型系数的测定如表 5－26 所示。

表 5－26　系数的测定（R^2）

构念	系数的测定 R^2	效应大小
企业非财务绩效	0.58	实质性
利益相关者期望	0.22	实质性

表 5－26 说明了企业非财务绩效和利益相关者期望的内生结构的 R^2 值。

利益相关者期望的 R^2 值为0.22，表明外生构念，即战略性企业社会责任，解释了利益相关者期望差异的22%。同样，企业非财务绩效的 R^2 值为0.58，表明战略性企业社会责任和利益相关者期望解释了企业非财务绩效差异的58%。

根据Cohen的研究，R^2 值0.26、0.13和0.02根据经验可以分别描述为实质性、中等和微弱。因此，我们可以假设战略性企业社会责任和利益相关者期望之间的关系是适度的。同样，我们也可以得出结论，战略性企业社会责任和利益相关者对企业非财务绩效的期望之间的关系是实质性的。

步骤4：评估 f^2 的效应值

效应值 f^2 的评估用于评估从结构模型中移除的外生变量是否改变 R^2 值。因此，效应值的评估旨在评估外生构念是否对内生构念产生实质性影响。本模型的评估效应值结果如表5－27所示。

表5－27　　评估效应值（f^2）结果

关系	效应值（f^2）	效应大小
可见性→利益相关者期望	0.02	小
中心性→利益相关者期望	0.00	极小
主动性→利益相关者期望	0.09	小
利益相关者期望→企业非财务绩效	0.67	大
可见性→企业非财务绩效	0.03	小
中心性→企业非财务绩效	0.00	极小
主动性→企业非财务绩效	0.02	小

根据Cohen和Chin的研究，0.35、0.15和0.02的 f^2 值一般来说可以描述为大效应、中效应和小效应。本模型可见性（0.02）和主动性（0.09）对利益相关者期望的效应值小，而中心性（0.00）对利益相关者期望的效应值极小。另外，当以企业绩效为内生变量时，可见性（0.03）和主动性（0.02）对企业绩效的效应值小，中心性（0.00）对企业绩效的效应值极小，而利益相关者期望（0.67）对企业绩效的效应值大。Cohen指出，大多数效应值通常很小，因此证实了Hair等人的观点。Hair等人发现，有时很难确保人们接受经验法则，产生高 f^2 值，因为效应值取决于模型复杂性和研究学科。同样，Sullivan和Feinn提出，由于研究模型的复杂性以及特定行业的现状，效应值通常较小。

总之，这些结果表明，利益相关者的期望对解释企业绩效具有重要意义。

从模型中排除这一构念将导致企业绩效的 R^2 发生剧烈变化。研究结果表明，研究者应努力满足利益相关者的期望，为企业非财务绩效带来高回报。

步骤 5：评估预测相关性 Q^2

预测相关性 Q^2 的评估被用来检验外生构念是否对使用盲法的内生构念具有预测能力。由于本研究的被调查者人数为 403 人，因此选择遗漏距离 D 为 7，Hair 等人提出 Q^2 值大于 0 表示外生构念对内生构念具有预测能力。本模型评估预测相关性结果如表 5－28 所示。

表 5－28　　评估预测相关性（Q^2）结果

构念	Q^2	是否具有预测相关性
企业非财务绩效	0.33	是
利益相关者期望	0.17	是

表 5－28 显示，企业非财务绩效的 Q^2 值为 0.33，大于 0。这表明战略性企业社会责任和利益相关者期望能够预测企业非财务绩效。同样，对于利益相关者的期望，Q^2 值为 0.17，大于 0，这表明战略性企业社会责任能够预测利益相关者的期望。

步骤 6：评估效应值 q^2

根据 Hair 等人的观点，通过盲法技术评估的 Q^2 值代表了一种测量方法，用以衡量所提出的模型对原始观测值的预测能力。根据 Hair 等人的观点，与评估 R^2 值的 f^2 效应值方法类似，可以通过评估 q^2 效应值来比较预测的相对影响。本模型评估效应值结果如表 5－29 所示。

表 5－29　　评估效应值（q^2）结果

关系	效应值（q^2）	效应大小
利益相关者期望→企业非财务绩效	0.22	中
可见性→企业非财务绩效	0.05	小
中心性→企业非财务绩效	0.00	极小
主动性→企业非财务绩效	0.03	小

注：对于效应值 q^2 的解释，Hair（2016）提出了以下建议：<0.02－极小效应值，0.02－小效应值，0.15－中效应值，0.35－大效应值。

内生潜在变量企业非财务绩效的 Q^2 值为 0.33，当把利益相关者期望构念从路径模型中删除并重新评估该模型时，企业非财务绩效构念的 Q^2 降至 0.18。根据经验法则，这两个值是计算利益相关者期望对企业非财务绩效的 q^2 效应值的输入值。此关系的 q^2 效应值 0.22 可视为中效应值。

内生潜在变量企业非财务绩效的原始 Q^2 值为 0.33，当删除路径模型中可见性构念并重新估计模型时，企业非财务绩效构念的 Q^2 值降至 0.29。这两个值是计算可见性对企业非财务绩效的 q^2 效应值的输入值。可见性对企业非财务绩效的 q^2 效应值为 0.05，可以认为是小效应值。同样，当从路径模型中删除主动性和中心性构念并重新评估模型时，主动性对企业非财务绩效的 q^2 效应值 0.03 可被视为小效应值，而中心性对企业非财务绩效的 q^2 效应值 0.00 可被视为极小效应值。

5.2.4.10 利益相关者期望中介作用评估

本部分介绍了评估利益相关者期望的中介作用的结果。通过构建一个假设来检验利益相关者期望的中介作用，假设如下。

H4：利益相关者期望调节战略性企业社会责任与企业非财务绩效之间的关系。

如图 5-3 所示，路径系数的评估表明了战略性企业社会责任、利益相关者期望和企业非财务绩效之间假设关系的重要性。所有假设关系在 99% 的置信区间（p 值 <0.01）都显著，t 值在 7.375～16.390。这表明所提出关于构念之间关系的假设得到验证。

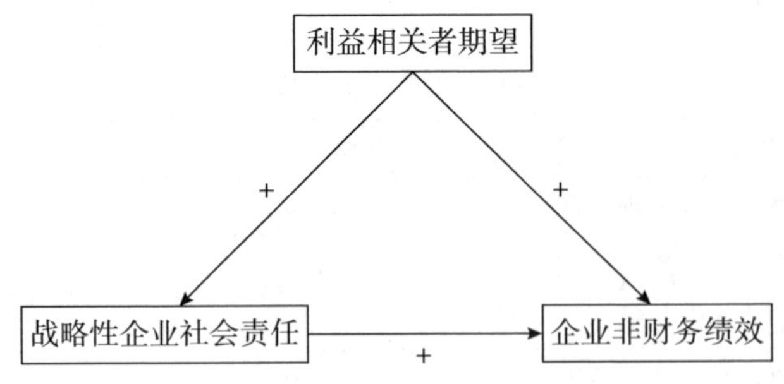

图 5-3 最终模型直接影响的结果

在 PLS－SEM 中，应用自助法过程检验利益相关者期望的中介作用。通过评估间接作用报告，我们将能够验证是否存在中介作用。表 5－30 为间接作用报告。

表 5－30　间接作用报告

	间接作用（β）	SE	t 值	$p<0.05$	VAF	引导置信区间（BCI）	
						95% LL	95% UL
战略性企业社会责任→利益相关者期望→企业非财务绩效	0.28	0.02	10.16**	是	50.83%	0.21	0.33

注：** 表示 $p<0.01$；$VAF>80\%$，完全中介效果；$20\% \leq VAF \leq 80\%$，部分中介效果；$VAF<20\%$，无中介效果。

如表 5－30 所示，间接作用 $\beta=0.28$ 显著，t 值为 10.16。95% 自助置信区间结果［$LL=0.21$，$UL=0.33$］没有跨越上下区间之间的 0，表明存在中介。因此，我们可以得出这样的结论：利益相关者期望的中介作用假说得到了验证。

此外，本研究进一步评估了 VAF，确定间接作用的大小与所验证的中介作用的总影响之间的关系。其目的是确定内生变量的方差在多大程度上是由外生变量直接解释的。它还将检查通过中介变量的间接关系在多大程度上解释大多数目标构念的方差。

结果表明 H4 假设成立，利益相关者期望呈现部分中介作用，VAF 评估为 50.83%。

5.2.4.11　企业规模调节效应评估

本部分分析了企业规模的调节效应。提出一种假设来评估企业规模的调节效应，假设如下。

H5：企业规模调节战略性企业社会责任与企业非财务绩效之间的关系。

为了评估 PLS－SEM 中构念的调节效应，采用了两阶段方法。在第一阶段，企业规模被纳入主要模型。第二阶段，引入了企业规模与战略性企业社会责任的交互作用项。需要确定和检验调节变量与预测变量之间的相互作用效应及其对内生变量的影响。表 5－31 描述了企业规模调节效应研究结果。

表 5－31　企业规模调节效应研究结果

假设 5	标准 β	标准误差	t 统计量	p 值	结果
战略性企业社会责任＊企业规模→企业非财务绩效	0.01	0.03	0.48	0.63	不重要

交互作用效应结果（$\beta=0.01$，t 值 $=0.48$）表明，企业规模的这种调节效应未得到验证。与大型企业（低战略性企业社会责任预测值 2.647 和高战略性企业社会责任预测值 3.26）相比，中小企业的标线具有相似的梯度（低战略性企业社会责任预测值 2.70 和高战略性企业社会责任预测值 3.29）。这表明企业规模并没有改变战略性企业社会责任对企业非财务绩效的影响。无论是大型企业还是中小企业，战略性企业社会责任与企业非财务绩效的关系都是相同的。因此，假设 H5 不成立。

5.2.5 研究发现

本部分总结了本研究中假设评估的结果。为了达到研究目标，我们提出了几个假设，帮助实现本研究的 5 个目标。数据通过自填式问卷调查收集，通过邮寄方式发放到 1749 家上市公司。在这个目标样本中，获得了 403 个可用的回复，将其用于数据分析阶段。使用智能 PLS 软件进行结构方程建模是检验这些假设的统计工具。

本研究基于路径分析（直接效应）的结果评估假设关系，使用引导技术识别间接效应的中介测试以及用交互项技术来评估调节效应。表 5－32 是假设评估的结果。

表 5－32　假设评估结果

假设	状态
H1：战略性企业社会责任举措与利益相关者期望之间存在正相关	已验证
H1a：可见性维度与利益相关者期望之间存在正相关	已验证
H1b：中心性维度与利益相关者期望之间存在正相关	未得到验证
H1c：主动性维度与利益相关者期望之间存在正相关	已验证

续 表

假设	状态
H2：利益相关者期望与企业非财务绩效之间存在正相关	已验证
H3：战略性企业社会责任将对企业非财务绩效有积极影响	已验证
H3a：可见性维度将对企业非财务绩效有积极影响	已验证
H3b：中心性维度将对企业非财务绩效有积极影响	未得到验证
H3c：主动性维度将对企业非财务绩效有积极影响	已验证
H4：利益相关者期望调节战略性企业社会责任与企业非财务绩效之间的关系	已验证
H5：企业规模调节战略性企业社会责任与企业非财务绩效之间的关系	未得到验证

5.2.6 结论

本章提供了实证研究的结果，首先描述了从访谈中获得的利益相关者期望，然后是假设的统计检验部分。给出了用于检验假设的 PLS - SEM 分析结果。假设检验显示，五个假设中有四个得到了验证。战略性企业社会责任与利益相关者期望的正相关、利益相关者期望与企业非财务绩效的正相关以及战略性企业社会责任与企业非财务绩效的正相关都得到了验证。利益相关者期望在战略性企业社会责任和企业非财务绩效之间的中介作用也得到了验证。然而，企业规模在战略性企业社会责任和企业非财务绩效之间的调节作用的假设并没有得到验证。

6 中国企业如何实施战略性企业社会责任

6.1 战略性企业社会责任案例分析

6.1.1 长城汽车

背景介绍。长城汽车是全球知名的SUV（运动型多用途汽车）和皮卡制造企业，已于2003年、2011年分别在香港和上海上市，旗下拥有哈弗、WEY（魏派）、欧拉和长城皮卡四个品牌，产品涵盖SUV、轿车、皮卡三大品类，包括传统动力车型和新能源车型，具备发动机、变速器等核心零部件的自主配套能力。截至2019年年末，下属控股子公司80余家，员工近6万人。2019年，长城汽车实现归母净利润44.97亿元，截至2019年年底，资产总计1130.96亿元。2019年，长城汽车共销售新车1058648辆，同比增长1.43%，连续第四年突破百万销量大关。长城汽车已形成研、产、供、销的全球化体系布局。在技术研发上，长城汽车始终坚持“精准投入”，注重有效研发，追求行业领先，为持续自主创新奠定了坚实的基础。长城汽车拥有国际一流的研发设备和体系，具备SUV、轿车、皮卡三大类产品以及动力总成的开发设计能力。其先后在日本、美国、德国、印度、奥地利和韩国设立海外研发中心，构建以保定总部为核心，涵盖欧洲、亚洲、北美等的“七国十地”全球研发布局。

长城汽车拥有国内先进的汽车综合试验场，具有研发、试制、试验、造型、数据五大功能的哈弗技术中心，实现了整车及零部件的研发布局，研发实力实现质的飞跃。未来5年，长城汽车还将持续打造全球化研发体系，在主被动安全技术、智能互联、自动驾驶等方面形成领先优势。长城汽车的技术实力也得到了社会的广泛肯定，被认定为“国家认定企业技术中心”“国家创新型企业”。

长城汽车在全球已形成“11+5”的生产布局，包括11大全工艺整车生产基地和5个KD（散件组装）工厂。在国内，河北保定、天津、重庆永川生产基地已经建成投产，江苏张家港、山东日照、浙江平湖和江苏泰州几大项目已经启动或开工建设。在国外，长城汽车俄罗斯图拉工厂于2019年正式竣工投产。除此之外，长城汽车还在厄瓜多尔、马来西亚、突尼斯、保加利亚等“一带一路”辐射国家进行散件组装生产。

在营销渠道方面，长城汽车已在亚洲、非洲、南美、欧洲等60多个国家和地区市场完成布局，依托俄罗斯、澳大利亚、南非、南美、中东5大区域营销中心，建立全球网络，累计销售60多万辆（不包括国内）。

长城汽车在30余年发展历程中，高层领导率先垂范，始终肩负“以打造顾客惊喜为己任，为员工创造幸福，为客户创造价值，为社会创造效益”的使命，以“每天进步一点点”的企业精神，精心培育了以廉洁、诚信、创新、品质为精髓，凝聚员工、感动顾客、吸引合作方的优秀企业文化，为长城汽车创造业界传奇、持续协调发展提供了恒久驱动力。员工是其事业持续发展的中坚力量，为员工谋求幸福是其追求的核心目标之一。长城汽车对员工的保障体现在收入、安居工程、安心教育、健康、出行保障、福利等方方面面。

长城汽车不管是研发、生产还是销售都着眼于全球。关于“国际化研发”，长城汽车在国内设立河北、上海研发中心，同时积极整合全球优势资源，已经形成了“七国十地”的全球化研发格局；关于“国际化生产”，长城汽车在国内，打造八大生产基地，在国外，在厄瓜多尔、马来西亚、突尼斯、保加利亚等地进行散件组装生产，形成“11+5”全球化生产布局，进一步支撑起长城汽车全球化战略；关于“国际化销售”，长城汽车是第一批走出国门的中国汽车企业，截至2019年，长城汽车海外市场覆盖欧洲、南美、南亚、中东和非洲地区。

近年来，长城汽车入选“福布斯亚太最佳上市公司”“福布斯2000强”

"Brand Z 2017 年最具价值中国品牌 100 强"等，斩获了一系列的荣誉。社会各界对长城汽车也有着很高的评价。中国人民政治协商会议全国委员会副主席、中国科学技术协会主席万钢说："对长城汽车自主创新的精神，我很感动，尤其是长城汽车在新能源研发方面，跟我设想的很相近，在有些方面的进展甚至出乎我的意料。"中国汽车工程学会名誉理事长付于武表示：当下传统内燃机动力总成迫切需要更加高效和清洁化，长城汽车旗下蜂巢易创科技有限公司发布新一代动力总成技术，折射出中国汽车产业面临困难依然不断突破自我，前景广阔，充满希望。长城汽车作为一个国际性的中国企业，一直在不断地突破自己，回顾 2019 年，长城汽车领跑中国，逐鹿全球——哈弗全球销量超 500 万辆。作为中国汽车行业的领军人物，长城汽车董事长魏建军代表中国汽车企业受邀出席第二届"一带一路"国际合作高峰论坛企业家大会。在接受采访时，魏建军表示，中国汽车企业必须要抓住机遇"走出去"。长城汽车"不忘初心，情系老区"，在助力河北省阜平县脱贫攻坚捐赠交车仪式上，长城汽车向河北省阜平县捐赠价值 1000 万元车辆及设备。长城汽车切实履行企业的社会责任，用实际行动，帮助阜平县打好脱贫攻坚战。

社会责任报告分析。长城汽车以"安全"作为品牌核心价值，秉持"安全至上"的造车理念，注重绿色、创新与可持续协同发展，密切关注各利益相关方的期望与诉求，在员工培养、社会公益等方面积极践行社会责任。长城汽车基于行业特点来细化实质性问题判定的原则和标准，并广泛收集公司内外部各利益相关方的意见，通过路演、现场访谈、调查问卷、电话等多种形式与客户、供应商、经销商、员工、政府及其他监管机构等多方利益相关者进行了深入的沟通与交流，形成了独特的社会责任管理模型（见图 6－1）。

6.1.1.1 产品责任

公司秉承"专注、专业、专家"的品牌理念，建立科学、健康的发展模式，坚持自主研发、以用户为中心，围绕汽车清洁化、智能化、网联化、共享化，致力于打造能代表中国车企走向全球的高品质、高性能产品，为用户提供愉悦轻松的驾乘感受和驾驶乐趣，促进社会进步和环境改善。长城汽车

图 6－1　社会责任管理模型

履行产品责任具体实践如表 6－1 所示。

表 6－1　　长城汽车履行产品责任具体实践

产品责任的三个方面	具体内容
公司产品	**用智能科技守护用户出行安全** 1. 2019 年，长城汽车推出的汽车产品均搭载了公司的智能安全系统，为用户带来全维度的智能安全守护 2. 公司旗下皮卡产品“长城炮”在主被动安全配置上全方位提升安全指数，保障出行安全
	践行汽车清洁化，助力绿色出行 1. 公司坚持“绿色、低碳、环保”理念，大力发展新能源汽车产品以及清洁化技术，着力降低碳排放量，为用户提供绿色环保的优质汽车产品，保护环境 2. 在新能源汽车方面，公司同步开展 EV（电动汽车）、HEV（混合动力汽车）、PHEV（插电混合动力汽车）三种技术架构的车型开发以及氢能源车型的策划 3. 公司一直致力于实现发动机燃烧效率的进一步提升，达到汽车的“清洁化”目标。2019 年 11 月，长城汽车自主研发的 GW4C20B 2.0T 汽油机获“中国心”2019 年度十佳发动机称号

续　表

产品责任的三个方面	具体内容
公司产品	**提升用户体验与服务满意度** 1. 公司以打造用户惊喜为己任，从品牌年轻化、产品智能化、布局全球化三大维度出发，通过优化产品结构、迭代升级产品，为用户提供愉悦轻松的驾乘感受和驾驶乐趣，同时大力改善终端服务品质，推动品牌销售及售后服务体系升级，提升用户体验和满意度 2. 2019 年 9 月，中国质量协会发布了 2019 年中国汽车行业用户满意度（CACSI）测评结果，长城汽车旗下哈弗品牌及旗下车型哈弗 H6、哈弗 F7、哈弗 M6 取得行业高分 3. 在人机交互体验方面，公司旗下哈弗 H6 铂金版产品搭载哈弗 Hi - Life 智能网联系统，拥有很强的语音识别及语义解析能力，并提供丰富的在线娱乐资源、支持车家互联功能
知识产权保护	**专利数量** 截至 2019 年 12 月 31 日，长城汽车累计获得授权专利 7512 件，其中授权发明专利 1386 件，授权实用新型专利 4207 件，授权外观设计专利 1919 件
	知识产权保护 战略方面，2010 年，公司制定了以"激励创新、提质保量、科学布局、有效运用"为方针的知识产权战略体系 制度方面，公司完善、修订《专利工作管理规定》《专利激励管理规定》《专利检索流程》等管理规定、标准文件及相关工作流程，内容涵盖申请、维护、放弃等专利工作的全过程 激励方面，公司重新修订《专利激励管理规定》，实行专利奖励每月落实制，该项制度的严格执行，极大地激发了员工的创新积极性
产品品质管理与考核	责任实践方面，针对汽车质量把控和问题产品回收，长城汽车严格按照《缺陷汽车产品召回管理条例》的相关要求，对于汽车召回活动进行了全面的研究和落实，制定了一套完整的实施流程 产品的健康安全方面，长城汽车通过控制排放、控制气味及 VOC（挥发性有机化合物）、完善主被动安全配置，管控回收利用等多种方法打造符合国家要求、给用户带来惊喜的健康安全产品

多年来，长城汽车专注于自己的排放管理、回收再利用、主被动安全方面管控措施，积极响应国家节能减排的号召。供应商与长城汽车精诚协作，

攻坚克难，进行了长达几个月的排放性能开发，风骏 7 柴油国六皮卡于 2019 年 7 月推向市场，获得市场一致好评。长城汽车在 VOC、气味方面的管控十分严格，并在专业化的技术标准、规范化的质量控制、前瞻性的技术应用三个方面建立了一套完整的车内空气质量控制体系。长城汽车积极主动落实自己的产品责任，从理论到实践，从不缺席。

6.1.1.2　员工责任

长城汽车深知，人才是公司发展的重要驱动力量，积极落实对员工的责任，从雇用、劳工准则、健康与安全、发展与培训四个方面，充分利用内外部资源，着力构建全球人才培养体系，同时为员工提供全方位的保障。长城汽车履行员工责任具体实践如表 6－2 所示。

表 6－2　　长城汽车履行员工责任具体实践

员工责任的四个方面	具体内容
雇用	**多元化引进各层次人才** 1. 重点院校高校高学历毕业生招聘 2. 开展校企合作，互利共赢 3. 安置社会务工人员
劳工准则	**遵守劳动法规，维护员工权益** 全面贯彻落实《中华人民共和国劳动法》《中华人民共和国劳动合同法》等法规，依法执行用人、工作时间和解雇政策
健康与安全	**以人为本，打造安全健康的工作环境** 1. 深度推进职业健康管理体系 2. 持续改善现场工作环境 3. 不断强化应急处理能力
发展与培训	**人才培养体系** 入职培训—通用培训—专属培训—专业培训—管理培训
	培训管理 根据各类人才的成长特点，采用内外部结合的方式，搭建全面培养体系，培训人员层次从生产一线到企业高管，设定完善的组织架构

6.1.1.3 社会责任

多年来，长城汽车从供应链管理、经销商管理、客户权益保护、股东及投资者沟通、社会公益五个方面积极承担社会责任。长城汽车履行社会责任具体实践如表 6－3 所示。

表 6－3　长城汽车履行社会责任具体实践

社会责任的五个方面	具体内容
供应链管理	长城汽车拥有 600 多家主要供应商，公司从供应商体系建设、核心供应商业务管理、供应商评价管理、供应商可持续管理四个方面打造一个稳定、可靠的供应商体系 其他地区 21% 江浙沪地区 40% 东北地区 5% 珠三角地区 5% 京津冀地区 29%
经销商管理	长城汽车以客户为中心，从诚信体系、营销力、盈利力、渠道力、机制建设多个维度，开展内容、模式、工具创新，全面提升经销商精细化、体系化运营管理能力
客户权益保护	长城汽车拥有完整的客户关系管理系统（SCRM 系统） 客户来访 400热线 在线客服 记录 回访 客户呼叫中心 核实派单 结果回复 终端经销商 指导处置 制订方案 厂家处置部门

续　表

<table>
<tr><th>社会责任的五个方面</th><th>具体内容</th></tr>
<tr><td>股东及投资者沟通</td><td>公司自2003年上市以来，高度重视投资者权益保护工作，一贯致力于为社会创造价值、为股东创造收益、为员工创造幸福。公司自2003年在香港联合交易所上市以来，保持稳定的现金分红比例，具体情况如下
<table>
<tr><th></th><th>2014年</th><th>2015年</th><th>2016年</th><th>2017年</th><th>2018年</th></tr>
<tr><td>每股盈利（元）</td><td>2.64</td><td>0.88</td><td>1.16</td><td>0.55</td><td>0.57</td></tr>
<tr><td>每股派发现金股利（元）</td><td>0.80</td><td>0.19</td><td>0.35</td><td>0.17</td><td>0.29</td></tr>
<tr><td>总股本（万股）</td><td>304242.30</td><td>912726.90</td><td>912726.90</td><td>912726.90</td><td>912726.90</td></tr>
<tr><td>派息额（亿元）</td><td>24.34</td><td>17.34</td><td>31.95</td><td>15.52</td><td>26.47</td></tr>
</table></td></tr>
<tr><td rowspan="2">社会公益</td><td>全员参与，建设务实的公益体系
近年来，长城汽车结合公司发展策略、行业特点、地域等因素确定“行业科研、教育事业、环境保护、慈善援助”为重点支持领域，积极实施公益活动。对公益事业投入资金达6462.71万元，被授予“河北省捐资助学先进单位”“河北省文明单位”“爱心企业”等荣誉称号</td></tr>
<tr><td>秉承“扶贫济困”的理念，构建综合扶贫体系
长城汽车高层领导非常重视扶贫工作，组织召开扶贫会议，制定贫困地区扶贫政策，并指派专门人员到省内贫困地区进行走访调查，从教育、就业、健康等方面进行扶贫。尤其是在2020年疫情期间，长城汽车先后向全国各地捐款、捐车总价值达885万元。其中向湖北省慈善总会捐赠500万元；向重庆市慈善总会捐赠10辆总价值115万元的“长城炮”皮卡；向保定市相关慈善机构追加捐赠270万元，其中定向捐赠30万元，用于奖励支援武汉的医务人员。公司成立“欧了出行抗击疫情应急保障车队”，为医务人员、指挥部提供便捷的交通运输服务保障，配合主管部门，坚决打赢抗击疫情攻坚战</td></tr>
</table>

6.1.1.4　环境责任

长城汽车坚持走“低污染、低能耗”的可持续发展道路，从排放物、资

源使用与环境保护两个方面积极主动承担环境责任。长城汽车履行环境责任具体实践如表 6－4 所示。

表 6－4　长城汽车履行环境责任具体实践

环境责任的两个方面	具体内容
排放物	公司对各类污染物排放实施严格管控，确保合规排放的基础上实现减排工作的持续开展 1. 在废水减排方面，开展中水回用项目，减少公司废水排放 2. 在废气减排方面，对涂装车间的喷漆废气处理设备进行升级改造，引进世界先进的沸石转轮系统，对涂装喷漆废气进行深度处理，有效降低挥发性有机物的排放水平 3. 在固体废弃物减排方面，公司采用硅烷工艺代替磷化工艺，降低磷化渣的产生量 4. 在噪声减排方面，严格按照国家《工业企业厂界环境噪声排放标准》（GB12348—2008），杜绝使用高噪声设备，并且通过推广降噪工艺，减少噪声污染
资源使用与环境保护	**节能降耗、持续发展** 1. 长城汽车秉承“绿色生产与可持续发展”理念，努力创建高效、清洁、低碳、循环的绿色生产体系。2012 年，公司组建能源管理专业团队，持续提升团队专业水平，推动开展各项能源管理活动，并严格按照能源管理体系的模式推进公司能源管理工作。公司通过设置能源消耗总量及密度的双控指标，提升全员节能意识，降低能源消耗 2. 长城汽车充分利用国家与地区政策，重点在工程技术与结构调整两方面推进节能降耗工作
	强化能源节约措施推行与实施 1. 在节约能源方面，积极推动建立能耗在线监测系统，实现工厂能耗实时监测，提高节能降耗管理效率；大力推行设备远程管控系统，有效保证设备设施可靠运行；新建工厂与改造项目全部采用国家推广的节能技术、产品；天津、河北等工厂采用循环风技术对涂装车间内风量与热量进行回收再利用；厂房照明系统全部升级改造为 LED（发光二极管）节能光源 2. 在节约用水方面，开发、利用节水新技术，深入挖潜，提高水资源利用率；开展水资源降级使用、优化用水标准，减少用水浪费；建设中水回用系统，实现水资源重复利用，年重复用水量约 95 万吨 3. 在节约用纸方面，大力推行无纸化办公，开发线上审批 OA（办公自动化）流程，减少文件打印；提倡双面打印，并建立二次用纸回收箱，鼓励纸张二次利用

续 表

环境责任的两个方面	具体内容
资源使用与环境保护	**落实清洁能源推广应用** 本着对社会和生态环境负责任的态度，长城汽车积极推广可再生清洁能源的落地应用，截至2019年，公司已累计安装太阳能光伏发电系统100MW（兆瓦），年发电量预计1亿kWh（千瓦时）

案例与本研究的联系。长城汽车积极践行自己的产品责任，把投资的重点放在研发上，提高自己的产品质量，在很大程度上提高了自己的创新绩效，进而以此促进公司的非财务绩效的提高。公司以科技守护安全，2019年，长城汽车推出的汽车产品搭载了公司的智能安全系统，为用户带来多维度的智能安全守护；公司以科技助力绿色出行，大力发展新能源汽车产品以及清洁化技术，新能源车型欧拉R1通过新材料应用、断面优化、集成化设计，实现整备重量990kg，较市面同级产品轻10%以上，耗电量更低；公司以科技提升用户的满意度，通过产品不断迭代升级满足用户不同的需求。长城汽车通过主动承担产品责任，使自己的创新绩效非同一般，从而带动非财务绩效的提高。

长城汽车积极践行自己的员工责任，从员工的积极引进、制定劳工准则、维护员工权益、关心员工的健康与安全到注重员工的发展、培训，每一个环节都十分全面，尤其是公司的“育英计划”，注重对员工的培养，提倡造车先造人，为企业树立了良好的社会形象与口碑，极大地推动了企业非财务绩效的发展。

长城汽车积极践行自己的社会责任，从供应链管理、经销商管理、客户权益保护、股东及投资者沟通到社会公益都力争做到完美。长城汽车积极投身于社会公益，疫情期间，随处可见长城汽车的身影，长城汽车不仅积极援助保定，还为武汉、成都等地送去温暖。长城学校让社会各界看到长城汽车的姿态，极大地推动了其非财务绩效的发展。

长城汽车积极践行自己的环境责任，响应国家绿色可持续发展的号召，本着对社会和生态环境负责任的态度，长城汽车积极推广可再生清洁能源的落地应用，截至2019年，公司已累计安装太阳能光伏发电系统100MW，年发电量预计1亿kWh，既以此推动创新绩效又树立了良好的企业形象，推动了企业非财务绩效的发展。

总之，长城汽车在承担产品责任、员工责任、社会责任、环境责任的过程中，不仅提高了自己的创新绩效，还在公众心中树立了良好、负责的企业形象，极大地提高了企业的非财务绩效。

6.1.2　英利集团

背景介绍。英利集团是全球领先的光伏组件生产商，也是全球拥有垂直一体化产业模式的光伏组件制造商之一。英利集团成立于1987年，总部位于河北保定，是一家专业进行太阳能光伏产业的研发、生产、销售、应用的高新技术企业。英利集团总资产超300亿元，员工超过16000人，在全球设30多个分支机构，以全球经营实力及经验为后盾，为世界各地的客户提供优质服务。

英利集团成立逾30年，累计向全球输出光伏组件超过20GW（吉瓦），已有超过8500万块组件在全球范围内运行，涵盖德国、西班牙、意大利、法国、日本、韩国、澳大利亚、美国和希腊等90多个国家。2008年，中华人民共和国生态环境部授予英利绿色能源“国家环境友好企业”称号。该称号授予在控制污染物排放、保护资源、回收处理工业废料、建立环境管理体系以及环保生产工艺等领域做出突出贡献的中国企业。2010年，英利绿色能源被中国领先的经济和管理类报纸《经济观察报》评为“2009—2010年度中国最佳低碳企业”。同年英利集团获科学技术部批准建设“光伏材料与技术国家重点实验室”，在其支持下，英利集团在多项科技项目上都取得了重大突破。“十二五”期间，英利集团新增投资逾百亿元，吸纳10万人就业，光伏主业产能增至10吉瓦，形成了光伏产业等六大产业相辅相成的发展格局，从而提升企业的市场竞争力和影响力。

英利集团高度重视科技创新工作，光伏组件产品和技术研发达到了同行业较高水平。截至2017年7月，英利申请PCT（专利合作条约）国际专利13项，中国专利2171项，授权专利1888项，主编和参编国际、国家及行业标准77项，承担国家973计划、863计划等国家级科技项目23项，省市科技项目108项，被评为国家创新型试点企业。依托全产业链的优势，英利集团迅速将科研成果转化成生产力，推动了行业的前沿技术发展，利用技术优势从Panda型单晶硅生长开始攻克高效电池和高性能组件封装的一系列技术难题，用Panda型单晶硅代替P型生产光伏电池，不仅降低了电池的衰减率、降低了电池片的生产成本，而且大大提高了单晶硅电池的转换效率。另外，为了探索世界太阳能光伏领域前沿课题"低成本、高效率"，英利集团对类单晶硅生长及缺陷控制的关键技术研究"藏羚羊"项目也已突破最核心的研发创新部分。

英利集团自主研发的大容量磁悬浮飞轮储能技术拥有完全自主知识产权，可克服可再生能源发电间歇性和不稳定性的固有缺陷，是风能、太阳能等可再生能源实现大规模应用的关键技术，公司第一台20千瓦时磁悬浮飞轮储能实验样机成功下线，开启了我国飞轮储能系统应用的新纪元。英利集团是第一家赞助足球世界杯的中国企业，在全球知名市场研究机构IHS的调查中位列全球光伏组件品牌知名度第一名。从2010年的南非世界杯开始，英利集团连续赞助两届世界杯，借助世界杯的影响力成就了全球知名品牌优势，被国际足联确认为可再生能源行业唯一的合作企业，同时英利集团还是德国拜仁慕尼黑足球俱乐部的高级合作伙伴，突破性的品牌营销策略增强了"YINGLI SOLAR"品牌的知名度，同时提升了产品的溢价能力。

英利集团保持着领先的竞争优势，主要归因于"像家庭、像学校、像部队"的企业文化，这种独特企业文化，被中国共产党中央委员会组织部评为"全国先进基层党组织"，荣获全国非公有制企业"双强百佳党组织"称号。在这样的企业氛围下，英利集团培养出了一个又一个具备超强执行力，专业化、职业化、国际化的团队。

英利集团各基地总产能从3兆瓦飞升到2吉瓦，垂直一体化的生产模式覆盖了整个光伏产业链。英利集团在技术创新研发的过程中，一直以环境保护为基础，为世界提供无污染的绿色清洁能源。董事长苗连生曾表示，责任感是企业精神的重要基石，我们所做的每一个决定都是建立在社会责任和环境责任上的，为了这个目的，我们努力在生产过程中减少能源消耗和碳排放。英利集团也一直坚持"为老百姓生产用得起的绿色能源"的责任和使命，力争早日实现真正意义上的"平价上网"。

社会责任报告分析。分析英利集团的社会责任报告，可以得出，英利集团的社会责任感体现在运营方式和对世界的影响上。英利集团在承担社会责任这一方面做得非常细致，面面俱到，尤其注重生态责任的承担。纵观英利集团 2019 年的社会责任报告，其分别从生态责任、供应商责任、股东的利益、员工责任、社会责任、公益责任几个方面承担一个战略性企业该承担的社会责任。英利集团履行社会责任具体实践如表 6－5 所示。

表 6－5　　英利集团履行社会责任具体实践

社会责任的六个方面	具体内容
生态责任	1. 英利集团追求清洁能源，积极将太阳能转化为清洁、可负担的能源。自 2003 年生产光伏电池板起，英利集团已在全球范围内累计为客户安装了超过 14 吉瓦的太阳能发电容量，为数百万人提供了负担得起的清洁能源 在生产过程中，英利集团减少所需的资源，使产品更具有可持续性，提高自身的能源效率 2. 在废物排放问题上，英利集团在工厂内配备了防污染设备，以减少、处理和回收利用生产过程中产生的废弃物和排放物。从减少噪声污染的专业空气压缩机到先进的废水处理设备，英利集团进行了大量的投资来防止污染。没有发生过任何与环境法规相关的违法行为 3. 英利集团无法回收的板材都远远低于 TCLP（毒性特征浸出程序）检测的监管要求，不属于危险废物
供应商责任	1. 英利集团通过绿色供应链管理计划与供应商合作，帮助他们提高能源效率和减少排放。在供应商的选择上，考虑特定的环境标准，帮助供应商在能源管理方面发挥其潜力 2. 英利绿色能源向供应商推广森林管理委员会（FSC）认证的包装材料
股东的利益	1. 英利集团致力于实施高标准公司治理，以维护股东的利益并保持公司的长期价值。其董事会、高级管理人员和员工都遵守商业行为和道德准则，以确保公司的诚信符合适用法律 2. 英利集团的董事会定期审查公司治理原则和做法，而且董事会已通过相关指导原则，以帮助其服务于公司及其股东的利益

续 表

社会责任的六个方面	具体内容
员工责任	1. 积极与员工沟通，CEO 信箱和工人委员会有助于加强英利集团内部的对话。员工可以获得互助基金的紧急资助 2. 英利集团约四分之一的员工是女性，公司积极支持女性员工，包括提供免费体检和国际妇女节的额外假期 3. 尽可能优先考虑内部选拔晋升。近年来，英利集团有 593 名员工获得晋升。2013 年，英利集团与国外公司合作，通过创新的蓝领机械师培训项目，55 名英利集团员工参加了为期 2 个月的培训项目，提高了技术和管理能力 4. 英利集团力争为员工提供一个安全和支持性的工作环境，让员工能够充分发挥自己的潜能
安全责任	1. 在英利集团的总部办公室和生产基地，有管理机构，确保所有员工的安全 2. 英利集团生产基地的主要职业健康风险是粉尘和噪声。英利集团持续监测噪声水平，并尽可能安装吸音材料，通过控制措施来限制接触粉尘和有害物质 3. 生产线安全是英利集团的重中之重。英利集团由于工厂车间安全措施的改善，以及对安全程序和培训的高度重视，减少了生产线上的伤害事故。2013 年和 2014 年，没有发生一起工伤死亡事故，没有发生重大火灾和爆炸事故 4. 英利集团积极对员工进行交通安全培训，减少上下班途中的交通安全事故
公益责任	1. 英利集团把与社区分享太阳能作为减轻贫困和改善教育的一种方式，希望太阳能发电在学校和贫困社区成为现实 2. 作为全球领先的光伏电池板生产商之一，英利集团认为，确保人们平等获得这些产品是非常重要的。无论该地经济和地理环境如何，英利集团都是如此。在过去的几年里，英利集团已经在全球各地的社区提供清洁能源和基础设施 3. 英利集团为来自新加坡南洋理工大学的学生志愿者提供设备和技术支持，为老挝农村的学校和诊所安装离网太阳能系统

案例与本研究的关联。英利集团积极承担生态责任和公益责任，在生态责任的承担过程中，英利集团从对清洁能源的向往与追求，到产品的生产，

废弃物的处理、回收等方面都致力于响应国家节能减排的号召；在公益责任的承担过程中，英利集团深入山区，精准扶贫。这些体现出了英利集团的社会贡献，体现出其负责、有担当的企业形象，而这些都是构成企业非财务绩效评价体系的重要因素。

英利集团积极承担员工责任和安全责任，在员工责任承担的过程中，英利集团不仅关注员工的内部晋升问题而且积极支持女员工；在安全责任承担的过程中，英利集团以科技减少噪声，以投资为员工创造安全的工作环境。在构建企业非财务绩效评价体系时，职员层面的评价至关重要，英利集团的作为提高了自己的非财务绩效。

还有对供应商责任、股东的利益的关注，都无时无刻不在向社会大众展现英利集团的企业担当。总之，英利集团对社会责任的承担，提高了自己的创新绩效，树立了勇于担当的企业形象，直接推动了非财务绩效的提高。

6.1.3　国家电网

背景介绍。国家电网公司成立于2002年12月29日，是一家由中央直接管理的国有独资公司，其主要活动是投资、建设与运营电网，履行其基本使命，确保范围内安全、经济、清洁、可持续的电力供应。2017年，国务院实施中央企业公司制改制，其改制为国有独资公司，名称变更为“国家电网有限公司”。

国家电网是经国务院同意进行国家授权投资的机构和国家控股公司的试点单位，以投资建设运营电网为核心业务，承担着为经济社会发展提供坚强电力保障的基本使命。公司直接服务客户过亿户，供电人口超过11亿人。公司实行总经理负责制，总经理是公司的法定代表人。2005年主营业务收入位居《财富》杂志2006年全球500强企业第32位。

公司坚持以人为本、忠诚企业、奉献社会的企业理念，将公司使命、宗旨、愿景、企业精神和核心价值观贯穿到公司各层级、各单位。公司致力于成为全球能源革命的引领者、服务国计民生的先行者，以“推动再电气化、构建能源互联网、以清洁和绿色方式满足电力需求”为使命，核心价值观是以客户为中心、专业专注、持续改善，企业精神为努力超越、追求卓越。

社会责任报告分析。企业承担社会责任不应当是被动的过程，而应是主动的过程，即企业首先认识到自己必须承担的社会责任，然后在经营过程中身体力行。战略是企业行动的方向，也是企业实现目标的根本保证，因此，要把企业社会责任纳入企业的战略规划中。为了落实企业社会责任，树立诚信开放的现代企业形象，国家电网把社会责任提到企业发展战略高度。国家电网发布的企业社会责任报告是对公司过去几年内社会责任实践的总结，同时该报告是公司未来企业社会责任实践的战略计划。国家电网从经济责任、社会发展责任、环境责任、客户责任、员工责任等方面积极有所作为。

6.1.3.1 经济责任

经济效益是经济组织存在的基础，没有利润根本就无法承担社会责任成本，履行社会责任只能是一句空话，所以经济责任仍然是国家电网最基本的社会责任。为了使政府和社会始终保持对公司管理能力和业绩的肯定与信心，国家电网提出努力超越，追求卓越，转变公司发展方式，推进集团化运作、集约化发展、精细化管理、标准化建设，增强集团公司的调控能力，全面有效整合公司资源，提升公司经营效率和效益等方面的经济目标。国家电网履行经济责任具体实践如表6－6所示。

表6－6　国家电网履行经济责任具体实践

责任目标	具体实践
1. 发展总投入5909亿元，固定资产投资5243亿元，电网投资5126亿元	1. 发展总投入4652亿元，固定资产投资4600亿元，电网投资4473亿元
2. 开工110（66）千伏及以上线路5.3万千米，变电（换流）容量3.6亿千伏安（亿千瓦），投资110千伏及以上变电（换流）容量3亿千伏安（亿千瓦）	2. 开工110（66）千伏及以上线路5.1万千米，变电（换流）容量3.0亿千伏安（亿千瓦），投资110千伏及以上变电（换流）容量2.9亿千伏安（亿千瓦）
3. 完成销电量4.5万亿千瓦时；省间交易电量1.07万亿千瓦时	3. 完成销电量4.45万亿千瓦时；省间交易电量1.06万亿千瓦时
4. 营业收入2.65万亿元；实现利润830亿元；产业、金融和国际业务利润贡献率达到50%	4. 营业收入2.66万亿元；实现利润770亿元；产业、金融和国际业务利润贡献率达到59%

续　表

责任目标	具体实践
5. 资产总额 4.17 万亿元；资产负债率 56.4%	5. 资产总额 4.1 万亿元；资产负债率 56.3%
6. 全员劳动生产率 86.6 万元/（人·年）	6. 全员劳动生产率 86.6 万元/（人·年）

6.1.3.2　社会发展责任

企业的财富来自社会，因此有责任去回报社会。履行社会发展责任不仅能够树立企业外部形象，而且对提高员工凝聚力和责任感都有积极的意义，因此国家电网履行企业公民责任，服务社会主义和谐社会和创新型国家建设，遵循依法治企、诚实守信、创造财富、服务社会的社会发展责任战略。国家电网履行社会发展责任具体实践如表 6－7 所示。

表 6－7　　　　国家电网履行社会发展责任具体实践

责任目标	具体实践
1. 完成除青海、西藏外“三区两州”（不含云南怒江州）和中西部贫困地区电网建设任务	1. 全面完成甘肃、新疆深度贫困地区电网建设任务
2. 推广大中型企业“三省”、小微企业“三零”服务模式，将办电环节分别压减至 4、3 个以内，平均接电时间分别压减至 70、20 天以内，客户平均办电成本明显下降	2. 小微企业办电环节减压至 3 个，平均接电时长 2.5 个工作日；大中型企业办电服务环节减压至 4 个，平均接电时长 41.7 个工作日
3. 确保在世界银行“获得电力”指标排名持续提升	3. 在世界银行“获得电力”指标排名提升至 12 名
4. 建成苏通 GIL、雄安—石家庄交流、山东—河北交流环网工程	4. 建成苏通 GIL、雄安—石家庄交流、山东—河北交流环网工程
5. 力争市场化交易电量达到 1.8 亿千瓦时	5. 市场化交易电量达到 2.09 亿千瓦时
6. 能源电商平台交易规模突破 7000 亿元	6. 能源电商平台交易规模达到 7576 亿元
7. 杜绝大面积停电事故、重/特大设备事故，严防重大网络安全事件	7. 杜绝大面积停电事故、重/特大设备事故，严防重大网络安全事件

6.1.3.3 环境责任

现代社会经济发展与能源、环境的矛盾越来越突出，节约型、环保型企业才会赢得公众的支持。国家电网在社会责任报告中提出节约资源、保护环境，在发展战略、规划设计、施工建设、生产运行、客户服务等各个环节中落实环境保护和资源节约要求，弘扬全员环保和节约文化。国家电网履行环境责任具体实践如表 6－8 所示。

表 6－8 国家电网履行环境责任具体实践

责任目标	具体实践
1. 力争新能源省间交易电量突破 700 亿千瓦时，确保弃风弃光率控制在 5% 以内	1. 新能源省间交易电量突破 800 亿千瓦时，弃风弃光率同比下降 42%、27%
2. 积极推广燃煤自备电厂、煤锅（窑）炉清洁替换，力争全年替代电量超过 1400 亿千瓦时	2. 积极推广燃煤自备电厂、煤锅（窑）炉清洁替换，全年替代电量超过 1802 亿千瓦时
3. 全面完善服务标准，认真履行“供电服务‘十项承诺’”和“新员工服务行为‘十个不准’”	3. 2019 年“供电服务‘十项承诺’”“新员工服务行为‘十个不准’”兑现率 99.99%
4. 发挥大电网优势，全力保障电力供应，最大限度满足电力需求	4. 城乡用户均停电时间差距 12.27 小时/户
5. 建设优质服务常态机制，让用户及时用上电，用好电，用安全电、放心电、便捷电、满意电、和谐电	5. 95598 客户诉求一次性解决率 87.94%，需求响应及处理率 100%，数据下发成功率 100%
6. 完善“95598”电力服务热线	6. “网上国网”全网运行，95598 服务数据实现全网共享

6.1.3.4 客户责任

企业服务的对象是客户，企业的存在就是为客户提供优质的产品和服务。国家电网的直接服务客户过亿，其员工的服务质量直接影响到公司在社会公众心中的形象。因此，国家电网提出追求优秀服务品质，塑造一流服务品牌，持续为客户创造价值，坚持真诚服务、规范服务、高效服务，完善优质服务常态机制，不断提升客户满意度，在为客户创造价值的过程中实现公司价值的客户责任战略。

6.1.3.5 员工责任

对一个公司而言，任何产品的研发、生产、营销都要靠员工的努力来完成，为员工提供良好的工作环境、合理的薪酬、完善的职业发展计划等是公司的基本责任之一。国家电网直接管理的员工极多，承担着员工发展、队伍建设的艰巨责任。在员工责任方面，国家电网树立人才是企业第一资源的理念，培养高素质队伍，支撑公司发展，实现员工价值，坚持全心全意依靠职工办企业，同时推进民主管理，实施“人才强企”战略，加强员工培训，提升员工素质，实现员工和公司的共同发展。国家电网履行员工责任具体实践如表6－9所示。

表6－9　国家电网履行员工责任具体实践

责任目标	具体实践
1. 加强民主管理和民主监督	1. 全员培训率达到94.65%，员工培训达385万人次
2. 以人为本，关爱员工	2. 女性员工比例26.8%
3. 激发员工创造活力	3. 工会组织数量达到2748个
	4. 全口径用工总量155.6万人，公司1人获新中国成立70周年“最美奋斗者”称号，1人被授予“央企楷模”称号

案例与本研究的关联。国家电网定期发布企业社会责任报告，阐述社会责任理念，对上一年社会责任实践进行总结，提出社会责任战略。在国家电网的社会责任报告中，可以看出其从经济责任、社会发展责任、环境责任、客户责任、员工责任六个大的方面去构建自己的社会责任体系。最特别的是，国家电网在企业社会责任报告中引入第三方评论，要知道社会公众对企业社会责任宣传的可信度是衡量一个企业社会责任实践成功与否的标准之一。内外部审验可以提高企业社会责任报告的可信度。内部的审验和评价包括内部

各个部门和领导对报告的审阅。外部的验证和评价包括外部利益相关者代表、第三方中介机构、社会责任专家、财务审计人员等的评价。这一做法不仅让社会公众看到国家电网承担社会责任的具体实践，而且显示了国家电网勇于增加信息透明度的诚意和决心，这无形中为其树立了一个追求开放、公开、透明、诚信的企业形象，进而提高其非财务绩效。

6.2 研究的结果和讨论

本研究采用了定性和定量分析相结合，以定量为主定性为辅，加以案例分析的研究方法。从企业管理的实际出发，对案例企业社会责任体系存在的问题进行了研究，并提出完善社会责任考核体系的对策。本研究是在已有理论研究的基础之上结合社会责任相关的理论，按照分析问题——解决问题的逻辑线路展开。接下来的内容汇报了定性与定量研究的结果，并在此基础上对定量和定性研究结果分别进行了讨论。

6.2.1 定性研究的结果与讨论

第 5 章第 5.1 部分对定性研究的过程和结果进行了详细的叙述，包括访谈形式、理论抽样的过程和结果、数据采集过程、研究信度与效度、详细研究结果等。本部分介绍了对英利绿色能源和长城汽车两家制造企业的基层员工、客户和管理人员所进行的深入的个人访谈结果。随后，对访谈结果进行了讨论。

6.2.1.1 定性研究的结果

第一个目标就是明确主要的利益相关者群体，即员工和客户，他们是本研究中参与问卷调查的群体。本研究采用了半结构化的访谈表，并且受访者可以用相关问题来回答这次采访中的问题。基于英利绿色能源和长城汽车在中国企业社会责任实施方面的良好表现，本研究选择了这两家制造企业作为研究对象。我们对英利绿色能源和长城汽车的基层员工、客户和管理人员进行了 29 次的深度个人访谈。针对访谈数据，采用主题分析法进行了分析。本研究确认了员工和客户对企业社会责任期望的主题，通过这些主题，企业社会责任可以影响员工和客户与企业的非财务绩效关系。

在员工期望这一层面，文献中产生了六大主题，而且半结构化访谈也支持了这六大主题：①公司保证员工的安全、改善员工的健康；②公司支持工作机会平等；③公司鼓励员工的多样性；④公司实施改善员工工作福利的政策；⑤公司在招聘和晋升政策中避免一切形式的歧视；⑥公司在员工遇到困难时给予帮助。基于半结构化访谈，产生了其他两个员工企业社会责任期望的主题，即“公司支持员工参与组织解决社区环境问题的活动”和“公司在相互信任和尊重的基础上发展有效的工作关系”。

在客户期望这一层面，文献中生成了六大主题，而半结构化访谈也支持了这六大主题：①公司的产品符合质量标准；②公司提供安全（无害）的产品；③公司允许投诉；④公司以清楚明白、可理解的方式标示产品；⑤公司使用有效的客户沟通策略；⑥公司为产品制定合理的价格。在半结构化访谈中，产生了其他两个客户企业社会责任期望的主题，即“公司提供环保的产品”和“公司提供客户教育计划”。

6.2.1.2　定性研究结果的讨论

第一阶段的研究主要是为了明确主要利益相关者员工和客户对企业社会责任的期望。本部分讨论了在访谈中产生的主要利益相关者期望的其他主题以及其理论意义和实践意义。

理论意义。在本研究中，研究者确定了主要利益相关者（员工和客户）的企业社会责任期望。这填补了企业社会责任研究领域的一个重要空白，因为满足利益相关者的期望可以解决企业社会责任与企业绩效之间的不稳定关系。一个专注于满足利益相关者期望的企业有潜力提升企业绩效。

本研究对利益相关者理论发展做出了贡献。通过明确利益相关者的期望，研究者能够研究企业在参与企业社会责任活动时，客户的需求是否得到满足，因为利益相关者理论中最重要的因素就是利益相关者对企业社会责任的期望。对于在当今复杂环境中运营的现代企业组织而言，利益相关者关系管理可能被视为实现长期非财务绩效的重要来源。当企业参与企业社会责任活动时，了解利益相关者的期望是否得到满足是至关重要的。这是因为如果企业组织考虑到了利益相关者的期望，并对这些期望做出回应，利益相关者就会回报这些企业，企业可以通过管理与利益相关者的关系来获益，并提高非财务绩效。企业参与企业社会责任活动会直接或者间接地帮助提高企业的非财务绩效。研究的结果有助于在不同的制度和文化背景下对不同的企业社会责任和利益相关者关系进行理论探讨。本研究通过强调与利益相关者的企业社会责任期望相关的一系列关键问题，为比较管理研究做出了贡献。

实践意义。从半结构化访谈中，研究者得出了员工和客户期望的主题。由于中国具有独特的社会、政治、文化和经济背景，企业需要考虑这些背景对企业社会责任的实施和利益相关者的期望意味着什么，这些背景中的每一个概念都涵盖了不同的层面，而且实际上这些概念也是重叠的。例如，关于员工的期望，就有“公司在相互信任和尊重的基础上发展有效的工作关系”这一主题，这可能是中国独特的文化背景造成的。中国文化的特点是鲜明的集体主义，强调社会和谐。这种和谐是以“关系”为导向的，因此在这种背景下，员工非常注重跟同事形成良好的长期关系。中国员工可能更容易在一个大家庭或其他关系和利益网络的基础上与企业建立联系。关于客户的期望，出现了“公司提供环保型产品”这一主题，这可能与中国的经济发展阶段有关。随着中国成为世界第二大经济体，中国企业在全球经济发展中扮演着重要的角色，其企业社会责任的实施越来越受到国际社会的关注。在中国，经济改革可能会影响环境，这就需要在企业社会责任和客户关系层面解决这一问题。例如，在中国，客户对可持续发展的主要概念就是保护环境。

考虑到企业投资对企业社会责任项目的重要性日益增加，明确利益相关者所认为的企业社会责任措施是至关重要的。除了依靠外部机构提供的企业社会责任措施外，企业还需要关注、评估和管理利益相关者对企业社会责任的期望。对利益相关者的期望与现实之间的精确或错位的分析应有助于从业者通过论坛、内部报告、培训和有针对性的沟通来修改他们的沟通方式。明确利益相关者的企业社会责任期望可以帮助企业在评估企业社会责任政策的影响时改变以往“一刀切”的做法。企业可以更准确地评估客户对企业社会责任政策的期望，并据此调整企业社会责任项目。例如，利益相关者的企业社会责任期望可以作为诊断工具，通过显示不同组织、单位或群体的利益相关者在被这些企业社会责任项目当作目标之前和之后的期望是如何变化的，来评估企业的社会责任项目实施效果。

当企业将其社会责任活动与客户的期望相联系，并将资源引导到这些活动中时，就能最大限度地发挥企业社会责任的效益，从而提高企业非财务绩效。在参与企业社会责任活动时，如果企业将企业社会责任活动与客户的企业社会责任期望相联系，同时将企业社会责任资源引导到与客户期望相关的战略目标上，那么企业会看到这些对企业非财务绩效产生巨大的积极影响。

6.2.2　定量结果与探讨

本部分讨论了假设评估的结果，并且对使用智能 PLS 软件在结构方程模型中测试过的每一个假设进行了讨论。

6.2.2.1　定量结果

本部分总结了本研究中的假设评估结果。为了实现研究目标，提出了五个假设，以此来帮助实现本研究的五个目的。研究者通过邮寄的方式向我国 1749 家上市公司发放自填式调查问卷，以此来收集数据。一共回收了 403 份可用的调查问卷，这些调查问卷应用于数据分析阶段。采用 PLS 软件的结构方程模型作为检验这五个假设的统计工具。

基于路径分析（直接效应）、利用引导指令技术确定间接效应的介导检验以及交互作用项的技术来评估减缓效应，从而对假设关系进行了评估。

6.2.2.2　探讨

本部分将探讨使用智能 PLS 软件进行结构方程模型测试的各个假设。本研究的第一个研究目的是确定参与战略性企业社会责任的企业是否会满足主要利益相关者的期望。本研究结果表明，战略性企业社会责任与主要利益相关者期望值呈正相关。根据已得到的结果推测，假设 H1 基本成立。

为了检验战略性企业社会责任的不同维度与利益相关者期望值之间的关系，对 H1a、H1b 和 H1c 三个子假设进行路径系数评估。结果显示，可见性对主要利益相关者期望值有正向显著性关系，中心性对主要利益相关者期望值没有直接关系，而主动性与主要利益相关者期望值有显著正向关系。因此，H1a 和 H1c 基本成立，H1b 不成立。

H1a 的子假设结果表明，可见性维度对主要利益相关者的期望有正向显著性关系，这与之前的研究一致。有研究称，企业参与企业社会责任是满足利益相关者期望的一种方式。由于上市公司需要报告其道德、社会和环境风险，战略性企业社会责任可以成为企业满足利益相关者期望的可行性方案。实施一些让主要利益相关者明确看在眼里的战略性企业社会责任活动可能会提高利益相关者对企业的满意度。这一发现也与法顿的研究结果如出一辙。法顿利用卡罗尔的企业社会责任模型，研究了尼日利亚企业的战略性企业社会责任实践和利益相关者的期望。研究结果表明，战略性企业社会责任包括以合乎道德的方式对待利益相关者，企业应该保护最广大利益相关者的利益。子假设 H1a 的结果证实了这些研究。

子假设 H1c 的结果显示，主动性维度的企业社会责任与利益相关者的期望值有正向显著的关系，这也与之前的研究相一致。布尔科和洛格斯登认为，主动地超越法律规定的社会行动可以成为利益相关者价值创造的源泉，也可以满足利益相关者的期望。许多研究报告的结果表明，企业自愿参与具有创新性和预期性的战略性企业社会责任活动将对利益相关者的期望产生重要影响。文献中达成一个共识，即积极主动的企业社会责任活动有利于企业的可持续发展和繁荣，这种活动并不着眼于短期利润最大化，而是强调与有效创造、分配商品与服务相关的长期绩效，从而提高内部和外部利益相关者的生活水平。当主动性维度的企业社会责任与其他战略性企业社会责任维度相关联时，主动性企业社会责任就会成为价值创造的源泉，从而使企业能够创造出客户和员工都重视的独特资源和能力。主动性维度的企业社会责任反映了管理者对企业社会责任的承诺，这对企业确保利益相关者的权益，从而创造效益来说是至关重要的。因此，企业的社会责任项目越积极主动，这些项目对利益相关者期望的贡献就越大。

有趣的是，子假设 H1b 提出企业社会责任中心性维度与主要利益相关者期望之间存在正向关系，但在中国的大背景下，这一结果并未得到验证。这一结果与西方国家的一些研究结果并不一致，那些研究结果表明，从事与企业目标相近的战略性企业社会责任活动可能会衍生出一系列的资源和能力，也有助于提高利益相关者的期望水平。例如，赫斯塔德和艾伦认为，企业社会责任项目的某些目标与企业的商业使命越是吻合，这些社会责任项目就越有可能为利益相关者创造价值。中心性维度的企业社会责任缺乏重要性，这与发达国家企业运行中的中心性与利益相关者价值创造相关联的结论不一致。发达国家的利益相关者对企业社会责任活动的推动力可能比发展中国家的利益相关者更强。研究者因此推断，中国企业对企业社会责任的认知程度较低，可能会使企业不愿意将企业社会责任活动融入企业经营活动中从而满足利益相关者的期望。也就是说，当中国企业的社会责任从“服从阶段”发展到“战略阶段”时，企业的社会责任项目将是战略性的，并且与现有的业务运营很好地结合在一起（中心性），对广大的利益相关者负责。中国企业高管将从“古典企业社会责任观”向“现代企业社会责任观”转变，中国企业将学会如何将关键的社会问题嵌入日常经营过程中，包括将利益相关者的期望融入企业发展中，正如 H1b 的研究结果所示，目前与中国企业的产品、服务和运营相一致的企业社会责任目标和运营可能无法满足利益相关者的期望，还需要进一步的研究来证实这些疑虑。

本研究的第二个目的是探讨满足利益相关者的期望是否会提高公司的非财务绩效。H2 假设表明，满足利益相关者期望与企业非财务绩效有正相关关系。所得出的路径系数为正，这表明该假设得到了数据的支持。这一发现与大多数回顾性研究报告的结果如出一辙。例如，一些研究者基于资源导向的观点来研究利益相关者期望对企业非财务绩效的影响，他们的研究结果表明这两个指标之间存在着正相关关系。例如，Sambasivan 等人研究了马来西亚企业对环境积极性的影响，他们的研究报告表明，在环境方面保持积极性的企业确实满足了利益相关者的期望，从而提高了企业非财务绩效。此外，一些研究结果似乎也提供了证据，表明客户不仅喜欢环保的产品，而且愿意为这些产品的附加值买单。总而言之，这些证据表明，当企业从事旨在满足利益相关者期望的企业社会责任活动时，有助于通过与利益相关者的良好关系管理来提高企业非财务绩效。

本研究的第三个目的是研究战略性企业社会责任能否提高企业非财务绩效。研究结果表明，假设 H3 基本成立。对 H3a、H3b 和 H3c 三个子假设进行了路径系数评估。结果显示，可见性对企业非财务绩效有正向显著性关系，中心性对企业非财务绩效没有直接关系，主动性与企业非财务绩效呈正向关系。因此，H3a 和 H3c 假设是成立的，而 H3b 假设不成立。H3b 的研究结果表明，在中国的大背景下，由于企业对企业社会责任的认知程度较低，企业社会责任的目标和运营与企业产品、运营保持一致，可能并不会提高企业非财务绩效。这一发现与 Husted 和 Allen 在对西班牙企业的研究中所得出的结果一致，即战略性企业社会责任活动的可见性和主动性维度与企业非财务绩效存在正向关系，而战略性企业社会责任活动的中心性维度对企业非财务绩效没有关系。诺维达顺着这一思路，进行了一项研究，旨在观察战略性企业社会责任项目对企业绩效的影响。她的研究结果表明，战略性企业社会责任对企业价值创造、资产回报率（ROA）和市盈率（PER）具有正向影响。同时，萨亚可提研究了战略性企业社会责任和非战略性企业社会责任对财务、非财务绩效的影响；研究结果表明，战略性企业社会责任和非战略性企业社会责任分别对财务、非财务绩效产生正向和负向影响。本研究的结果也与贝尔曼等的战略利益相关者管理理念以及巴伦、兰托斯的战略性企业社会责任理念如出一辙，他们认为战略性企业社会责任活动不仅为企业的利益相关者创造了利益，而且为企业自身创造了商业利益。这是因为战略性企业社会责任是企业的核心使命，也是可以被利益相关者切实看到的。本研究结果表明，战略性企业社会责任活动能够满足利益相关者的期望，并且最终提高企业非财务绩效。这些研究结果所描绘的总体情况表明，战略性企业社会责任将对企业的非财务绩效产生积极影响。

本研究的第四个目的是考察利益相关者的期望值是否调整了战略性企业社会责任与企业非财务绩效之间的关系，正如假设 H4 所认为的，战略性企业社会责任与企业非财务绩效之间的关系是由利益相关者期望值调解的。结构模型的结果表明，这一假设得到了数据的支持。研究结果表明，参与战略性企业社会责任活动的企业对利益相关者产生正向影响，从而产生商业信誉，进而提升企业非财务绩效。

利益相关者期望包括对客户期望和员工期望的评估。客户期望通常被认为是盈利的先决条件。事实上，客户满意度高的企业可以通过向忠实客户追加销售，来提高非财务绩效。此外，员工满意度可能会提升服务质量，提高企业学习水平，推动创新，从而提高企业的非财务绩效。

根据结构模型关系，企业的非财务绩效由组织学习、创新和形象等建构体来衡量。心满意足的员工可能会提高职业素养和组织学习能力；满意的客户可能会对该品牌保持忠诚。一般来说，正向的利益相关者关系可能会使企业的运营变得更加轻松，因此，可能会带来企业非财务绩效的提高。这一发现与山姆巴瑟维等的研究结果一致。他们的研究结果表明，企业社会责任的主动性与企业的经营绩效、组织学习、环境绩效、利益相关者满意度和财务绩效呈正相关关系；利益相关者的满意度在企业社会责任与公司非财务绩效之间起着中介作用。这一发现与贝罗内、苏兰肯和特雷波的研究结果也如出一辙，他们的研究结果表明，利益相关者满意度对企业道德认同和企业非财务绩效之间的关系起着调节作用。

本研究的第五个目的是评判企业规模是否会调节战略性企业社会责任与企业非财务绩效之间的关系。假设 H5 认为，企业规模对战略性企业社会责任与企业非财务绩效之间的关系有调节作用，即大型企业拥有更多的资源，更愿意参与企业社会责任活动，这可能会提高企业非财务绩效，而中小企业则不愿对战略性企业社会责任进行投资，这就降低了其对企业非财务绩效的影响。我们用 PLS 中小型企业软件来测试企业规模对战略性企业社会责任与企业非财务绩效之间的调节效应。

所得的数据并不支持调节假说。可以解释为，被调查的企业，无论是大型企业还是中小企业都是上市公司，都是为了满足监管要求才从事企业社会责任活动。上市公司无论规模大小，都不会影响企业参与企业社会责任活动，因为主管部门对上市公司有严格的监管要求，如必须遵守政府法律、诚信经营、为客户提高产品和服务质量、提升资源和效率以及环境保护等。

表6－10 总结了从第 1 个研究目的到第 5 个研究目的所提出的假设、结果。

表6－10　　　　研究目的结果汇总

研究目的	假设	结果
测定战略性企业社会责任与主要利益相关者期望之间的关系	只有主动性和可见性维度具有重要意义	成立
测定主要利益相关者的期望与企业非财务绩效之间的关系	利益相关者的期望与公司非财务绩效之间存在正相关关系	成立
测定战略性企业社会责任与企业非财务绩效之间的关系	只有主动性和可见性维度具有显著意义	成立

续 表

研究目的	假设	结果
确定利益相关者的期望在多大程度上调节了战略性企业社会责任与企业非财务绩效之间的关系	利益相关者的期望能够调节战略性企业社会责任与企业非财务绩效之间的关系	成立
确定企业规模在多大程度上调节了战略性企业社会责任与企业非财务绩效之间的关系	公司规模能够调节战略性企业社会责任与企业非财务绩效之间的关系	不成立

6.3 政策建议

本研究发现，伴随着我国经济社会的迅猛发展，企业社会责任的履行能够促进企业技术创新，提升其竞争优势，不仅对企业的财务绩效有益，还会提高企业的非财务绩效。基于该研究结论，提出如下政策建议。

6.3.1 政府层面

第一，政府监管部门应该制定、完善相关的制度体系。虽然我国政府已经出台了许多企业履行社会责任的政策，但还不够完善。为强化企业履行社会责任的制度建设，一方面，政府应该从法律层面着手，加强企业履行社会责任的法制建设，并让企业从法律层面意识到，其履行社会责任的必要性。另一方面，完善企业社会责任的相关标准、指引的制定，颁布适用于各行各业披露社会责任报告的标准，并从法律层面要求所有上市公司定期公布自己的社会责任报告；从我国国情出发，规定企业社会责任的评价制度，对失责的企业严惩不贷，促使企业积极承担社会责任。

第二，政府掌舵，而不是划桨。在企业履行战略性企业社会责任方面，坚持引导为主，干预为辅的方式。在企业的环保问题上，政府应该采用环保补贴或者是环保奖励的方式，引导企业去追求绿色可持续发展，从认识到实践，从生产过程到最后的废物处理都追求环保，加大对环保的投入。社会公益要坚持去行政化，各级政府应该晓之以理、动之以情，不能强制企业进行慈善行为，应该让企业结合自身的实际情况响应国家的号召，让企业主动有所作为。从长城汽车在疫情面前的所作所为，我们可以看出，一个负责任的企业，在国家与民族危难之际不会袖手旁观。

6.3.2 企业层面

企业社会责任运动的主体是企业，因此，在这一过程中企业能否积极主动地将政府的意愿和社会公众的期望作为自己经营的原则至关重要。企业应该着眼于以后，将社会责任的履行纳入自己的经营管理。不但要明白，履行社会责任是法律的要求，而且要意识到，社会责任的履行会提高自身的竞争力，甚至对企业的非财务绩效都有巨大的意义；企业应该将社会责任与日常的经营管理融为一体，从战略管理的角度出发，在企业运行的每一个环节渗透进社会责任，树立责任理念，设立责任部门，制订责任计划，从方方面面建立并推进社会责任管理体系。

在进行战略责任规划的时候，企业应该意识到资源的有限性问题，管理者也应该从公司内部条件和外部环境两个方面出发，敏锐地察觉问题、及时地抓住机遇、勇敢地迎接挑战，找到自身运营和社会期望的交叉点。可以将战略性企业分为内向型战略性企业和外向型战略性企业，就前者而言，可从自身出发，调整自己的运营方式，在创新方面投入大量的资金，从而以创新提高自己的非财务绩效；后者可从外部竞争环境入手，不能一味目光短浅，以资金提高短期的财务绩效，引来社会公众的短期好感，应该积极树立良好的企业形象，如积极响应国家精准扶贫的号召，投身到社会建设中去，从而以社会责任的履行带动企业非财务绩效的提高。

6.3.3 社会与第三方层面

在我国这样一个人情氛围浓厚的社会环境下，社会公众的态度对企业社会责任的履行影响很大。已有研究表明，企业履行战略性社会责任与消费者的反应程度息息相关。而且，企业的非财务绩效，包括创新、形象、组织学习，这些指标与经济指标相比，更需要时间去证明，企业本身和社会公众应该对此有比较理性的预期。NGO（非政府组织）、行业协会及媒体也应该积极发挥第三方的监督作用，多关注企业社会责任报告的披露，既可以促使企业积极公布自己的社会责任报告，又可以引导社会公众关注企业履行战略性社会责任的态度与具体实践。

投资者应该是利益相关者里面最关键的一部分，在国际上，ESG（环境、社会和公司治理）投资理念已经获得高度认同。我国很多的企业在其社会责任报告里面透露出对此理念的认同。而我国社会公众对社会责任投资的关注度较低，社会责任投资氛围尚未形成。投资者应树立责任投资意识，通过股东投资行为推动企业更好履行社会责任。

6.4 研究展望

6.4.1 研究的局限性

本研究属于横断面研究，这可能限制了其充分把握战略性企业社会责任对企业非财务绩效的影响范围。这是因为企业所采取的一些行动，在产生一定量的结果之前有一定的时间滞后性。尽管本研究采用的调查方法，即从利益相关者的角度出发来评价企业的战略性社会责任对企业非财务绩效的影响，在很大程度上消除了时间滞后的问题。但从利益相关者的角度出发，纵向的调查方法可以更好地反映出企业的战略性社会责任对企业非财务绩效的影响。

本研究只考虑了员工和客户这两个利益相关者群体，这也是另一个局限性的表现。从不同的利益相关者群体中获得反馈，无疑可以让人更加全面地了解利益相关者的期望是如何影响企业非财务绩效的。因此，研究者将从更多的利益相关者群体中收集到数据并纳入研究中，这样可以为企业的战略性社会责任与企业非财务绩效之间的关系提供更多的启示。接下来的研究对象将包括股东、供应商和社区等利益相关者。

另外，本研究所选择的公司都是中国的公司，因此对其他国家的研究结果应谨慎地进行概括。在其他许多新兴的多元文化国家，如马来西亚、印度和巴西等，可以进行进一步的研究。这是因为，研究发现，多元文化会影响企业社会责任的解释和理解。这些影响因素包括根深蒂固的价值观、博爱的传统、对环境的亲和力、之前的商业道德实践、社区团结的历史等。

6.4.2 对未来研究的建议

除了建议采用纵向研究设计方法以及将供应商、股东、社区等更多的利益相关者群体纳入研究范围之外，还有一些更有意义的研究观点可以作为这项工作的逻辑延伸或后续工作。建议进行纵向研究，因为它将揭示出更多的利益相关者对战略性企业社会责任活动的反应。下面将讨论一些对未来研究的建议。

本研究提供了一个明确的战略性企业社会责任非财务绩效模型，因为本研究的主要目的是将利益相关者的期望作为影响战略性企业社会责任和非财务绩效的关键性指标。在现实中，战略性企业社会责任到非财务绩效的过程是比较错综复杂的，因为非财务绩效处于一系列调节变量和独立变量的末端。换句话说，影响企业非财务绩效的变量太多，所以我们无法有效地分析出战略性企业社会责任活动的影响力。未来研究的第一个领域应该是将本研究中的模型加强，打造一个更全面的战略性企业社会责任到公司非财务绩效的模型。未来的研究者应该能够在这个模型中加入更多的指标，并重新评估影响战略性企业社会责任和公司非财务绩效的众多因素之间的相互关系。接下来的研究应该囊括多种调节因素，如企业的无形资源等。例如，通过战略性企业社会责任与主要利益相关者（客户、供应商、员工和社区）建立密切的关系，企业可以开发某些无形资源，尤其是技术、人力资源、声誉和文化，更好地挖掘企业的人才和创新潜力，从而获得这些无形资源所带来的竞争优势。

未来研究的第二个领域是聚焦于那些激励企业参与战略性社会责任活动的因素。如上文所述，尽管战略性企业社会责任到企业非财务绩效这一过程涉及面较广，但也不应该局限于对战略性企业社会责任方面可能存在的因素进行考察，这些因素包括企业领导人的价值观和企业社会责任意识。战略性企业社会责任抛出了一个观点，即企业领导者在决定企业参与战略性企业社会责任活动的方向上有潜在作用。企业领导者肩负着制定企业战略的重任，往往通过将战略性企业社会责任深深植根到企业中来提升企业形象。此外，他们很可能会改变企业的战略方向，包括与战略性企业社会责任相关的决策。

未来值得研究的第三个领域是除了研究公司规模（本研究就使用了公司规模这一概念）以外，调查研究其他调节效应。例如，可以检验企业所有权和企业成立年份对战略性企业社会责任与企业非财务绩效之间的交互效应。有人认为，不同的企业所有者对企业社会责任的影响也不同。与私营企业相比，国有企业更可能参与企业社会责任，其企业社会责任实施情况也比私营企业要好。在中国，老牌企业可能与年轻企业相比，更少追求与其经营理念不一致的近代化浪潮和管理理念，如企业社会责任，而年轻企业则有更强的动力来引入新的管理方式。其他的调节因素，如研发投入、广告和监管等影响因素（对道德规范的遵守、企业领导者的道德倾向和股权敏感度等）也可以纳入模型中。例如，有人提出，企业领导者的道德倾向与中国上市公司的企业社会责任呈现出显著的正相关关系，因为道德倾向对个体的思想和行为有着显著的影响，甚至道德倾向也可以作为社会规范来影响企业社会责任。

未来值得研究的第四个领域是通过利益相关者的视角，来研究中国的行业语境是如何影响战略性企业社会责任与企业非财务绩效之间的关系。也可以进行跨行业的研究，以探究行业效应，从而在这一领域得出更科学的总结。

参考文献

[1] 霍华德·R. 鲍恩. 商人的社会责任［M］. 肖红军，王晓光，周国银，译. 北京：经济管理出版社，2015.

[2] 周虹. 战略性企业社会责任对财务绩效的影响研究［D］. 太原：山西财经大学，2019.

[3] 王译靖. 战略性企业社会责任与财务绩效关系研究［D］. 杭州：浙江财经大学，2015.

[4] 汪建新. 企业社会责任研究——基于利益相关者角度［D］. 天津：南开大学，2009.

[5] 李国平，韦晓茜. 企业社会责任内涵、度量与经济后果——基于国外企业社会责任理论的研究综述［J］. 会计研究，2014（8）.

[6] 赵存丽. 企业社会责任对财务绩效的影响研究——基于企业性质视角［D］. 大连：东北财经大学，2014.

[7] 黄华. 企业社会责任对财务绩效的影响研究——基于我国房地产类上市公司［D］. 南京：南京财经大学，2014.

[8] 刘长喜. 利益相关者、社会契约与企业社会责任——一个新的分析框架及其应用［D］. 上海：复旦大学，2005.

[9] 张进发. 基于利益相关者理论的企业社会责任管理研究［D］. 天津：南开大学，2009.

[10] 王婷. 共享视角下企业社会责任的转型与机遇——以英特尔（中国）有限公司为例［D］. 昆明：云南财经大学，2016.

[11] 王雪红，何元. 非财务指标的研究综述［J］. 财税研究，2016.

［12］李世明．非财务指标在绩效评价中的应用研究［D］．北京：北方工业大学，2011.

［13］王敏．非财务指标在企业绩效评价中的有效性研究［D］．北京：北方工业大学，2010.

［14］张雪霞．非财务指标在企业业绩评价中的应用研究［J］．行政事业资产与财务，2014（30）．

［15］单子丹，安宁，项朝霞．高校双创教育效果评价反馈机制及应用策略初探——以“双一流”本科专业建设为例［J］．黑龙江教育（高教研究与评估），2020（5）．

［16］孟显仕．企业绩效评价中的非财务指标研究［D］．北京：对外经济贸易大学，2006.

［17］李志松．企业社会责任与共享价值创造的比较研究［D］．北京：中国青年政治学院，2016.

［18］陈爽英，井润田，刘德山．企业战略性社会责任过程机制的案例研究——以四川宏达集团为例［J］．管理案例研究与评论，2012（3）．

［19］王翔．企业战略性社会责任及其竞争力培育研究［D］．武汉：武汉理工大学，2010.

［20］张书莲．我国战略性企业社会责任研究进展［J］．商业时代，2014（15）．

［21］欧阳润平，宁亚春．西方企业社会责任战略管理相关研究评述［J］．湖南大学学报（社会科学版），2009（2）．

［22］李缘．员工心理资本和企业非财务绩效的研究综述［J］．河北企业，2018（1）．

［23］孟维祯．战略性企业社会责任、共享价值与企业社会责任竞争力——以中国保险业为例［D］．大连：东北财经大学，2017.

［24］王守霞，程馨，任姣．战略性企业社会责任研究［J］．价值工程，2015（9）．

［25］徐光华，陈良华，王兰芳．战略绩效评价模式：企业社会责任嵌入性研究［J］．管理世界，2007（11）．

［26］郭晓凌，陈可．零售企业战略性企业社会责任与消费者响应［J］．山西

财经大学学报，2011（7）.

［27］许英杰，石颖．中国上市公司战略性社会责任影响因素研究——以沪深300指数企业为例［J］．经济体制改革，2014（4）.

［28］曾峻．企业绩效评价中的非财务指标研究［D］．长沙：湖南大学，2005.

［29］张川，潘飞，ROBINSON J. 非财务指标采用的业绩后果实证研究——代理理论 vs. 权变理论［J］．会计研究，2008（2）.

［30］孙永风，李垣．企业绩效评价的理论综述及存在的问题分析［J］．预测，2004（2）.

［31］卡普兰，阿特金森．高级管理会计［M］．吕长江，译．大连：东北财经大学出版社，1999.

［32］张朝宓，熊焰韧．当代管理会计研究［M］．北京：北京大学出版社，2006.

［33］胡奕明．非财务指标的选择——价值相关分析［J］．财经研究，2001（5）.

［34］纪咏梅．权变的业绩衡量——谈企业管理业绩评价指标的选择［J］．中央财经大学学报，2000（11）.

［35］四尺度论［J］．财务与会计（理财版），2012（12）.

［36］杨兵，柯佑鹏．非财务指标影响上市公司财务危机预测能力的实证研究［J］．财会通讯（学术版），2005（11）.

［37］谢蓉蓉．企业社会责任未来研究方向［J］．国际商务财会，2019（2）.

［38］王志娟．企业人力资本心理养护对企业非财务绩效的影响研究［D］．长沙：湖南师范大学，2015.

［39］林晓琼．国家电网公司企业社会责任研究［D］．长沙：长沙理工大学，2008.

［40］付鸿彦，任国升，廉晓洁．战略型社会责任与企业财务绩效的实证研究——基于客户企业社会责任满意度的中介效应［J］．会计之友，2018（24）.

［41］BURKE L，LOGSDON J M，MITCHELL W，et al. Corporate community involvement in the San Francisco Bay Area［J］． California management review, 1986, 28 (3): 122.

[42] PORTER M E, KRAMER M R. Strategy and society: the link between competitive advantage and corporate social responsibility [J]. Harvard business review, 2006, 84 (12): 78 -92.

[43] HUSTED B W, ALLEN D B. Strategic corporate social responsibility and value creation among large firms: lessons from the spanish experience [J]. Long range planning, 2007, 40 (6): 594 -610.

[44] AGUINIS H, BOYD B K, PIERCE C A, et al. Walking new avenues in management research methods and theories: bridging micro and macro domains [J]. Journal of management, 2011, 37 (2): 395 -403.

[45] MADUENO J H, JORGE M L, CONESA I M, et al. Relationship between corporate social responsibility and competitive performance in Spanish SMEs: empirical evidence from a stakeholders' perspective [J]. BRQ business research quarterly, 2016, 19 (1): 55 -72.

[46] AGUINIS H, GLAVAS A. What we know and don't know about corporate social responsibility: a review and research agenda [J]. Journal of management, 2012, 38 (4): 932 -968.

[47] NUNNALLY J C. Psychometric theory [M]. New York: Tata McGraw - Hill Education, 1978.

[48] FREEMAN R E. The politics of stakeholder theory: some future directions [J]. Business ethics quarterly, 1994, 4 (4): 409 -421.

[49] POLITES G L, ROBERTS N, THATCHER J. Conceptualizing models using multidimensional constructs: a review and guidelines for their use [J]. European journal of information systems, 2012, 21 (1): 22 -48.

[50] CARROLL A B. The pyramid of corporate social responsibility: toward the moral management of organizational stakeholders [J]. Business horizons, 1991, 34 (4): 39 -48.

[51] BARNETT M L, SALOMON R M. Beyond dichotomy: the curvilinear relationship between social responsibility and financial performance [J]. Strategic management journal, 2006, 27 (11): 1101 -1122.

[52] BHATTACHARYA C B, SEN S, KORSCHUN D. Using corporate social responsibility to win the war for talent [J]. MIT Sloan management review, 2008, 49 (2).

[53] MITCHELL R K, AGLE B R, WOOD D J. Toward a theory of stakeholder identification and salience: defining the principle of who and what really counts [J]. Academy of management review, 1997, 22 (4): 853-886.

[54] COCKCROFT W H, MORGAN C. Writing mathematically: the discourse of investigation [M]. London: Psychology Press, 1998.

[55] HILLMAN A J, KEIM G D, LUCE R A. Board composition and stakeholder performance: do stakeholder directors make a difference? [J]. Business and society, 2001, 40 (3): 295-314.

[56] GRAVES S B, WADDOCK S A. Beyond built to last... stakeholder relations in "built-to-last" companies [J]. Business and society review, 2000, 105 (4): 393-418.

[57] HAIR J F, RINGLE C M, SARSTEDT M. PLS-SEM: indeed a silver bullet [J]. Journal of marketing theory and practice, 2011, 19 (2): 139-152.

[58] LENSSEN G, BEVAN D, BLAGOV Y. Corporate responsibility and emerging markets [J]. Corporate Governance: The international journal of business in society, 2011.

[59] FRIEDMAN A L, MILES S. Developing stakeholder theory [J]. Journal of management studies, 2002, 39 (1): 1-21.

[60] HOYLE R H. Structural equation modeling: concepts, issues and applications [M]. Thousand Oaks: Sage Publications, 1995.

[61] WINDSOR D. Corporate citizenship: evolution and interpretation [J]. Perspectives on corporate citizenship, 2001 (14): 39-52.

[62] PELOZA J. The challenge of measuring financial impacts from investments in corporate social performance [J]. Journal of management, 2009, 35 (6): 1518-1541.

[63] BHATTACHARYYA S S, 2010. Exploring the concept of strategic corporate social responsibility for an integrated perspective [J]. European business re-

view, 2010, 22 (1): 88 -101.

[64] HENSELER J, RINGLE C M, SINKOVICS R R. The use of partial least squares path modeling in international marketing [J]. Advances in international marketing, 2009, 20: 277 -319.

[65] ADAMS C A, HARTE G. The changing portrayal of the employment of women in british banks' and retail companies' corporate annual reports [J]. Accounting, organizations and society, 1998, 23 (8): 781 -812.

[66] BURKE L, LOGSDON J M. How corporate social responsibility pays off [J]. Long range planning, 1996, 29 (4): 495 -502.

[67] LINDORFF M, JONSON E P, MCGUIRE L. Strategic corporate social responsibility in controversial industry sectors: the social value of harm minimisation [J]. Journal of business ethics, 2012, 110 (4): 457 -467.

[68] HUSTED B W, ALLEN D B. Strategic corporate social responsibility and value creation [J]. Management international review, 2009, 49: 781 -799.

[69] JOHN K. The left is still searching for a practical philosophy [N]. Financial Times, 2010.

[70] MILES R H. Managing the corporate social environment: a grounded theory [M]. Englewood Cliffs: Prentice - Hall Inc, 1987.

[71] WARTICK S L, COCHRAN P L. The evolution of the corporate social performance model [J]. Academy of management review, 1985, 10 (4): 758 -769.

[72] CARROLL A B. A three - dimensional conceptual model of corporate social performance [J]. Academy of management review, 1979, 4 (4): 497 -505.

[73] BARON D P. Private politics, corporate social responsibility and integrated strategy [J]. Journal of economics and management strategy, 2001, 10 (1): 7 -45.

[74] LANTOS G P. The boundaries of strategic corporate social responsibility [J]. Journal of consumer marketing, 2001, 18 (7): 595 -630.

[75] MCWILLIAMS A, SIEGEL D. Creating and capturing value: strategic corporate social responsibility, resource - based theory and sustainable competitive advantage [J]. Journal of management, 2011, 37: 1480 -1495.

[76] CHANDLER D, WERTHER W B. Strategic corporate social responsibility: stakeholders, globalization and sustainable value creation [M]. Thousand Oaks: Sage Publications, 2013.

[77] ITTNER C D, LARCKER D F, RANDALL T. Performance implications of strategic performance measurement in financial services firms [J]. Accounting, organization and society, 2003, 28: 715 -741.

[78] KAPLAN R S, NORTON D P. The balanced scorecard: measures that drive performance [J]. Havard business review, 1992: 172 -180.

[79] AAKER J L. Dimensions of brand personality [J]. Journal of marketing research, 1997, 34 (3): 347 -356.

[80] AL - HAKIM L, CHEN J. Innovation in business and enterprise: technologies and frameworks [M]. Hershey: IGI Global, 2010.

[81] ALIYUA A, BELLO M U, KASIM R, et al. Positivist and non - positivist paradigm in social science research: conflicting paradigms or perfect partners [J]. Journal of management and sustainability, 2014, 4 (3): 79.

[82] AL - MATARI E M, AL - SWIDI A K, FADZIL F H B. The measurements of firm performance's dimensions [J]. Asian Journal of finance and accounting, 2014, 6 (1).

[83] ANDERSON J C, GERBING D W. Structural equation modeling in practice: a review and recommended two - step approach [J]. Psychological bulletin, 1988, 103 (3): 411 -423.

[84] ANDREW B H, GUL F A, GUTHRIE J E, et al. A note on corporate social disclosure practices in developing countries: the case of Malaysia and singapore [J]. British accounting review, 1989, 21: 371 -376.

[85] ANN G E, ZAILANI S, WAHID N A. A study on the impact of environmental management system (EMS) certification towards firms' performance in Malaysia [J]. Management of environmental quality: an international Journal, 2006, 17 (1): 73 -93.

[86] ARAGON-CORREA J A, HURTADO - TORRES N, SHARMA S, et al. Environmental strategy and performance in small firms: a resource - based

perspective [J]. Journal of environmental management, 2008, 86: 88 - 103.

[87] ARMANDI B R. Organizational structure and efficiency [M]. Washington: University Press of America, 1981.

[88] ARMANDI B R, MILLS JR E W. Organizational size, structure and efficiency: a test of a blau - hage model [J]. The american journal of economics and sociology, 1982, 41 (1): 43 - 60.

[89] ARMSTRONG J S, OVERTON T S. Estimating nonresponse bias in mail surveys [J]. Journal of marketing research, 1977, 14: 396 - 402.

[90] ATALAY M, ANAFARTA N, SARVAN F. The relationship between innovation and firm performance: an empirical evidence from turkish automotive supplier industry [J]. Procedia - social and behavioral sciences, 2013, 75: 226 - 235.

[91] BAGIRE V, NAMADA J M. Strategic Management in Africa: tracing gaps in sustainable business development [J]. Journal of marketing development and competitiveness, 2011, 5 (7): 72 - 80.

[92] BANSAL P. Evolving sustainably: a longitudinal study of corporate sustainable development [J]. Strategic management journal, 2005, 26 (3): 197 - 218.

[93] BARNETT M L, SALOMON R M. Beyond dichotomy: the curvilinear relationship between social responsibility and financial performance [J]. Strategic management journal, 2006, 27 (11): 1101 - 1122.

[94] BARTLETT M S. A note on the multiplying factors for various χ^2 approximations [J]. Journal of the royal statistical society. Series B (Methodological), 1954, 16: 296 - 298.

[95] BECKER H S. Problems of inference and proof in participant observation [J]. American sociological review, 1958, 23: 189 - 201.

[96] BECKER J M, KLEIN K, WETZELS M. Hierarchical latent variable models in PLS - SEM: guidelines for using reflective - formative type models [J]. Long range planning, 2012, 45 (5/6): 359 - 394.

[97] BHATTACHARYA C B, SEN S, KORSCHUN D. Using corporate social re-

sponsibility to win the war for talent [J]. MIT sloan management review, 2008, 49 (2).

[98] BLANCO B, GUILLAMÓN - SAORÍN E, GUIRAL A. Do non - socially responsible companies achieve legitimacy through socially responsible actions? The mediating effect of innovation [J]. Journal of business ethics, 2013, 117: 67 - 83.

[99] BOLLEN J, MAO H, ZENG X J. Twitter mood predicts the stock market [J]. Journal of computational science, 2011, 2 (1): 1 - 8.

[100] BOLLEN K A, LONG J S. Testing structural equation models [M]. Thousand Oaks: Sage Publications, 1993.

[101] BONINI S, GORNER S. The business of sustainability [M]. New York: McKinsey and Company, 2011.

[102] BOYLE E J, HIGGINS M M, RHEE S G. Stock market reaction to ethical initiatives of defense contractors: theory and evidence [J]. Critical perspectives of accounting, 1997, 8: 541 - 561.

[103] BROWNE M W, CUDECK R, BOLLEN K A, et al. Testing structural equation models [M]. Thousand Oaks: Sage Publications, 1993.

[104] BRYMAN A. Qualitative research on leadership: a critical but appreciative review [J]. The leadership quarterly, 2004, 15: 729 - 769.

[105] BRYMAN A. Why do researchers integrate/combine/mesh/blend/mix/merge/fuse quantitative and qualitative research [M]. Thousand Oaks: Sage Publications, 2008.

[106] BRYMAN A. Social research methods [M]. Oxford: Oxford University Press, 2012.

[107] BRYMAN A, BELL E. Ethics in business research [J]. Business research methods, 2011, 7 (5): 23 - 56.

[108] BURNS A C, BUSH R F. Marketing research [J]. Globalization, 2000, 1 (7): 76 - 93.

[109] BURRELL G, MORGAN G. Sociological paradigms and organisational analysis [M]. London: Heinemann, 1979.

[110] CHANG E C, WONG S M L. Political control and performance in China's listed firms [J]. Journal of comparative economics, 2004, 32 (4): 617 - 636.

[111] PETRILLOA, FELICE F D, GARCÍA - MELÓN, et al. Investing in socially responsible mutual funds: proposal of non - financial ranking in Italian market [J]. Research in international business and finance, 2016, 37: 541 - 555.

[112] CHIN W W, MARCOULIDES G. The partial least squares approach to structural equation modeling [J]. Modern methods for business research, 1988, 295 (2): 295 - 336.

[113] CHIN W W, NEWSTED P R. Structural equation modeling analysis with small samples using partial least squares [J]. Statistical strategies for small sample research, 1999, 1 (1): 307 - 341.

[114] CHRISTMANN P. Effects of "best practices" of environmental management on cost advantage: the role of complementary assets [J]. Academy of management journal, 2000, 43: 663 - 680.

[115] CLARKSON M B E. A stakeholder framework for analyzing and evaluating corporate social responsibility [J]. The academy of management review, 1995, 20 (1): 92 - 117.

[116] COHEN J. Statistical power analysis for the behavioral sciences [M]. Cambridge: Academic Press, 1988.

[117] COLLIS J, HUSSEY R. Business research: a practical guide for undergraduate and postgraduate students [M]. London: Palgrave Macmillan, 2009.

[118] CRESWELL J W. Mapping the field of mixed methods research [J]. Journal of mixed methods research, 2009, 3 (2): 95 - 108.

[119] CRESWELL J W. Educational research: planning, conducting, and evaluating quantitative [M]. New York: Pearson Education, 2012.

[120] CRESWELL J W, CLARK V L P. The mixed methods reader [M]. Thousand Oaks: Sage Publications, 2007.

[121] DAVIDSON D K, YIN J. Corporate social responsibility (CSR) in China: a contextual exploration [M]. Hershey: IGI Global, 2009.

[122] DAVIS K. Can business afford to lgnore social responsibilities? [J]. California management review, 1960, 2: 70 -76.

[123] DAVIS K. The care and cultivation of the corporate grapevine [J]. Management review, 1973, 62: 53 -55.

[124] DIAMANTOPOULOS A, SIGUAW J A. Formative versus reflective indicators in organizational measure development: a comparison and empirical illustration [J]. British journal of management, 2006, 17: 263 -282.

[125] DIAMANTOPOULOS A, WINKELHOFER H. Index construction with formative indicators: an alternative to scale development [J]. Journal of marketing research, 2001, 38 (2): 269 -277.

[126] DIERICKX I, COOL K. Asset stock accumulation and sustainability of competitive advantage [J]. Management science, 1989, 35 (12): 1504 -1511.

[127] DILLALA L. Handbook of multavariatestatistic and mathematical modelling [M]. Illinois: Elsevier Science, 2000.

[128] DRISCOLL C, STARIK M. The primordial stakeholder: advancing the conceptual consideration of stakeholder status for the natural environment [J]. Journal of business ethics, 2004, 49: 55 -73.

[129] EASTERBY - SMITH M, LYLES M A, TSANG E W. Inter - organizational knowledge transfer: current themes and future prospects [J]. Journal of management studies, 2008, 45: 677 -690.

[130] EL AKREMI A, GOND J - P, SWAEN V, et al. How do employees perceive corporate responsibility? Development and validation of a multidimensional corporate stakeholder responsibility scale [J]. Journal of management, 2015, 44 (2): 619 -657.

[131] ELMAN C, JENSEN M. The realism reader [M]. London: Routledge, 2014.

[132] FADUN S O. Corporate socialresponsibility (CSR) practices and stakeholders expectations: the nigerian perspectives [J]. Research in business and management, 2014, 1 (2): 13 -31.

[133] FARH J L, TSUI A S, XIN K R, et al. The influence of relational demog-

raphy and guanxi: the Chinese case [J]. Organization science, 1998, 9 (4): 471 -488.

[134] FERNANDO A, PANDEY I. Corporate social responsibility reporting: a survey of listed Sri Lankan companies [J]. Journal for international business and entrepreneurship development, 2012, 6 (2): 172 -187.

[135] FIELD J. Social capital and lifelong learning [M]. Bristol: Policy Press, 2005.

[136] FLORIN J, LUBATKIN M, SCHULZE W. A social capital model of high - growth ventures [J]. Academy of management journal, 2003, 46 (3): 374 -384.

[137] FOOKS G, GILMORE A, COLLIN J, et al. The limits of corporate social responsibility: techniques of neutralization, stakeholder management and political CSR [J]. Journal of business ethics, 2013, 112 (2): 283 -299.

[138] FOOTE J, GAFFNEY N, EVANS J R. Corporate social responsibility: implications for performance excellence [J]. Total quality management and business excellence, 2010, 21 (8).

[139] FORNELL C, BOOKSTEIN F L. Two structural equation models: LISREL and PLS applied to consumer exit - voice theory [J]. Journal of marketing research, 1982, 19 (4): 440 -452.

[140] FORNELL C, LARCKER D F. Structural equation models with unobservable variables and measurement error: algebra and statistics [J]. Journal of marketing research, 1981, 18: 382 -388.

[141] LEWIS V, KELLETT M, FRASER S, et al. Doing research with children and young people [M]. Thousand Oaks: Sage Publications, 2003.

[142] FREDERICK W C. Moving to CSR: what to pack for the trip [J]. Business and society, 1998, 37 (1): 40 -59.

[143] FREDERICK W C. Corporation, be good!: the story of corporate social responsibility [M]. Indianapolis: Dog Ear Publishing, 2006.

[144] FREEMAN R E. Strategic management: a stakeholder approach [M]. Cambridge: Cambridge university press, 1951.

[145] FREEMAN R E, PHILLIPS R A. Stakeholder theory: a libertarian defense [J]. Business ethics quarterly, 2002, 12 (3): 331 -350.

[146] FRIEDMAN A L, MILES S. Developing stakeholder theory [J]. Journal of management studies, 2002, 39 (1): 1 -21.

[147] FROST S, HO M. 'Going out': the growth of chinese foreign direct investment in southeast asia and its implications for corporate social responsibility [J]. Corporate social responsibility and environmental management, 2005, 12: 157 -167.

[148] FUKUKAWA K, TERAMOTO Y. Understanding japanese CSR: the reflections of managers in the field of global operations [J]. Journal of business ethics, 2009, 85: 133 -146.

[149] GABBAY D M, SMETS P, KRUSE R. Abductive reasoning and learning: abductive reasoning and learning [M]. Berlin: Springer Science and Business Media, 2000.

[150] GALINAT W C. Plant habit and the adaptation of corn [M]. Amherst: experiment station, college of agriculture, University of Massachusetts, 1967.

[151] GALLARDO - VÁZQUEZ D, SANCHEZ - HERNANDEZ M I. Measuring corporate social responsibility for competitive success at a regional level [J]. Journal of cleaner production, 2014, 72 (1): 14 -22.

[152] GALLIERS R D. Strategic information systems planning: myths, reality and guidelines for successful implementation [J]. European journal of information systems, 1991, 1: 55 -64.

[153] GARDBERG N A, FOMBRUN C J. Corporate citizenship: creating intangible assets across institutional environments [J]. Academy of management review, 2006, 31 (2): 329 -346.

[154] GEFEN D, STRAUB D W, BOUDREAU M C. Structural equation modeling and regression: guidelines for research practice [J]. Communications of the association for information systems, 2000, 4: 7.

[155] GLICKEN M D. Social research: A simple guide [M]. London: Pearson College Division, 2003.

[156] GOERTZ G, MAHONEY J. A tale of two cultures: Qualitative and quantitative research in the social sciences [M]. Princeton: Princeton University Press, 2013.

[157] GRATTON C, JONES I. Research designs for sport studies [J]. Research methods for sport studies, 2010, 100 - 126.

[158] GRAVES S B, WADDOCK S A. Beyond built to last... Stakeholder relations in "built - to - last" companies [J]. Business and society review, 2000, 105 (4): 393 - 418.

[159] GREENLEY G E, HOOLEY G J, BRODERICK A J, et al. Strategic planning differences among different multiple stakeholder orientation profiles [J]. Journal of strategic marketing, 2004, 12 (3): 163 - 182.

[160] GUMMESSON E. Qualitative methods in management research [M]. Thousand Oaks: Sage Publications, 1999.

[161] GUO P. Corporate environmental reporting and disclosure in China [D]. Beijing: Tsinghua University, 2005.

[162] HAENLEIN M, KAPLAN A M. A beginner's guide to partial least squares analysis [J]. Understanding statistics, 2004, 3: 283 - 297.

[163] HAIR J, ANDERSON R, BABIN B, et al. Multivariate data analysis: a global perspective [M]. New Jersey: Pearson Upper Saddle River, 2010.

[164] HAIR J F, HULT G T M, RINGLE C M, et al. A primer on partial least squares structural equation modeling (PLS - SEM) [M]. Thousand Oaks: Sage publications, 2016.

[165] BOWMAN E H, HAIRE M. A strategic posture toward corporate social responsibility [J]. California management review, 1975, 18 (2): 49 - 58.

[166] HALFPENNY P. Positivism and sociology (RLE social theory): Explaining social life [M]. London: Routledge, 1982.

[167] HALME M, LAURILA J. Philanthropy, integration or innovation? Exploring the financial and societal outcomes of different types of corporate responsibility [J]. Journal of business ethics, 2009, 84: 325 - 339.

[168] HAMANN R, KAPELUS P. Corporate social responsibility in mining in

southern Africa: fair accountability or just greenwash? [J]. Development, 2004, 47 (3): 85 - 92.

[169] HAMEL G, PRAHALAD C. Competing for the future [J]. Harvard business review, 1994, 72 (4): 122 - 128.

[170] HAMMERSLEY M. The dilemma of qualitative method: herbert blumer and the chicago tradition [M]. London: Routledge, 1990.

[171] HAMMERSLEY M. What's wrong with ethnography? [M]. London: Routledge, 1992.

[172] HASAN Z, ALI N A. The impact of green marketing strategy on the firm' s performance in Malaysia [J]. Procedia - Social and Behavioral Sciences, 2015, 172 (27): 463 - 470.

[173] FOX D M. The discovery of abundance: Simon N. Patten and the transformation of social theory [M]. New York: Cornell University Press, 1967.

[174] HENNING E, VAN R W, SMIT B. Finding your way in qualitative research [M]. Pretoria: Van Schaik, 2004.

[175] HENSELER I, FALKAI P, GRUBER O. Disturbed functional connectivity within brain networks subserving domain - specific subcomponents of working memory in schizophrenia: relation to performance and clinical symptoms [J]. Journal of psychiatric research, 2010, 44 (6): 364 - 372.

[176] HENSELER J, RINGLE C M, SARSTEDT M. A new criterion for assessing discriminant validity in variance - based structural equation modeling [J]. Journal of the academy of marketing science, 2015, 43: 115 - 135.

[177] HENSELER J, RINGLE C M, SINKOVICS R R. The use of partial least squares path modeling in international marketing [M]. Bingley: Emerald Group Publishing Limited, 2009.

[178] HENSON R K. Understanding internal consistency reliability estimates: a conceptual primer on coefficient alpha [J]. Measurement and evaluation in counseling and development, 2001, 34 (3): 177 - 189.

[179] HILLMAN A J, KEIM G D, LUCE R A. Board composition and stakeholder performance: do stakeholder directors make a difference? [J]. Business and

society, 2011, 40: 295 –314.

[180] HILLMAN A J, WAN W P. The determinants of MNE subsidiaries´political strategies: evidence of institutional duality [J]. Journal of international business studies, 2005, 36: 322 –340.

[181] HOLMES S L. Executive perceptions of corporate social responsibility [J]. Business horizons, 1976, 19 (3): 34 –40.

[182] HOPKINS M. The planetary bargain: corporate social responsibility matters [M]. London: Earthscan Publications Ltd, 2003.

[183] HOSKISSON R E, EDEN L, LAU C M, et al. Strategy in emerging economies [J]. Academy of management journal, 2000, 43 (3): 249 –267.

[184] HOYLE R H. Structural equation modeling: concepts, issues, and applications [M]. Thousand Oaks: Sage Publications, 1995.

[185] HUI S, CAROL A T. Chinese government as a determinant of corporate environmental reporting: a study of large Chinese listed companies [J]. Journal of the Asia – pacific Centre for Environmental Accountability, 2012, 8: 251 –256.

[186] HULLAND J. Use of partial least squares (PLS) in strategic management research: a review of four recent studies [J]. Strategic management journal, 1999, 20 (2): 195 –204.

[187] HULLAND J, RYAN M J, RAYNER R K. Modeling customer satisfaction: a comparative performance evaluation of covariance structure analysis versus partial least squares [M]. Berlin: Springer, 2010.

[188] HUSEMAN R C, CARROLL A B. Readings in organizational behavior : dimensions of management actions [M]. Boston: Allyn and Bacon, 1979.

[189] HUSTED B W, ALLEN D B. Strategic corporate social responsibility and value creation among large firms: lessons from the spanish experience [J]. Journal of business ethics, 2007, 40 (6): 594 –610.

[190] HUSTED B W, ALLEN D B. Strategic corporate social responsibility and value creation [J]. Management international review, 2009, 49 (6): 781.

[191] IDEMUDIA U. Conceptualising the CSR and development debate: bridging exist-

ing analytical gaps [J]. Journal of corporate citizenship, 2008, 29: 91 –110.

[192] IDEMUDIA U, ITE U E. Corporate – community relations in Nigeria's oil industry: challenges and imperatives [J]. Corporate social responsibility and environmental management, 2006, 13: 194 –206.

[193] IWU – EGWUONWU D, CHIBUIKE R. Corporate reputation and firm performance: empiricial literature evidence [J]. International journal of business and management, 2011.

[194] JARVIS C B, MACKENZIE S B, PODSAKOFF P M. A critical review of construct indicators and measurement model misspecification in marketing and consumer research [J]. Journal of consumer research, 2003, 30: 199 –218.

[195] JOHNSON R B, ONWUEGBUZIE A J. Mixed methods research: a research paradigm whose time has come [J]. Educational researcher, 2004, 33 (7): 14 –26.

[196] JONES T M. Corporate social responsibility revisited, redefined [J]. California management review, 1980, 22 (2): 59 –67.

[197] KAISER H F. An index of factorial simplicity [J]. Psychometrika, 1974, 39: 31 –36.

[198] KELLOWAY E K. Using LISREL for structural equation modeling: a researcher's guide [M]. Thousand Oaks: Sage Publications, 1998.

[199] KETOLA T. A holistic corporate responsibility model: Integrating values, discourses and actions [J]. Journal of business ethics, 2008, 80 (3): 419.

[200] KHOO H H, TAN K C. Critical success factors for quality management implementation in Russia [J]. Industrial and Commercial Training, 2002.

[201] KIM R, VAN DAM E. The added value of corporate social responsibility [M]. Amsterdam: IOS Press, 2003.

[202] KLINE R B. Principles and practice of structural equation modeling [M]. New York: Guilford Publications, 1998.

[203] KOCK N, LYNN G. Lateral collinearity and misleading results in variance – based SEM: an illustration and recommendations [J]. Journal of association

for information systems, 2012, 13 (7): 546 –580.

[204] KOLK A, TULDER V R. International business, corporate social responsibility and sustainable development [J]. International business review, 2010, 19 (2): 119 –125.

[205] LANCE C E, BUTTS M M, MICHELS L C. The sources of four commonly reported cutoff criteria: what did they really say? [J]. Organizational research methods, 2006, 9: 202 –220.

[206] LATHER P. Paradigm proliferation as a good thing to think with: teaching research in education as a wild profusion [J]. International journal of qualitative studies in education, 2006, 19 (1): 35 –57.

[207] LATHER P, ST. PIERRE E A, 2013. Post –qualitative research [J]. International journal of qualitative studies in education, 26 (6): 629 –633.

[208] LEAVY P. Method meets art: arts – based research practice [M]. New York: Guilford Publications, 2015.

[209] LENSSEN G, BEVAN D, BLAGOV Y. Corporate responsibility and emerging markets [J]. Corporate Governance: The international journal of business in society, 2011.

[210] LENSSEN G, GASPARSKI W, ROK B, et al. Corporate social responsibility from a "stakeholder view" perspective: CSR implementation by a Swiss mobile telecommunication provider [J]. Corporate Governance: The international journal of business in society, 2006.

[211] LIN L W. Corporate social responsibility in China: window dressing or structural change [J]. Berkeley Journal of international law, 2010, 28: 64 –100.

[212] EPSTEIN E M. The corporate social policy process and the process of corporate governance [J]. American business law journal, 1987, 25 (3): 361 –383.

[213] MADUENO J H, JORGE M L, CONESA I M, et al. Relationship between corporate social responsibility and competitive performance in spanish SMEs: empirical evidence from a stakeholders' perspective [J]. Business research quarterly, 2015: 9 (1): 55 –72.

[214] MAINUL ISLAM M, FANIRAN O O. Structural equation model of project

planning effectiveness [J]. Construction management and economics, 2005, 23 (2): 215 -223.

[215] MARCOULIDES G A, CHIN W W, SAUNDERS C. A critical look at partial least squares modeling [J]. MIS quarterly, 2009, 33 (1): 171 -175.

[216] MAROM S Y. Toward a unified theory of the CSP - CFP link [J]. Journal of business ethics, 2006 (2).

[217] MCCALL G J, SIMMONS J L. Issues in participant observation: a text and reader [M]. Boston: Addison - Wesley, 1969.

[218] MCMILLAN J H, SCHUMACHER S. Research in education: evidence - based inquiry [M]. Harlow: Pearson, 2006.

[219] MIDDLEMISS N. Authentic not cosmetic: CSR as brand enhancement [J]. Journal of brand management, 2003, 10 (4/5): 353.

[220] MITCHELL R K, AGLE B R, WOOD D J. Toward a theory of stakeholder identification and salience: defining the principle of who and what really counts [J]. Academy of management review, 1997, 22 (4): 853 -886.

[221] MONROE K R. Perestroika! The raucous rebellion in political science [M]. New Haven: Yale University Press, 2005.

[222] MORGAN C. Writing mathematically: the discourse of investigation [M]. London: Falmer Press, 1998.

[223] MOUTON J. Understanding social research [M]. Hatfield: Van Schaik Publishers, 1996.

[224] MUNILLA L S, MILES M P. The corporate social responsibility continuum as a component of stakeholder theory [J]. Business and society review, 2005, 110 (4): 371 -387.

[225] NEUMAN W R, GUGGENHEIM L. The evolution of media effects theory: a six - stage model of cumulative research [J]. Communication theory, 2011, 21 (2): 169 -196.

[226] NUNNALLY J C. Psychometric theory [M]. New York: Tata McGraw - Hill Education, 1978.

[227] ÖBERSEDER M, SCHLEGELMILCH B B, MURPHY P E, et al. Consum-

ers' perceptions of corporate social responsibility: scale development and validation [J]. Journal of business ethics, 2014, 124: 101 –115.

[228] FREEMAN R E. The politics of stakeholder theory: some future directions [J]. Business ethics quarterly, 1994, 4 (4): 409.

[229] ORLITZKY M, SCHMIDT F L, RYNES S L. Corporate social and financial performance: a meta – analysis [J]. Organization studies, 2003, 24 (3): 403 –441.

[230] OSTLUND L E, 1977. Attitudes of managers toward corporate social responsibility [J]. California Management Review, 19 (4): 35 –49.

[231] ROBINSON J P, SHAVER P R, WRIGHTSMAN L S. Measures of personality and social psychological attitudes [M]. Illinois: Elsevier Science, 1990.

[232] PEDERSEN E R. Making corporate social responsibility (CSR) operable: how companies translate stakeholder dialogue into practice [J]. Business and society review, 2006, 111 (2): 137 –163.

[233] PELOZA J. Using corporate social responsibility as insurance for financial performance [J]. California management review, 2006, 48 (2): 52 –72.

[234] PELOZA J. The challenge of measuring financial impacts from investments in corporate social performance [J]. Journal of management, 2009, 35: 1518 – 1541.

[235] PETERS B G. Institutional theory in political science: the new institutionalism [M]. New York: Continuum, 2001.

[236] PETTER S, STRAUB D, RAI A. Specifying formative constructs in information systems research [J]. MIS quarterly, 2007, 31 (4): 623 –656.

[237] PHILLIPS D C, BURBULES N C. Postpositivism and educational research [M]. Lanham: Rowman & Littlefield, 1988.

[238] PODSAKOFF P M, MACKENZIE S B, LEE J – Y, et al.. Common method biases in behavioral research: a critical review of the literature and recommended remedies [J]. Journal of applied psychology, 2003, 88 (5): 879 –903.

[239] PODSAKOFF P M, ORGAN D W. Self – reports in organizational research: problems and prospects [J]. Journal of management, 1986, 12 (4): 531 –544.

[240] POLITES G L, ROBERTS N, THATCHER J. Conceptualizing models using multidimensional constructs: a review and guidelines for their use [J]. European Journal of information systems, 2012, 21 (1): 22 -48.

[241] NEVILLE B A, BELL S J, MENGUC B. Corporate reputation, stakeholders and the social performance - financial performance relationship [J]. European Journal of marketing, 2005, 39 (9/10): 1184 -1198.

[242] PORTER M E, KRAMER M R. Strategy and society: the link between competitive advantage and corporate social responsibility [J]. Harvard business review, 2006, 84 (12): 78 -92.

[243] RODGERS W, CHOY H L, GUIRAL A. Do investors value a firm' s commitment to social activities? [J]. Journal of business ethics, 2013, 114: 607 -623.

[244] RUSSELL B. Logic and knowledge: essays 1901 -1950 [M]. Nottingham: Spokesman Books, 2007.

[245] RUSSO M V, FOUTS P A. A resource - based perspective on corporate environmental performance and profitability [J]. The academy of management journal, 1997, 40 (3): 534 -559.

[246] SAGHAEI A, GHASEMI R. Using structural equation modeling in causal relationship design for balanced - scorecards´strategic map [J]. World Academy of Science, Engineering and Technology, 2009, 49 (1): 1032 -1038.

[247] SAMBASIVAN M, BAH S M, JO - ANN H. Making the case for operating "green": impact of environmental proactivity on multiple performance outcomes of malaysian firms [J]. Journal of cleaner production, 2013, 42: 69 -82.

[248] SAMBASIVAN M, SIEW - PHAIK L, MOHAMED Z A, et al. Factors influencing strategic alliance outcomes in a manufacturing supply chain: role of alliance motives, interdependence, asset specificity and relational capital [J]. International journal of production economics, 2013, 141: 339 -351.

[249] SARNDAL C - E, SWENSSON B, WRETMAN J. Model assisted survey sampling [M]. Berlin: Springer, 2003.

[250] SAUNDERS M, LEWIS P, THORNHILL A. research methods for business students [M]. New Jersey: Financial Times/ Prentice Hall, 2009.

[251] SCHLESINGER L A, HESKETT J L. The service – driven service company [J]. Harvard business review, 1991, 69 (5): 71 –81.

[252] SCHUMACKER R E, LOMAX R G. A beginner's guide to structural equation modeling [M]. Mahwah: Lawrence Erlbaum Associates, 2004.

[253] SEKARAN. Research methods for business [M]. Hoboken: NJ: John Wiley & Sons, 2003.

[254] SETHI S P. Dimensions of corporate social performance: an analytical framework [J]. California management review, 1975, 17 (3): 58 –64.

[255] SHARMA S, VREDENBURG H. Proactive corporate environmental strategy and the development of competitively valuable organizational capabilities [J]. Strategic management journal, 1998, 19: 729 –753.

[256] SITU H, TILT C, SEET P – S. Corporate environmental reporting (CER) in China: a stakeholder perspective [C]. Sydney: Academic Publishers and Publishing International, 2015: 165 –173.

[257] SOMEKH B, LEWIN C. Research methods in the social sciences [M]. London: Routledge, 2005.

[258] SOSIK J J, KAHAI S S, PIOVOSO M J. Silver bullet or voodoo statistics? A primer for using the partial least squares data analytic technique in group and organization research [J]. Group and organization management, 2009, 34 (1): 5 –36.

[259] TAN L P. Implementing ISO 14001: is it beneficial for firms in newly industrialized Malaysia? [J]. Journal of cleaner production, 2005, 13 (4): 397.

[260] TENEV S, ZHANG C, BREFORT L. Corporate governance and enterprise reform in China: building the institutions of modern markets [M]. Washington: World Bank Publications, 2002.

[261] THOMAS A S, SIMERLY R L. Internal Determinants of Corporate Social Performance: The Role of Top Managers [C]. New Jersey: Academy of Management Briarcliff Manor, 1995: 411 –415.

[262] TULL D S, HAWKINS D I. Marketing research: measurement and method [M]. New York: Macmillan, 1993.

[263] TUZZOLINO F, ARMANDI B R. A need – hierarchy framework for assessing corporate social responsibility [J]. Academy of management review, 1981, 6 (1): 21 –28.

[264] BEURDEN P V, GOSSLING T. The worth of values – a literature review on the relation between corporate social and financial performance [J]. Journal of business ethics, 2008, 82: 407 –424.

[265] VINZI V E, CHIN W W, HENSELER J, et al. Handbook of partial least squares [M]. Berlin: Springer, 2010.

[266] VORHIES D W, HARKER M. The capabilities and perfor mance advantages of market - driven firms: an empirical investigation [J]. Australian journal of management, 2000, 25 (2): 145 –171.

[267] WALDMAN D A, SIEGEL D S, JAVIDAN M. Components of CEO transformational leadership and corporate social responsibility [J]. Journal of management studies, 2006, 43 (8): 1703 –1725.

[268] WANG L, JUSLIN H. The effects of value on the perception of corporate social responsibility implementation: a study of Chinese youth [J]. Corporate social responsibility and environmental management, 2010, 18 (4): 246 –262.

[269] WETZELS M, ODEKERKEN – SCHRODER G, OPPEN C V. Using PLS path modeling for assessinghierarchical construct models: guidelines and empirical illustration [J]. MIS quarterly, 2009, 33 (1): 177 –195.

[270] WIERSMA W, JURS S G. Research methods in education: an introduction [M]. Boston: Pearson, 2008.

[271] WINDSOR D. Corporate citizenship: Evolution and interpretation [J]. Perspectives on Corporate Citizenship, 2001 (14): 39 –52.

[272] WINDSOR D. Corporate social responsibility: three key approaches [J]. Journal of management studies, 2006, 43 (1): 93 –114.

[273] WONG A, LONG F, ELANKUMARAN S. Business students' perception of corporate social responsibility: the United States, China, and India [J]. Corporate social responsibility and environmental management, 2010, 17:

299 – 310.

[274] WOOD D J. Corporate social performance revisited [J]. The academy of management Review, 1991, 16: 691 – 718.

[275] WRIGHT P, FERRIS S P. Agency conflict and corporate strategy: the effect of divestment on corporate value [J]. Strategic management journal, 1997, 18: 77 – 83.

[276] WU M – L. Corporate social performance, corporate financial performance, and firm size: A meta – analysis [J]. Journal of American Academy of Business, 2006, 8 (1): 163 – 171.

[277] XUN J. Corporate social responsibility in China: a preferential stakeholder model and effects [J]. Business strategy and the environment, 2013, 22 (7): 471 – 483.

[278] ZHANG D, MORSE S, KAMBHAMPTATI U, et al. Evolving corporate social responsibility in China [J]. Sustainability, 2014, 6: 7646 – 7665.

[279] ZHOU W, HU H, SHI X. Does organizational learning lead to higher firm performance? [J]. The Learning Organization, 2015, 22 (5): 271.

[280] BABIN B, GRIFFIN M, ZIKMUND W, et al. Business research methods [M]. Andover: South – Western College Publishing, 2012.

附录一　中国企业社会责任报告评级标准（2018）

前言

2009年11月，中国社会科学院经济学部企业社会责任研究中心（以下简称“中心”）发布了我国第一本企业社会责任报告编写手册《中国企业社会责任报告编写指南（CASS-CSR1.0）》。2010年3月，在中国石化股份等企业的倡议下，由中心原常务副理事长彭华岗先生亲自领导社会责任领域的专家制定并发布我国第一份社会责任报告评价标准——《中国企业社会责任报告评级标准（2010）》，邀请我国企业社会责任研究者、实践者以及各行业专家共同组成开放的“中国企业社会责任报告评级专家委员会”，负责对企业社会责任报告进行评级。2011年，《中国企业社会责任报告编写指南（CASS-CSR 2.0）》发布，评级工作也进行了相应的升级。

随着国内外企业社会责任发展不断深入，企业社会责任报告领域也发生了深刻的变革，ISO26000、GRI-G4等国际标准的出台对报告内容提出了新要求；而企业对社会责任报告理解的深入及相关方对责任信息沟通有效性的期望，也促使企业对报告编写从关注文本形式转向“以报告促管理”；中心于2014年发布了《中国企业社会责任报告编写指南（CASS-CSR 3.0）》，提出了“企业社会责任报告全生命周期的管理模式”，为我国企业社会责任报告编写和管理提供了新的视域。同时，在广泛听取了社会责任领域专家、国内外优秀企业代表的意见和建议，组织召开了“中国企业社会责任报告评级修订研讨会”，并选取典型企业进行调研和评测的基础上，发布《中国企业社会责任报告评级标准（2014）》，增设“过程性”评估环节，提升了报告评级工作的科学性和有效性。

评级专家委员会成立以来，截至2017年年底已为包括中央企业、央企下属企业、其他国有企业、民营企业和合资/外资企业在内的135家企业出具了402份评级报告，评级专家委员会“科学、公正、开放”的评价原则和工作模式得到了社会各界的一致好评。

党的十九大开启了我国特色社会主义新时代。为适应新形势、新要求，进一步提升指南的适用性和解释力，推动我国企业社会责任报告在更大程度、更广维度发挥价值，2017年11月，中心发布了《中国企业社会责任报告指南（CASS－CSR4.0）》（简称指南4.0），指南4.0在继承了指南1.0—3.0的优秀成果的基础上，吸纳了最新的社会责任政策、标准、倡议和广大社会责任领域同人的思想智慧，致力于推动社会责任报告的价值管理。

有鉴于此，中国企业社会责任报告评级专家委员会秘书处在广泛征求评级专家意见的基础上对《中国企业社会责任报告评级标准（2014）》进行了修订和升级，推出《中国企业社会责任报告评级标准（2018）》，新评级标准在整体保持现有评级标准的前提下作出如下调整：

在评级依据方面，由《中国企业社会责任报告编写指南（CASS－CSR3.0）》《中国企业社会责任报告评级标准（2014）》分阶段、分行业逐步过渡到《中国企业社会责任报告指南（CASS－CSR4.0）》《中国企业社会责任报告评级标准（2018）》。

在工作模式方面，针对“过程性”评估环节，考虑到报告过程性管理的延续性，对于已连续参与报告评级两年及以上的企业，由评级事务联络人发送“过程性评估确认书”供企业自填，企业填写并交由评级小组审核后，双方签字确认；对于首次和第二次参与报告评级的企业，仍然由评级事务联络人前往企业与报告编写负责人进行面对面访谈。

在评分标准方面，对报告七大评价指标的等级判定说明从原来的五档改为七档，以便与星级划分更好地对应，也有助于评级专家更加精确地为报告打分。

在报告使用方面，为凸显企业报告编写过程的科学性与规范性，企业在社会责任报告封底须使用“中国企业社会责任报告评级专家委员会LOGO（标志）”和“评级档案二维码”。

在宣传展示方面，明确了报告评级的展示平台，帮助参评企业提升报告传播效果。

中国企业社会责任报告评级专家委员会将一如既往地坚持“科学、公正、开放”的原则，与社会各界共同推动提升中国企业社会责任的信息披露水平和管理水平。

本评级标准自 2018 年 4 月 2 日起正式实施。

中国企业社会责任报告评级专家委员会
2018 年 3 月

一、企业社会责任报告评级的作用

企业社会责任报告评级是对社会责任报告质量与管理的评价，具有以下作用：

通过报告评级向企业提供专业意见，提升企业社会责任信息披露水平，为企业社会责任工作提供智力支持，促进我国企业社会责任发展；

以报告促管理，充分发挥报告在利益相关方沟通、企业社会责任绩效改进等方面的作用，将报告作为提升企业社会责任管理水平的有效工具。

二、中国企业社会责任报告评级标准研发技术路线（见图 1）

《中国企业社会责任报告评级标准》（简称评级标准）的研发以《中国企业社会责任报告编写指南》为依据，借鉴国内外企业社会责任报告评价的原则与方式，结合我国企业社会责任工作的现状，制定出具有中国特色的企业社会责任报告评级标准。同时，评级标准根据 PDCA 闭环管理原则，在跟踪国内外企业 CSR 最新发展现状，总结国内外企业 CSR 报告最新经验，分析报告参评企业编制进展的基础上，跟进《中国企业社会责任报告编写指南》的修订进展对评级标准进行动态修订和升级。

三、中国企业社会责任报告评级专家委员会

中国企业社会责任报告评级专家委员会是企业社会责任报告评级的领导机构与执行机构，是由中国企业社会责任研究及实践领域的专家组成的开放性机构。

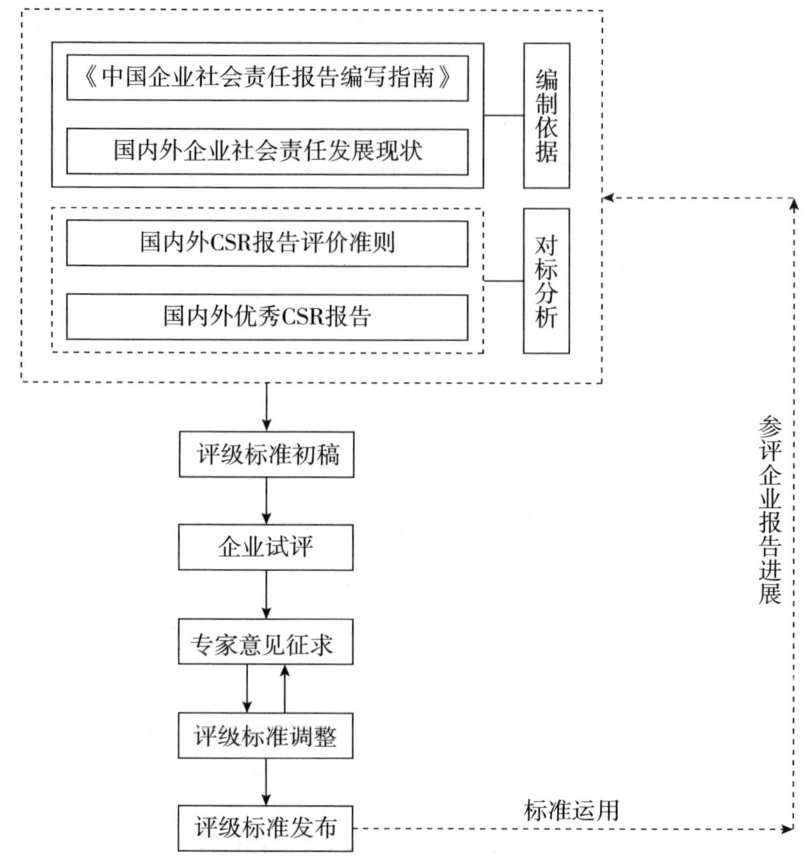

图1 中国企业社会责任报告评级标准研发技术路线

（一）委员会组织体系（见图2）

委员会常设主席一名、副主席及委员若干名。

委员会下设报告评级小组和秘书处。报告评级小组是由委员组成的动态组织，组长由评级专家委员会选出一名评价专家担任。秘书处是评级事务的联络和协调部门，设评级事务联络人若干名。

（二）委员会职责与工作模式

1. 委员会职责

接受企业的社会责任报告评级申请，组织委员会专家对社会责任报告进

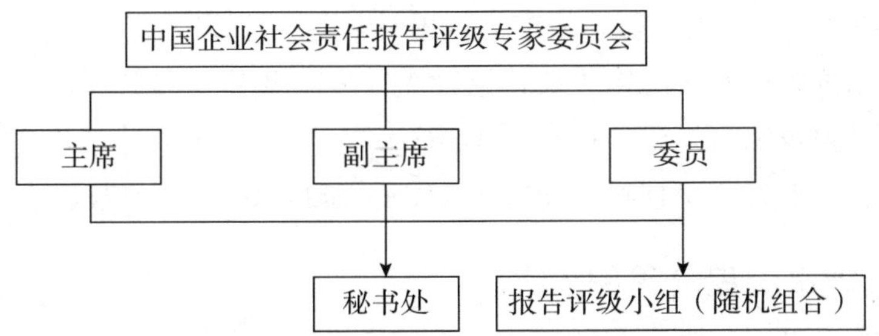

图 2　中国企业社会责任报告评级专家委员会组织体系

行评级，出具评级报告；组织委员会专家适时修订评级标准，发布新标准。

2. 委员会工作模式

委员会采取开放、灵活的工作模式，根据申请报告评级企业的行业属性等特征，选取 2 名委员组成评级专家小组。报告内容评级之前，由评级事务联络人组成的审核小组对企业社会责任报告的“过程性”做评估，将评估资料清单与企业社会责任报告一并提交专家，评级专家小组成员分别进行打分，由评级小组组长综合专家意见确定报告最终级别、出具评级报告。

3. 秘书处

负责评级事务的联络、协调和服务工作。秘书处常设于委员会一致同意的法人机构中。

评级事务联络人：王志敏

联系方式：18811049758

邮箱：rating@ zerenyun. com

四、评级依据

为保持报告评级工作的稳定性和延续性，报告评级依据由《中国企业社会责任报告编写指南（CASS－CSR3. 0）》分阶段、分行业逐步过渡到《中国企业社会责任报告指南（CASS－CSR4. 0）》《中国企业社会责任报告评级标准（2018）》，具体来说：

对于已发布行业指南 4. 0 的汽车制造业、节能环保业、公共交通运输服务业三个行业[①]，2018 年度报告评级将以《中国企业社会责任报告指南

① 三个分行业指南可在中国企业社会责任报告编写指南网站 www. china－csr. org 下载。

（CASS－CSR4.0）》之分行业指南为依据对企业进行评级；

对于未发布行业指南4.0的其他行业，2018年度报告评级将以《中国企业社会责任报告编写指南（CASS－CSR3.0）》及分行业指南为基础，并综合考虑《中国企业社会责任报告指南（CASS－CSR4.0）》新增议题和指标。

五、评级流程（见图3）

企业在报告发布前自愿向中国企业社会责任报告评级专家委员会秘书处提出正式的报告评级申请；与秘书处所在法人机构签订报告评级协议，企业承诺将评级报告附于企业社会责任报告中；

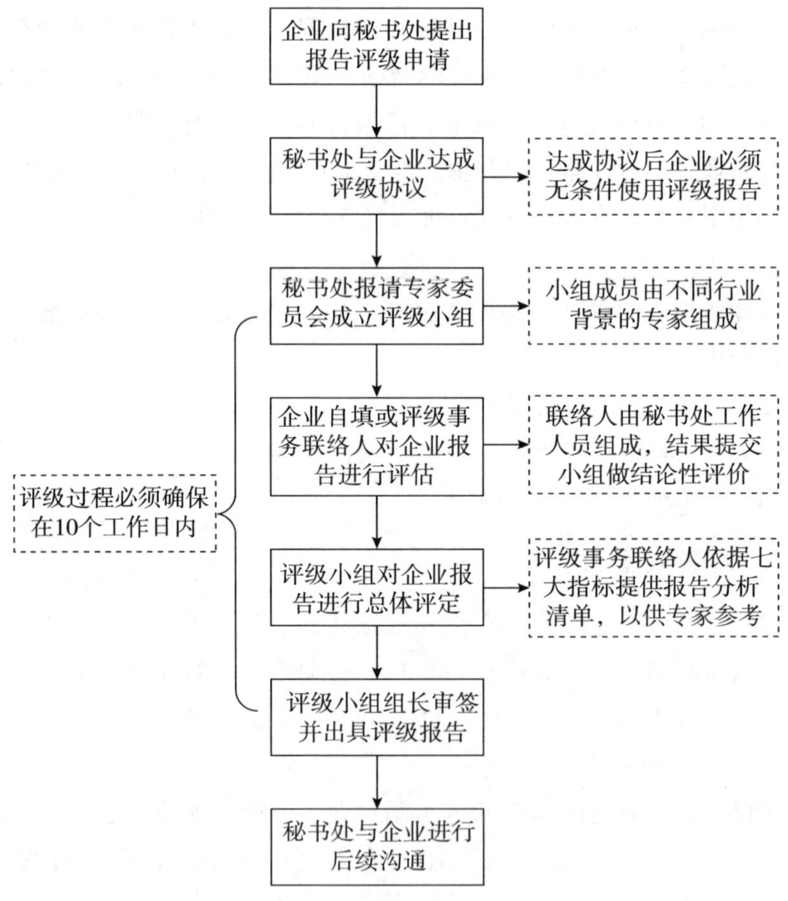

图3　企业社会责任报告评级流程

评级专家委员会抽取专家成立报告评级小组；

考虑到报告过程性管理的延续性，对于已连续参与报告评级两年及以上的企业，秘书处评级事务联络人发送“过程性评估确认书”供企业自填，企业填写并交由评级小组审核后，双方签字确认；对于首次以及第二次参与报告评级的企业，由评级事务联络人前往企业与报告编写负责人面对面访谈并如实填写“过程性评估确认书”，双方现场签字确认；

评级小组成员根据“过程性评估确认书”及评级标准对企业社会责任报告分别进行打分；

评级小组组长综合成员意见形成评级报告，提交委员会主席或副主席审签；

评级事务联络人将评级报告发送企业，与企业进行后续沟通。

六、评级指标（见表1）

报告评级从七大指标进行打分：过程性、实质性、完整性、平衡性、可比性、可读性、创新性。

表1　评级指标及权重

过程性	实质性	完整性	平衡性	可比性	可读性	创新性
25%	25%	15%	10%	10%	10%	5%

根据各项指标的关键性及中国企业社会责任报告发展的阶段性特征，报告内容中的七大指标被赋予不同的权重，权重由中国企业社会责任报告评级专家委员会专家采用德尔菲法（专家法）确定。

（一）过程性（权重：25%）

1. 定义

过程性即社会责任报告全生命周期管理，是指企业在本报告期内进行社会责任报告编写和使用的全过程中对报告进行全方位的价值管理，充分发挥报告在利益相关方沟通、企业社会责任绩效监控中的作用，将报告作为提升公司社会责任管理水平的有效工具。

解读

过程性涉及在本报告期内企业是否按照社会责任报告全生命周期管理中的组织、策划、界定、启动、研究、撰写、发布和总结八个过程要素编制报告。其中，组织和策划是社会责任报告编写的保证，贯穿报告编写的全部流程。界定、启动、研究、撰写、发布和总结构成一个闭环的流程体系，通过持续改进报告编制流程提升报告质量和公司社会责任管理水平。

2. 评价方式

企业自填由评级事务联络人发送的“企业社会责任报告过程性资料确认书”或评级事务联络人对企业报告进行评估，评估企业过去12个月（或未来工作计划）社会责任报告过程性工作，记录覆盖《中国企业社会责任报告过程性评估资料清单》（简称过程性评估清单）中过程性指标的比例。

企业社会责任报告过程性评估清单

请向评估人员提供以下记录文件（过去12个月及未来计划）：

□社会责任报告编写工作组资料，如团队架构与分工等

□利益相关方清单

□利益相关方参与报告编写过程记录

□企业社会责任实质性议题界定与确认资料

□报告编写启动资料，如培训、分工等记录

□报告撰写过程资料，如资料收集、访谈及调研分析等

□报告发布格式与形式资料

□利益相关方对报告的反馈资料

□以报告促管理的具体措施及效果

3. 评价标准（见表2）

表2　过程性评价标准

90—100分	报告过程性工作记录覆盖过程性评估清单指标的90%以上，且组织、策划、界定、启动、研究、撰写、发布和总结等八部分的工作全面充分，实现制度化、常态化
80—90分	报告过程性工作记录覆盖过程性评估清单指标的80%以上，且组织、策划、界定、启动、研究、撰写、发布和总结等八部分的工作较为充分
70—80分	报告过程性工作记录覆盖过程性评估清单指标的70%以上，且组织、策划、界定、启动、研究、撰写、发布和总结等八部分的工作整体较好
60—70分	报告过程性工作记录覆盖过程性评估清单指标的60%以上，但组织、策划、界定、启动、研究、撰写、发布和总结等八部分的工作欠充分
50—60分	报告过程性工作记录覆盖过程性评估清单指标的50%以上，但组织、策划、界定、启动、研究、撰写、发布和总结等八部分的工作有明显不足
30—50分	报告过程性工作记录覆盖过程性评估清单指标不足50%，且组织、策划、界定、启动、研究、撰写、发布和总结等八部分的工作有大量缺失
30分以下	报告缺乏过程性工作记录，仅涉及组织、策划、界定、启动、研究、撰写、发布和总结等八部分中的个别少量工作

（二）实质性（权重：25%）

1. 定义

实质性是指报告披露企业在本报告期内的可持续发展的关键性议题及其识别过程，以及企业运营对利益相关方的重大影响。

解读

企业社会责任议题的重要性和关键性受到企业经营特征的影响，具体来说，企业社会责任报告披露内容的实质性由企业所属行业、经营环境和企业的关键利益相关方等决定。企业需对关键性议题进行识别，并做重点披露。

2. 评价方式

考察企业是否对社会责任关键性议题进行识别、其社会责任报告是否涵盖了行业特征议题、时代议题等关键的社会责任议题，是否涵盖了受其重大影响的关键利益相关方。

3. 评价标准（见表3）

表3 实质性评价标准

分值	标准
90—100分	报告呈现了规范的实质性议题识别流程；全面、深入地披露了企业在责任管理、市场责任、社会责任和环境责任四大责任领域的所有关键议题，且充分披露了当年的核心议题；并对识别的核心议题制定出针对性改进计划
80—90分	报告呈现了较为规范的实质性议题识别流程；全面披露了企业在责任管理、市场责任、社会责任和环境责任四大责任领域的所有关键议题，且披露了当年的核心议题
70—80分	报告呈现了实质性议题识别流程；较为充分地披露了企业在责任管理、市场责任、社会责任和环境责任四大责任领域的大部分关键议题和当年的核心议题
60—70分	报告对实质性议题识别流程的呈现欠充分，基本披露了企业在责任管理、市场责任、社会责任和环境责任四大责任领域的大部分关键议题
50—60分	报告未呈现关键性议题识别流程，披露了责任管理、市场责任、社会责任和环境责任四大责任领域部分关键议题
30—50分	报告未呈现关键性议题识别流程，仅披露了责任管理、市场责任、社会责任和环境责任四大责任领域中少部分关键议题，且披露欠充分
30分以下	报告未呈现关键性议题识别流程，大部分的关键议题都未做任何披露

（三）完整性（权重：15%）

1. 定义

完整性是指社会责任报告所涉及的内容较全面地反映企业在本报告期内对经济、社会和环境的重大影响，利益相关方可以根据社会责任报告知晓企业在报告期间履行社会责任的理念、制度、措施以及绩效。

解读

完整性从两个方面对企业社会责任报告的内容进行考察：一是责任领域的完整性，即是否涵盖了经济责任、社会责任和环境责任；二是披露方式的完整性，即是否包含了履行社会责任的理念、制度、措施及绩效。

2. 评价方式

评估企业社会责任报告披露指标覆盖《中国企业社会责任报告编写指南（CASS－CSR 3.0）》或《中国企业社会责任报告指南（CASS－CSR4.0）》及其分行业指南（表4中统称指南）中企业所属行业核心指标的比例。

3. 评价标准（见表4）

表4　完整性评价标准

90—100分	报告覆盖了指南核心指标的90%以上，且责任管理、市场责任、社会责任和环境责任四部分的指标披露充分翔实
80—90分	报告覆盖了指南核心指标的80%以上，且责任管理、市场责任、社会责任和环境责任四部分的指标披露均较为充分
70—80分	报告覆盖了指南核心指标的70%以上，且责任管理、市场责任、社会责任和环境责任四部分的指标披露整体较好
60—70分	报告覆盖了指南核心指标的60%以上，且责任管理、市场责任、社会责任和环境责任四部分的指标均有呈现
50—60分	报告覆盖了指南核心指标的50%以上，但责任管理、市场责任、社会责任和环境责任四部分的指标披露有所偏废
30—50分	报告覆盖的指南核心指标不足50%，且责任管理、市场责任、社会责任和环境责任四部分的指标披露有大量缺失
30分以下	报告仅披露了责任管理、市场责任、社会责任或环境责任四大板块中的某一板块的少量指标

（四）平衡性（权重：10%）

1. 定义

平衡性是指企业社会责任报告应中肯、客观地披露企业在本报告期内的正面信息和负面信息，或客观分析企业经营过程面临的风险和机遇，以确保利益相关方可以对企业的整体业绩和可持续发展能力进行准确的评价。

解读

平衡性要求是为了避免企业在编制报告的过程中对企业的经济、社会、环境消极影响、损害或劣势的故意性遗漏，影响利益相关方对企业社会责任实践与绩效和未来预期的判断。

2. 评价方式

考察企业在社会责任报告中是否披露了实质性的负面信息、管理劣势或竞争劣势等。如果企业社会责任报告未披露任何负面信息及劣势，或者对社会已知晓的重大负面信息在社会责任报告中未进行披露和回应，则违背了平衡性原则。

3. 评价标准（见表5）

表5　平衡性评价标准

分数	标准
90—100分	报告充分披露了企业在报告期内产生的实质性负面信息或履责的不足之处，并且详细阐述了负面信息或不足之处产生的原因以及针对性的改进措施
80—90分	报告披露了企业在报告期内产生的实质性负面信息或履责的不足之处，并且阐述了负面信息或不足之处产生的原因以及针对性的改进措施
70—80分	报告披露了企业在报告期内产生的实质性负面信息或履责的不足之处，并且简要阐述了负面信息或劣势产生的原因
60—70分	报告披露了企业在报告期内产生的实质性负面信息或履责的不足之处，但未阐述原因，也未说明改进措施
50—60分	报告简单披露了企业在报告期内的个别实质性负面信息或履责的不足之处，但未阐述原因，也未说明改进措施
30—50分	报告未披露任何实质性负面信息或履责的不足之处
30分以下	报告未披露任何实质性负面信息或履责的不足之处，且对社会已知晓的重大问题没有进行披露和回应

（五）可比性（权重：10%）

1. 定义

可比性是指报告对信息的披露应有助于利益相关方对企业的关键定量责任绩效进行分析和比较。

解读

可比性体现在两个方面——纵向可比与横向可比，即企业在披露在本报告期内的相关责任议题的绩效水平时，既要披露企业历史绩效，又要披露同行绩效。

2. 评价方式

考察企业是否披露了连续数年的历史数据和行业数据。

3. 评价标准（见表6）

表6　可比性评价标准

90—100分	报告全面充分披露了大量关键绩效指标的历史数据，且披露了多个行业数据
80—90分	报告披露了大部分关键绩效指标的历史数据，且披露了部分行业数据
70—80分	报告披露了大部分关键绩效指标的历史数据，且披露了个别行业数据
60—70分	报告披露了小部分关键绩效指标的历史数据，以及个别的行业数据
50—60分	报告仅披露了部分关键绩效指标的历史数据，未披露行业数据
30—50分	报告仅披露了个别关键绩效指标的历史数据，未披露行业数据
30分以下	报告几乎没有披露历史数据以及行业数据

（六）可读性（权重：10%）

1. 定义

可读性是指报告的信息披露方式易于读者获取、理解和接受。解读企业社会责任报告的可读性可体现在以下方面：

报告获取方式多元，如可通过发放、邮寄、网站、微博、微信、二维码等方式获取；

结构清晰，条理清楚，篇幅适中，板块平衡；

语言流畅、简洁、准确、通俗易懂；

通过流程图、数据表等使表达形式更加直观；

对术语、缩略词等专业词汇做出解释；

排版设计方便阅读，图片清晰，且有文字说明；

案例脉络清晰，叙事完整，切合主体，表述感人；

通过第三方讲述或评价使得报告表述形式更加丰富，内容更加可信。

2. 评价方式

从报告获取方式、篇章结构、排版设计、语言、图表等各个方面对报告的通俗易懂性进行评价。

3. 评价标准（见表7）

表7　可读性评价标准

90—100分	结构十分清晰，且充分体现了企业履责特点	报告可通过丰富多样的渠道和媒介获取，其语言简洁、流畅，表达方式丰富多彩，流程图、数据表等的合理使用使报告直观易理解，并进行了精美的排版设计
80—90分	结构清晰，且较好体现了企业履责特点	报告可通过多种渠道、不同媒介获取，其语言简洁、流畅，表达方式多元，流程图、数据表等的合理使用使报告直观易理解，并进行了较好的排版设计
70—80分	结构清晰，且基本体现了企业履责特点	报告可通过较多渠道获取，其语言简洁、流畅，采用了流程图、数据表等多种表达方式，进行了合理的排版设计
60—70分	结构基本清晰，但未体现企业履责特点	报告有较为方便的获取渠道，其语言基本简洁、流畅，少量使用了流程图、数据表等表达形式，进行了设计排版
50—60分	结构基本清晰	报告获取渠道单一，其语言基本简洁、流畅，少量使用了流程图、数据表等表达形式，设计排版欠美观
30—50分	结构不清晰	报告难以获取，其语言欠简洁、流畅，很少使用数据图、数据表等，无排版设计
30分以下	结构混乱	没有披露报告获取渠道，其语言较为晦涩，没有使用任何流程图、数据图等表达形式，不易理解

（七）创新性（权重：5%）

1. 定义

创新性是指企业社会责任报告在内容或形式上具有重大创新。解读社会责任报告的创新性主要体现在两个方面：报告内容的创新和报告形式的创新。创新不是目的，通过创新提高报告质量是根本。

2. 评价方式

将报告内容、形式与国内外社会责任报告以及企业往期社会责任报告进行对比，判断其有无创新，以及创新是否提高了报告质量。

3. 评价标准（见表8）

表8　　创新性评价标准

90—100分	报告内容或形式创新十分明显，该创新显著提高了报告质量，且具有引领性
80—90分	报告内容或形式有明显创新，该创新提高了报告质量
70—80分	报告内容或形式创新较为明显，该创新一定程度提高了报告质量
60—70分	报告内容或形式有创新，对报告质量提升作用表现一般
50—60分	报告内容或形式有些许新意，但对报告质量意义不大
30—50分	报告内容和形式未有任何创新，整体较为平庸
30分以下	报告内容和形式不仅无任何创新，且整体质量差

七、等级划分

中国企业社会责任报告评价采取星级制，共分为七个级别和相应的发展水平：五星级（卓越）、四星半级（领先）、四星级（优秀）、三星半级（良好）、三星级（追赶）、二星级（发展）、一星级（起步）。各星级对应一定的得分区间（见表9）。

表9　　报告评级结果与发展水平对应

评级结果	评级图示	发展水平	分数区间
五星级	★★★★★	卓越	90—100分

续　表

评级结果	评级图示	发展水平	分数区间
四星半级	★★★★☆	领先	80—90 分
四星级	★★★★	优秀	70—80 分
三星半级	★★★☆	良好	60—70 分
三星级	★★★	追赶	50—60 分
二星级	★★	发展	30—50 分
一星级	★	起步	30 分以下

企业社会责任报告星级按照以下四个步骤确定：

报告评级小组专家分别对七大评级指标按照百分制进行打分；

按照指标权重计算报告综合得分，公式为综合得分 = A 指标得分 × A 指标权重 + B 指标得分 × B 指标权重 + …… + G 指标得分 × G 指标权重；

以各专家的报告综合得分的平均分作为企业社会责任报告最终得分；

评级小组组长依据最终得分所处的位置确定企业社会责任报告的星级。

八、评级报告

评级报告由以下要素构成：

报告评级概述；

报告评级依据；

报告评级过程；

报告评级结论；

报告改进建议；

评级小组名单；

评级小组组长审签；

报告评级委员会主席或副主席审签。

附录二　SA（社会责任）8000 标准

SA8000 标准是为世界各地的工厂和组织制定的首个社会责任认证标准。它是一个适用于全球任何行业的整体性框架，旨在帮助获得认证的组织彰显其在公平对待员工方面所做出的努力。

SA8000 标准衡量组织在工作场所社会责任八个重要方面的社会表现，同时配合使用管理体系体系要素来推进各方面的持续改进提升。该标准做法严格，确保在不影响商业利益的前提下让供应链达到最高标准的社会责任要求，因此备受各品牌及行业领军企业好评。

该标准体现了《世界人权宣言》及《国际劳工组织（ILO）公约》中的劳工标准。同时该标准尊重并支持世界各国的国家劳动法，目前已帮助两百多万名劳工获得符合道德规范的工作条件。

SAI（社会责任国际组织）提供了一系列丰富资源来帮助各个组织保持并不断提升其社会表现，包括能力建设、利益相关者参与、买方—供应商协作，以及开发各种工具以确保持续改进。

SA8000 标准要素

1. 童工
2. 强迫性或强制性劳动
3. 健康与安全
4. 组织工会的自由和集体谈判的权利
5. 歧视
6. 惩戒性措施

7. 工作时间
8. 薪酬福利
9. 管理体系

SA8000 预期成果

获得 SA8000 认证即表示该组织连续三年遵守 SA8000 标准。SA8000 认可认证提供了一种持续可靠的保证，担保某家组织能够达到社会表现预期，同时不断改善其管理体系，以解决和预防各种社会风险和劳动风险。

作为一项自愿性标准，SA8000 标准的核心是各家组织能够积极主动做出良好表现，同时不断监督和完善各自的社会控制能力。授权的第三方认证机构的独立监督，进一步证明该组织当前运营管理高效有序。

获得 SA8000 认证的组织有以下特点：

- 建立全方位的管理体系，确保始终遵守本标准。
- 员工参与和对话。
- 企业内部跨职能协作。
- 供应链紧密合作。

尽管 SA8000 认证可以通过连续三年监督某家组织来评估其表现并推动其供应链完善来获得，SA8000 标准是一款非常有价值的工具，但务必认识到没有任何规范或监督体系可以提供绝对保证，或者可以独立带来积极改变。所有社会责任审计实践都必须作为提高劳动条件所采取的更大努力的一部分，其中包括买方和供应商之间的公平契约合作、劳工与管理培训、能力建设、利益相关者参与，以及完善体系与协作的其他各种工具。

Social Fingerprint：持续完善

SA8000 标准由 Social Fingerprint 支持。Social Fingerprint 是一套工具，可以帮助各家组织持续衡量并完善其社会表现管理体系，助其达到 SA8000 标准。Social Fingerprint 将管理体系要素分为十个基于流程的类别：

1. 政策、程序和记录
2. 社会表现团队
3. 识别和评估风险

4. 监督
5. 内部参与和沟通
6. 投诉管理和解决
7. 外部核查和利益相关者参与
8. 纠正性和预防性措施
9. 培训和能力建设
10. 供应商和承包商管理

各家组织可使用以下三个工具衡量并完善其管理体系。

• Social Fingerprint 自我评估：由申请 SA8000 认证的组织完成的自我评估，可以为自身的管理体系成熟度提供一个基础评分。

• Social Fingerprint 独立评估：由认可的认证机构进行的独立评估，可以帮助该组织找出管理体系中的优势和不足。

• 评分图：评分图详细说明该组织在上述十个类别中分别表现出的成熟度。成熟度使用 1 到 5 进行评定，5 为最高等级。得出的结果可以帮助该组织找出有待提高的方面。

5 表示已设定并实施成熟的管理体系，同时持续改进该体系。

4 表示已设定管理体系，并且在持续定期实施。

3 表示已设定管理体系，但未完全实施。

2 表示已设定部分管理体系，但实施被动、间断并且常常很低效。

1 表示不知道有 SA8000 标准或任何其他标准可以管理社会表现。

SA8000 认证流程

SA8000 认证流程的第一步是申请组织参加管理体系在线自我评估。Social Fingerprint 自我评估可以帮助该组织了解 SA8000 标准的具体内容并判断组织是否已做好认证申请准备。当该组织认为其管理实践足够成熟，具备认证条件时，可以从几十家独立的 SAAS 认可认证机构中选择一家，在其指导下开启全面评估过程。每家机构都是独立经营的，SAI 鼓励申请组织多联系几家不同的机构以获取不同的费用报价。

认证机构根据 SA8000 标准进行的评估工作包括审核文件、工作实践、员工访问反馈及运营记录。认证机构认定该组织已经采取必要行动和改进措施达到该标准要求后，会为其颁发 SA8000 证书。该组织可借助此证书公布其发展成果。

后续现场监察包括事先通知的访问和未事先通知的访问，通常一年两次，以此确保该组织的管理流程依然达到 SA8000 标准。SA8000 认证有效期为三年，具体取决于不定期的监督审查评估。三年期满后，该组织可以申请 SA8000 重新认证。

SA8000 认证步骤

第 1 步：Social Fingerprint 自我评估。

登录 SAI 在线培训中心，在下方选择您的语言并遵照提示完成 Social Fingerprint 自我评估。

所需时间：60—90 分钟。

费用：300 美元。

如果您已经选定认可的认证机构，请联系他们索要 SAI 培训中心的唯一密钥。如果尚未选定认证机构，请使用密钥 SA8000SF。

第 2 步：联系认可认证机构。

在您的组织成功完成自我评估后，请联系认可认证机构，让其根据 SA8000 标准评估您组织的社会表现和管理体系。评审是 SA8000 计划的一个组成部分，且只有认可认证机构可以颁发被认可的 SA8000 证书。

认证机构将执行初始第一阶段审查工作（通常需要 1 到 2 天），评估该组织是否已做好申请 SA8000 认证的充分准备。进行到第二阶段后，该组织将需要接受全面的认证审查，大约需要 2 到 10 天，具体取决于组织的规模与业务范围。前两个阶段都需要由认证机构进行 Social Fingerprint 独立评估，帮助该组织找出管理体系中的优势和不足。

第 3 步：现场检查监督。

组织获得 SA8000 认证后，需要接受后续现场检查监督，这包括事先通知的访问和未事先通知的访问，通常一年两次。独立评估还将在三年认证周期内的选定检查审核期间进行，以跟踪该组织的提升情况。SA8000 认证有效期为三年，三年期满后，该组织可以申请 SA8000 重新认证。

附录三　ISO26000[①]

国际标准化组织（International Standard Organization，ISO）从2001年开始着手进行社会责任国际标准的可行性研究和论证。2004年6月最终决定开发适用于包括政府在内的所有社会组织的“社会责任”国际标准化组织指南标准，由54个国家和24个国际组织参与制定，编号为ISO26000，是在ISO9000和ISO14000之后制定的新标准体系，这是ISO的新领域，为此ISO成立了社会责任工作组（WGSR）负责标准的起草工作。2010年11月1日，国际标准化组织在瑞士日内瓦国际会议中心举办了社会责任指南标准（ISO26000）的发布仪式，该标准正式出台。

一、开发

ISO26000的开发经历了一个复杂而漫长的历程，大致可分为准备、草拟和发布三个阶段。2005年9月在泰国曼谷举行的ISO社会责任标准第二次会议是整个标准开发的一个重要转折点。此次会议确定了ISO26000标准的最终草案完成时间至发布前的工作安排，确定了制定标准的机构和主要内容，使标准的开发进入了实质性阶段。2006年5月，葡萄牙首都里斯本社会责任标准第三次会议上，拟订了标准的第一稿；2007年1月在澳大利亚西尼社会责任第四次会议上，则确定了标准的核心内容。从此，该标准的开发“开始朝着一个正确的方向发展”。2010年11月1日，国际标准化组织在瑞士日内瓦

① ISO26000［EB/OL］.［2020－07－10］. https://baike.baidu.com/item/ISO26000/7914582? fr=aladdin.

国际会议中心举办了社会责任指南标准（ISO26000）的发布仪式。

二、特点

ISO26000 从项目伊始，就因为其富有争议的主题、广泛的参与人员、包罗万象的内容等，具有鲜明的特点。

1. 用社会责任（SR）代替企业社会责任（CSR），统一概念

社会责任的定义是整个 ISO26000 中最为重要的定语，而 ISO 用 SR 代替 CSR，就使得以往只针对企业的指南扩展到适用于所有类型的组织。ISO 秘书长在指南发布的当天接受记者采访时指出，最初社会责任工作组讨论的是企业社会责任，但是各方很快意识到 CSR 的七项原则不仅适用于私人部门，同样都适用于公共部门，原则确定的七项主题——组织管理、人权、劳工实践、环境、公平运营、消费者权益、社区参与和发展同样都适用于公共部门，所以把 CSR 推广到 SR 是顺理成章的事情。

撇开这些细节，ISO 把 CSR 推广到 SR，使得指南的适用范围大为扩展，其重要性有了显著性的提升，这个变化是整个社会责任运动的里程碑，也是 ISO 自身的里程碑，因为这是 ISO 第一次突破技术和管理领域，涉足社会领域标准的制定。

2. 适用于所有类型的组织

正因为指南用 SR 代替了 CSR，ISO26000 适用于所有类型的组织，包括公有的、私有的，发达国家的、发展中国家的，但是不包含履行国家职能，行使立法、执行和司法权力，为实现公共利益而制定公共政策，或代表国家履行国际义务的政府组织。

3. 不是管理标准，不用于第三方认证

ISO26000 的总则中强调，ISO26000 只是社会责任“指南”，不是管理体系，不能用于第三方认证，不能作为规定和合同而使用，从而和质量管理体系标准（ISO9001）以及环境管理体系标准（ISO14000）显著不同。任何提供认证或者声明取得认证都是对 ISO26000 意图和目的的误读。因为 ISO26000 并不“要求”组织做什么，所以任何认证都不能表明遵守了这一标准。

4. 提供了社会责任融入组织的可操作性建议和工具

它的一个重要章节探讨社会责任融入组织的方法，并给出了具体的可操

作性的建议，附录中也给出了自愿性的倡议和社会责任工具，从而使组织的社会责任意愿转变为行动。其致力于促进组织的可持续发展，使组织意识到守法是任何组织的基本职责和社会责任的核心部分，但是鼓励组织超越遵守法律的基本义务。其促进了社会责任领域的共识达成，同时补充其他社会责任相关的工具和先例，而并非取代以前的成果。

5. 前所未有的利益相关方的广泛参与和独特的开发流程

ISO26000 制定的 5 年中，有来自 99 个国家的 400 多位专家参与开发，和市场有关的利益相关方被分成六组——政府、产业界、消费者、劳工（工会）、非政府组织和科技服务等，这六个小组分别组成六个工作组，各组内部形成自己的意见，并在彼此之间相互讨论，最终达成统一意见。由此看来，广泛的利益相关方参与确保了其合理性和权威性，是其最终高票通过的关键。

同时，ISO26000 具有独特的开发流程，ISO 在技术管理局下直接设立社会责任工作组，工作组主席由来自巴西和瑞典的专家共同担任，平衡了发展中国家和发达国家的关系，工作组成员包括六个利益相关方，并在区域和性别上保持平衡，各成员国按照利益相关工作组推荐专家，并在国内组成对口的委员会，同时，建立基金支持发展中国家的参与。这种流程确保了利益相关方的平衡，从而对最终达成国家层面和利益相关方层面的共识起到了重要作用。

6. 发展中国家的广泛参与

如上所述，在工作组的成员分配上，发展中国家和发达国家具有同等地位，工作组的主席由发展中国家和发达国家的专家共同担任，同时，在参与开发的 99 个国家中，有 69 个是发展中国家。由此可见，发展中国家确实广泛参与了 ISO26000 的制定过程。

7. 和多个组织建立合作关系，推广了社会责任相关的实践

ISO 和联合国的国际劳工组织（ILO）、联合国全球契约办公室（UNGCO）、经济合作与发展组织（OECD）都签署了谅解备忘录，同时和全球报告倡议（GRI）、社会责任国际等组织建立了广泛而深入的联系，确保这些组织能参与到 ISO26000 的开发过程中，从而使得它不是替换，而是补充和发展了国际上存在的原则和先例。

8. 差异性原则

ISO26000 总则中指出，应用指南时，明智的组织应该考虑社会、环境、

法律、文化、政治及组织的多样性，同时在和国际规范保持一致的前提下，考虑不同经济环境的差异性。

差异性也是我国在ISO26000开发过程极力主张的一个原则，因为每个国家的情况有所不同，同一组织在不同国家和地区面临的环境也不相同，确保应用时充分考虑国家地区环境的差异性，是非常重要的。

三、原则

（1）强调遵守法律法规，强调组织应当愿意并完全遵守该组织及其活动所应遵守的所有法律和法规，尊重国际公认的法律文件。

（2）强调对利益相关方的关注。

（3）高度关注透明度。

（4）强调对可持续发展的关注。

（5）强调对人权和多样性的关注。

总体而言，ISO26000是国际标准化组织在广泛联合了包括联合国相关机构、CRI等的国际相关权威机构的前提下，允分发挥各会员国的技术和经验优势制定开发的一个内容体系全面的国际社会责任标准。它兼顾了发达国家与发展中国家的实际情况与需要，并广泛听取和吸纳各国专家意见与建议。尽管由此也导致了其出台过程相对漫长，但可以预见，该标准的诞生将会在更大范围更高层次的意义上推动全球社会责任运动的发展，并将获得各类组织的响应与采纳。对此，我们拭目以待。

四、区别

ISO26000是国际标准化组织制定的编号为26000的社会责任指南标准，是在ISO9000和ISO14000之后制定的最新标准体系，这是ISO的新领域。

SA8000：2008是国际社会责任组织发布的核心标准，是世界上早期可以据以审核的社会责任标准之一，是根据国际劳工组织公约、世界人权宣言和联合国儿童权益公约制定的全球首个道德规范国际标准，于1997年10月首次发布。

这2个标准的区别在于：

（1）发起组织不一样，一个是ISO，一个是SAI。

（2）ISO26000国际标准侧重于各种组织生产实践活动中的社会责任问

题，主要从社会责任范围、理解社会责任、社会责任原则、承认社会责任与利益相关者参与、社会责任核心主题指南、社会责任融入组织指南等方面展开描述，统一社会各界对社会责任认识，为组织履行社会责任提供一个可参考的指南性标准，提供一个将社会责任融入组织实践的指导原则。而SA8000的宗旨是确保供应商所提供的产品，皆符合社会责任标准的要求，即SA8000标准要求。它主要关注的是人，而不是产品和环境。

（3）ISO26000为企业或组织自主申请执行，而SA8000多为企业客户要求执行，没有达到要求可能会禁止出货或接单。

（4）ISO26000不是一个可认证标准，SA8000是一个可认证标准。

附录四　ISO14000[①]

ISO14000 环境管理系列标准是国际标准化组织继 ISO9000 标准之后推出的又一个管理标准。该标准由 ISO/TC207 的环境管理技术委员会制定，有 14001 到 14100 共 100 个号，统称为 ISO14000 系列标准。

一、产生背景

1972 年，联合国在瑞典斯德戈尔摩召开了人类环境大会。大会成立了一个独立的委员会，即“世界环境与发展委员会”。该委员会承担重新评估环境与发展关系的调查任务，历时若干年，在考证大量素材后，于 1987 年出版了《我们共同的未来》报告，这份报告首次引入了“持续发展”的概念，敦促工业界建立有效的环境管理体系。这份报告一颁布即得到 50 多个国家领导人的支持，他们联合呼吁召开世界性会议专题讨论和制定行动纲领。

从 20 世纪 80 年代起，美国和西欧一些公司为了响应持续发展的号召，减少污染，提高在公众中的地位以获得商品经营支持，开始建立各自的环境管理方式，这是环境管理体系的雏形。1985 年荷兰率先提出建立企业环境管理体系的概念，1988 年试行实施，1990 年在环境圆桌会议上专门讨论了环境审核问题。英国也在质量体系标准（BS5750）基础上，制定 BS7750 环境管理体系。英国的 BS7750 和欧盟的环境审核实施后，欧洲的许多国家纷纷开展认证活动，由第三方证明企业的环境绩效。这些实践活动奠定了 ISO14000 系列

① ISO14000 [EB/OL]. [2020 - 07 - 10]. https://baike.baidu.com/item/ISO14000/306330? fr = aladdin.

标准产生的基础。

1992 年在巴西里约热内卢召开联合国环境与发展大会，183 个国家和 70 多个国际组织出席会议，通过了《二十一世纪议程》等文件。这次大会的召开，标志着全球谋求可持续发展的时代开始了。各国政府领导、科学家和公众认识到要实现可持续发展的目标，就必须改变工业污染控制的战略，从加强环境管理入手，建立污染预防（清洁生产）的新观念。通过企业的“自我决策、自我控制、自我管理”方式，把环境管理融于企业全面管理之中。

为此国际标准化组织于 1993 年 6 月成立了 ISO/TC207 环境管理技术委员会，正式开展环境管理系列标准的制定工作，以规划企业和社会团体等所有组织的活动、产品和服务的环境行为，支持全球的环境保护工作。

二、文件内容

该系列标准融合了世界上许多发达国家在环境管理方面的经验，是一种完整的、操作性很强的体系标准，包括制定、实施、实现、评审和保持环境方针所需的组织结构、策划活动、职责、惯例、程序过程和资源。其中 ISO14001 是环境管理体系标准的主干标准，它是企业建立和实施环境管理体系并通过认证的依据。ISO14000 环境管理体系的国际标准，规范企业和社会团体等所有组织的环境行为，以达到节省资源、减少环境污染、改善环境质量、促进经济持续健康发展的目的。ISO14000 系列标准的用户是全球商业、工业、政府、非营利性组织和其他用户，其用来约束组织的环境行为，达到持续改善的目的，与 ISO9000 系列标准一样，对消除非关税贸易壁垒即“绿色壁垒”，促进世界贸易具有重大作用。

ISO14000［2004］系列标准标准号如下。

SC1 环境管理体系（EMS）14001—14009；

SC2 环境审核（EA）14010—14019；

SC3 环境标志（EL）14020—14029；

SC4 环境行为评价（EPE）14030—14039；

SC5 生命周期评估（LCA）14040—14049；

SC6 术语和定义（T&D）14050—14059；

WG1 产品标准中的环境指标 14060；

备用 14061—14100。

三、标准特点

1. 全员参与

ISO14000 系列标准的基本思路是引导建立起环境管理的自我约束机制，从最高领导到每个职工都主动、自觉处理好与改善环境绩效有关的活动，并进行持续改进。

2. 广泛的适用性

ISO14000 系列标准，在许多方面借鉴了 ISO9000 系列标准的成功经验。其适用于任何类型与规模的组织，并适用于各种地理、文化和社会条件，既可用于内部审核或对外的认证、注册，也可用于自我管理。

3. 灵活性

ISO14001 标准除了要求组织对遵守环境法规、坚持污染预防和持续改进做出承诺外，再无硬性规定。标准仅提出建立体系，以实现方针、目标的框架要求，没有规定必须达到的环境绩效，而把建立绩效目标和指标的工作留给组织，既调动组织的积极性，又允许组织从实际出发量力而行。标准的这种灵活性中体现出合理性，使各种类型的组织都有可能通过实施这套标准达到改进环境绩效的目的。

4. 兼容性

在 ISO14000 系列标准的标准中，针对兼容问题有许多说明和规定，如 ISO14000 标准的引言中指出本标准与 ISO9000 系列质量体系标准遵循共同的体系原则，组织可选取一个与 ISO9000 系列相符的现行管理体系，作为其环境管理体系的基础。这些表明，对体系的兼容或一体化的考虑是 ISO14000 系列标准的突出特点，既是 TC207 的重大决策，也是正确实施这一标准的关键。

5. 全过程预防

“预防为主”是贯穿 ISO14000 系列标准的主导思想。在环境管理体系框架要求中，最重要的环节便是制定环境方针，要求组织领导在方针中必须承诺污染预防，并且要把该承诺在环境管理体系中加以具体化和落实，体系中的许多要素都有预防功能。

6. 持续改进原则

持续改进是ISO14000系列标准的灵魂。ISO14000系列标准总的目的是支持环境保护和污染预防，协调它们与社会需求和经济发展的关系。这个总目的是要通过各个组织实施这套标准才能实现。就每个组织来说，无论是污染预防还是环境绩效的改善，都不可能一实施这个标准就能圆满达成。一个组织建立了自己的环境管理体系，并不能表明其环境绩效如何，只是表明这个组织决心通过实施这套标准，建立起能够不断改进的机制，通过坚持不懈改进，实现自己的环境方针和承诺，最终达到改善环境绩效的目的。

四、申请所需条件

（1）申请日前一年内，未受到地方环保机关处罚。

（2）污染物排放应符合国家或地方污染物排放标准。

（3）申请认证的产品属国家公布可认证的环境标志产品种类名录。

（4）符合国家颁布的环境标志产品标准或技术要求。

（5）能正常批量生产，各项技术指标稳定。

（6）建立环境标志产品保障体系。

（7）应具有产品质量认证证书或产品生产许可证证书，或省级以上标准化行政主管部门认可的检验机构出具的一年内产品质量合格证书。

五、系统分类

ISO14000作为一个多标准组合系统，按标准性质分三类。

第一类：基础标准——术语标准。

第二类：基础标准——环境管理体系、规范、原则、应用指南。

第三类：支持技术类标准（工具），包括环境审核；环境标志；环境行为评价；生命周期评估。

如按标准的功能，其可以分为两类。

第一类：评价组织，包括环境管理体系；环境行为评价；环境审核。

第二类：评价产品，包括生命周期评估；环境标志；产品标准中的环境指标。

六、标准制度

欧美一些大公司在 20 世纪 80 年代就已开始自发制定公司的环境政策，委托外部的环境咨询公司来调查它们的环境绩效，并对外公布调查结果（这被认为是环境审核的前身），以此证明它们优良的环境管理和引以为自豪的环境绩效。这样做得到了公众对公司的理解，也赢得广泛认可，公司也相应地获得经济与环境效益。为了推行这种做法，到 1990 年年末，欧洲制订了两个有关计划，为公司提供环境管理的办法，使其不必为证明环境信誉而各自采取单独行动。第一个计划为 BS7750，由英国标准所制订第二个计划是欧盟的环境管理系统，称为生态管理和审核法案，其大部分内容来源于 BS7750。很多公司试用这些标准后，取得了较好的环境效益和经济效益。这两个标准在欧洲得到较好的推广和实施。

同时，世界上其他国家也开始按照 BS7750 和 EMAS 的条款，并参照本国的法规的标准，建立环境管理体系。

还有一项具有基础性意义的行动则是 1987 年 ISO 颁布的世界上第一套管理系列标准——ISO9000“质量管理与质量保证”取得了成功。许多国家和地区对 ISO9000 系列标准极为重视，积极建立企业质量管理体系并获得第三方认证，以此作为开展国际贸易，进入国际市场的优势条件之一。ISO9000 的成功经验证明国际标准中设立管理系列标准的可行性和巨大进步意义。因此，ISO 在成功制定 ISO9000 系列的基础上，开始着手制定标准序号为 14000 的系列环境管理标准。因此可以说欧洲发达国家积极推行的 BS7750、EMAS 以及 ISO9000 的成功经验是 ISO14000 系列的基础。

七、五大部分

（1）环境方针。

（2）规划。

（3）实施与运行。

（4）检查与纠正措施。

（5）管理评审。

这五大基本部分包含了环境管理体系的建立过程和建立后有计划评审及

持续改进的循环，以保证组织内部环境管理体系的不断完善和提高。

八、17 要素

（1）环境方针。

（2）环境因素。

（3）法律与其他要求。

（4）目标和指标。

（5）环境管理方案。

（6）机构和职责。

（7）培训、意识与能力。

（8）信息交流。

（9）环境管理体系文件。

（10）文件管理。

（11）运行控制。

（12）应急准备和响应。

（13）监测。

（14）不符合、纠正与预防措施。

（15）记录。

（16）环境管理体系审核。

（17）管理评审。

九、推行意义

企业建立环境管理体系，可减少各项活动所造成的环境污染，节约资源，改善环境质量，促进企业和社会的可持续发展。

（1）实施 ISO14000 标准是贸易的“绿色通行证”。国际贸易中对环保标准 ISO14000 的要求越来越多。

（2）提高企业形象，降低环境风险，在市场竞争中取得优势，创造商机。

（3）提高管理能力，形成系统的管理机制，完善企业的整体管理水平。

（4）掌握环境状况，减少污染，体现“清洁生产”的思想。

（5）节能降耗，降低成本，减少各项环境费用，获得显著的经济效益。

（6）符合“可持续发展”的国策，不受国内外环保方面的制约，享受国内外环保方面的优惠政策，促进企业环境与经济的协调和持续发展。

ISO14000 系列标准归根结底是一套管理性质的标准。它是工业发达国家环境管理经验的结晶，在制定国家标准时又考虑到了不同国家的情况，尽量使标准能普遍适用。它的意义在于促使企业在其生产、经营活动中考虑对环境的影响，减少环境负荷；促使企业节约能源，再生利用废弃物，降低经营成本；促使企业加强环境管理，增强企业员工的环境意识，促使企业自觉遵守环境法律、法规；树立企业形象，使企业能够获得进入国际市场的“绿色通行证”。

十、生命周期

生命周期思想贯穿着 ISO14000 系列标准的主题。它要求组织（公司、企业）对产品设计、生产、使用、报废和回收全过程中影响环境的因素加以控制。基于“环境方针”应体现生命周期思想的思路，TC207 专门成立了生命周期评估技术委员会，用以评价产品在每个生产阶段对环境影响的大小，使组织（公司、企业）能够加以分析改进。

十一、认证流程

ISO14000 管理体系认证，分为初次认证、年度监督检查和复评认证等，具体如下：

1. *初次认证*

（1）企业将填写好的 ISO14000 认证申请表连同认证要求中有关材料上报给认证中心。中心收到申请认证材料后，会对文件进行初审，符合要求后发放受理通知书（这意味着如果材料提交不全，就取得不了受理的资格，更谈不上签合同缴费了。这一点请企业工作人员给以足够重视，以免因此影响进度），申请认证的企业根据受理通知书来中心签订合同。

（2）认证中心收到企业的全额认证费后，向企业发出组成现场检查组的通知，并在现场检查一周前将检查组组成和检查计划正式报企业确认。

（3）现场检查按环境标志产品保障措施指南的要求和相对应的环境标志产品认证技术要求进行，对需要进行检验的产品，由检查组负责对申请认证的产品进行抽样并封样，送指定的检验机构检验。

（4）检查组根据企业申请材料、现场检查情况、产品环境行为检验报告撰写环境标志产品综合评价报告，提交技术委员会审查。

（5）认证中心收到技术委员会审查意见后，汇总审查意见，报认证中心总经理批准。

（6）认证中心向认证合格企业颁发环境标志认证证书、组织公告等。

（7）获证企业如需标识，可向认证中心订购；如有特殊印制要求，应向认证中心提出申请并备案。

2. 年度监督检查

（1）认证中心根据企业认证证书发放时间，制订年检计划，提前向企业下发年检通知。企业按合同要求缴纳年度监督管理费，认证中心组成检查组，到企业进行现场检查工作。

（2）现场检查时，对需要进行检验的产品，由检查组负责抽样并封样，送指定的检验机构检验。

（3）检查组根据企业材料、检查报告、产品检验报告撰写综合评价报告，报认证中心总经理批准。

（4）年度监督检查每年一次。

3. 复评认证

3 年到期的企业，应重新填写 ISO14000 认证申请表，连同有关材料报认证中心。其余认证程序同初次认证。

十二、地位与推广实施

ISO14000 标准强调污染预防和持续改进，要求建立职责明确、运作规范、文件化的监控管理体系，通过合理有效的管理方案和运行程序来达到环境目标和指标，实现环境方针。这套体系如果实施得当，将会在较短的时间内提高企业环境管理水平和员工素质，并有助于企业扩大市场份额，提高产品附加值，实现经济和环境可持续性协调发展。从根本上讲，这与我国外经贸所倡导的“从劳动密集型向技术密集型转变、从粗放型向集约型经济转变”的两个根本性转变，“以质取胜”和“外经贸名牌战略”是完全一致的。因此，我们应当从战略的高度看待 ISO14000，并将其纳入我国的外经贸发展战略。

首先，应该高度重视 ISO14000 工作，将其作为一个能够促进国际贸易，有利于提高企业环境管理水平和人员素质的行之有效的管理工具，抓紧推广和实施。从以往 ISO9000 推行的经验来看，那些及早动手，深刻理解和实施标准精髓的企业都是最大的受益者。在 ISO14000 推行工作中也应借鉴这种做法，及早研究，及早决策，抓紧推广，认真实施，注重吸收国际成功经验，并结合国情和企业实际，解决我国企业的实际问题。

其次，开展 ISO14000 工作应从“利国、利民、兴业”的角度出发，才能达到最终的目的和取得最佳的效果。对于 ISO14000 标准在提高企业环境管理水平、扩大出口、改善环境状况等方面的积极作用，各方面基本上已达成了共识。关键是在 ISO14000 的推广和实施过程中，政府、申请认证企业、认可机构、认证机构、咨询机构、环保科研机构、采购商等相关各方要加强沟通，紧密协作。要多考虑国家利益、人民利益和优秀民族企业的利益，而不囿于部门或机构的小利益，密切配合，才能将 ISO14000 这块蛋糕做大、做好。这样，既有利于 ISO14000 事业的快速、健康发展，也使参加 ISO14000 工作的社会各方尽快得到各自的回报。

最后，应全面地看待 ISO14000 标准。既要看到它的先进性、科学性，代表未来一段时期环境管理的发展方向。同时，ISO14000 具有一定的灵活性，除了要求企业在其环境方针中对遵守有关法律、法规和持续改进做出承诺外，并不规定关于环境表现的绝对要求，两个从事类似活动但环境表现不同的企业，可能都达到 ISO14000 标准要求。可以通过符合本地区而非出口市场所在国的环保法律法规来达到 ISO14000 要求，这体现了贸易的对等原则，有助于消除贸易壁垒。

但是，我们也应该看到，西方发达国家都是在非常好的环境管理经验、环保科技的基础上采用 ISO14000 标准的，在这一点上，包括我们在内的大部分发展中国家与西方发达国家并不处在同一起跑线上，这种劣势有可能通过西方发达国家的严格立法和贸易政策转化成对我出口产品的贸易壁垒。为此，我们应当努力迎头赶上，尽快实施 ISO14000 标准，同时应通过双边和多边贸易协定等国际谈判方式，据理力争，以求为我国的出口企业留出一段推行 ISO14001 标准，与国际接轨的时间。

十三、ISO9000 与 ISO14000 的关系

ISO9000 质量体系认证标准与 ISO14000 环境管理体系标准对组织（公司、企业）的许多要求是通用的，两套标准可以结合在一起使用。世界各国的许多企业或公司都通过了 ISO9000 族系列标准的认证，这些企业或公司可以把在通过 ISO9000 体系认证时所获得的经验运用到环境管理认证中去。新版的 ISO9000 族标准更加体现了两套标准结合使用的原则，使 ISO9000 族标准与 ISO14000 系列标准联系更为紧密了。

附录五　ISO14001

ISO14001是环境管理体系认证的代号。ISO14000系列标准是由国际标准化组织制定的环境管理体系标准。其是针对全球性的环境污染和生态破坏越来越严重，臭氧层破坏、全球气候变暖、生物多样性减少等重大环境问题威胁着人类未来生存和发展，顺应国际环境保护的需求，依据国际经济贸易发展的需要而制定的。

一、范围

本标准规定了对环境管理体系的要求，使一个组织能够根据法律法规和它应遵守的其他要求，以及关于重要环境因素的信息，制定和实施环境方针与目标。它适用于那些组织确定为能够控制，或有可能施加影响的环境因素。但标准本身并未提出具体的环境绩效准则。

本标准适用于任何有下列愿望的组织：

1. 建立、实施、保持并改进环境管理体系

2. 使自己确信能符合所声明的环境方针

3. 通过下列方式展示对本标准的符合

（1）进行自我评价和自我声明。

（2）寻求组织的相关方（如顾客）对其符合性予以确认。

（3）寻求外部对它的自我声明予以确认。

（4）寻求外部组织对其环境管理进行认证/注册。

本标准规定的所有要求都能纳入任何一个环境管理项目。其应用程度取决于诸如组织的环境方针、它的活动、产品和服务的性质以及它的运行场所

及条件等因素。

二、引用标准

无引用标准。保留本章是为了使本版中的章节号和前一版（GB/T24001—1996）保持一致。

三、术语和定义

下列术语和定义适用于本标准。

（1）审核员：有能力实施审核的人员。

（2）持续改进：不断对环境管理体系进行强化的过程，目的是根据组织的环境方针，实现对环境绩效的改进。

注：该过程不必同时发生于活动的所有方面。

（3）纠正措施：为消除已发现的不符合的原因所采取的措施。

（4）文件：信息及其承载媒介。

注：媒介可以是纸张，计算机磁盘、光盘或其他电子媒体，照片或标准样品，或它们的组合。

（5）环境：组织运行活动的外部存在，包括空气、水、土地、自然资源、植物、动物、人，以及它们之间的相互关系。

注：从这一意义上，外部存在从组织内延伸到全球系统。

（6）环境因素：一个组织的活动、产品和服务中能与环境发生相互作用的要素。

注：重要环境因素是指具有或能够产生重大环境影响的环境因素。

（7）环境影响：全部或部分地由组织的环境因素给环境造成的任何有害或有益的变化。

（8）环境管理体系（EMS）：组织管理体系的一部分，用来制定和实施其环境方针，并管理其环境因素。

注1：管理体系是用来建立方针和目标，并进而实现这些目标的一系列相互关联的要素的集合。

注2：管理体系包括组织结构、策划活动、职责、惯例、程序、过程和资源。

（9）环境目标：组织依据其环境方针规定的自己所要实现的总体环境目的。

（10）环境绩效：组织对其环境因素进行管理所取得的可测量结果。

注：在环境管理体系条件下，可对照组织的环境方针、环境目标、环境指标及其他环境绩效要求对结果进行测量。

（11）环境方针：由最高管理者就组织的环境绩效正式表述的总体意图和方向。

注：环境方针为采取措施，以及建立环境目标和环境指标提供了一个框架。

（12）环境指标：由环境目标产生，为实现环境目标所需规定并满足的具体的绩效要求，它们可适用于整个组织或其局部。

（13）相关方：关注组织的环境绩效或受其环境绩效影响的个人或团体。

（14）内部审核：客观获取审核证据并予以评价，以判定组织对其设定的环境管理体系审核准则满足程度的系统的、独立的、形成文件的过程。

注：在许多情况下，特别是对于小型组织，独立性可通过与所审核活动无责任关系来体现。

（15）不符合：未满足要求。

注：此术语在 GB/T19000—2000 中为“不合格（不符合）”。

（16）组织：具有自身职能和行政管理的公司、集团公司、商行、企事业单位、政府机构、社团或其结合体，或上述单位中具有自身职能和行政管理的一部分，无论其是否有法人资格，国有或私营。

注：对于拥有一个以上运行单位的组织，可以把一个运行单位视为一个组织。

（17）预防措施：为消除潜在不符合原因所采取的措施。

（18）污染预防：为了降低有害的环境影响而采用（或综合采用）过程、惯例、技术、材料、产品、服务或能源以避免、减少或控制任何类型的污染物或废物的产生、排放或废弃。

注：污染预防可包括污染源削减或消除，过程、产品或服务的更改，资源的有效利用，材料或能源替代，再利用、回收、再循环、再生和处理。

（19）程序：为进行某项活动或过程所规定的途径。

注：程序可以形成文件，也可以不形成文件。

四、环境管理体系要求

1. 总要求

组织应根据本标准的要求建立实施、保持和持续改进环境管理体系，确定如何实现这些要求，并形成文件。

组织应界定环境管理体系的范围，并形成文件。

2. 环境方针

最高管理者应确定本组织的环境方针，并在界定的环境管理体系范围内，确保其：

（1）适合于组织活动、产品和服务的性质、规模和环境影响。

（2）包括对持续改进和污染预防的承诺。

（3）包括对遵守与其环境因素有关的适用法律法规要求和其他要求的承诺。

（4）提供建立和评审环境目标和指标的框架。

（5）形成文件，付诸实施，并予以保持。

（6）传达到所有为组织或代表组织工作的人员。

（7）可为公众所获取。

3. 策划

（1）环境因素。

组织应建立、实施并保持一个或多个程序，用来：

a）识别其环境管理体系覆盖范围内的活动、产品和服务中能够控制、或能够施加影响的环境因素，此时应考虑到已纳入计划的或新的开发、修改的活动、产品和服务等因素；

b）确定对环境具有或可能具有重大影响的因素（即重要环境因素）。

组织应将这些信息形成文件并及时更新。

组织应确保在建立、实施和保持环境管理体系时，对重要环境因素加以考虑。

（2）法律法规和其他要求。

组织应建立、实施并保持一个或多个程序，用来：

a）识别适用于其活动、产品和服务中环境因素的法律法规和其他应遵守的要求，并建立获取这些要求的渠道；

b）确定这些要求如何应用于组织的环境因素。

组织应确保在建立、实施和保持环境管理体系时，对这些适用的法律法规和其他要求加以考虑。

（3）目标、指标和方案。

组织应对其内部有关职能和层次，建立、实施并保持形成文件的环境目标和指标。

如可行，目标和指标应可测量。目标和指标应符合环境方针，并包括对污染预防、持续改进和遵守适用的法律法规及其他要求的承诺。

组织在建立和评审目标和指标时，应考虑法律法规和其他要求，以及自身的重要环境因素。此外，应考虑可选的技术方案，财务、运行和经营要求，以及相关方的观点。

组织应制订、实施并保持一个或多个用于实现其目标和指标的方案，其中应包括：

a）规定组织内各有关职能和层次实现目标和指标的职责；

b）实现目标和指标的方法和时间表。

4. 实施与运行

（1）资源、作用、职责和权限。

管理者应确保为环境管理体系的建立、实施、保持和改进提供必要的资源。资源包括人力资源专项技能、组织的基础设施以及技术和财力资源。

为便于环境管理工作的有效开展，应对作用、职责和权限做出明确规定，形成文件，并予以传达。

组织的最高管理者应任命专门的管理者代表，无论他（们）是否还负有其他方面的责任，应明确规定其作用、职责和权限，以便：

a）确保按照本标准的要求建立、实施和保持环境管理体系；

b）向最高管理者报告环境管理体系的运行情况以供评审，并提出改进建议。

（2）能力、培训和意识。

组织应确保所有为它或代表它从事被确定为可能具有重大环境影响的工作的人员，都具备相应的能力。该能力基于必要的教育、培训或经历。组织应保存相关的记录。

组织应确定与其环境因素和环境管理体系有关的培训需求并提供培训，或采取其他措施来满足这些需求。应保存相关的记录。

组织应建立、实施并保持一个或多个程序，使为它或代表它工作的人员都意识到：

a）符合环境方针与程序和符合环境管理体系要求的重要性；

b）他们工作中的重要环境因素和实际的或潜在的环境影响，以及个人工作的改进所能带来的环境效益；

c）他们在实现与环境管理体系要求符合性方面的作用与职责；

d）偏离规定的运行程序的潜在后果。

（3）信息交流。

组织应建立、实施并保持一个或多个程序，用于有关其环境因素和环境管理体系的：

a）组织内部各层次和职能间的信息交流；

b）与外部相关方联络的接收、形成文件和回应。

组织应决定是否就其重要环境因素与外界进行信息交流，并将决定形成文件。如决定进行外部交流，就应规定交流的方式并予以实施。

（4）文件。

环境管理体系文件应包括：

a）环境方针、目标和指标；

b）对环境管理体系的覆盖范围的描述；

c）对环境管理体系主要要素及其相互作用的描述，以及相关文件的查询途径；

d）本标准要求的文件，包括记录；

e）组织为确保对涉及重要环境因素的过程进行有效策划、运行和控制所需的文件和记录。

（5）文件控制。

应对本标准和环境管理体系所要求的文件进行控制。记录是一种特殊的文件，应该按照要求进行控制。

组织应建立、实施并保持一个或多个程序，以规定：

a）在文件发布前进行审批，确保其充分性和适宜性；

b）必要时对文件进行评审和更新，并重新审批；

c）确保对文件的更改和现行修订状态做出标识；

d）确保在使用处能得到适用文件的有关版本；

e）确保文件字迹清楚，标识明确；

f）确保对策划和运行环境管理体系所需的外部文件做出标识，并对其发放予以控制；

g）防止对过期文件的非预期使用。如须将其保留，要做出适当的标识。

（6）运行控制。

组织应根据其方针、目标和指标，识别和策划与所确定的重要环境因素有关的运行流程，以确保它们通过下列方式在规定的条件下进行：

a）建立、实施并保持一个或多个形成文件的程序，以控制缺乏程序文件而导致偏离环境方针、目标和指标的情况；

b）在程序中规定运行准则；

c）对于组织使用的产品和服务中所确定的重要环境因素，应建立、实施并保持程序，并将适用的程序和要求通报供方及合同方。

（7）应急准备和响应。

组织应建立、实施并保持一个或多个程序，用于识别可能对环境造成影响的潜在的紧急情况和事故，并规定响应措施。

组织应对实际发生的紧急情况和事故做出响应，并预防或减少随之产生的有害环境影响。

组织应定期评审其应急准备和响应程序。必要时对其进行修订，特别是当事故或紧急情况发生后。

可行时，组织还应定期试验上述程序。

5. 检查

（1）监测和测量。

组织应建立、实施并保持一个或多个程序，对可能具有重大环境影响的运行的关键特性进行例行监测和测量。程序中应规定将监测环境绩效、适用的运行控制、目标和指标符合情况的信息形成文件。

组织应确保所使用的监测和测量设备经过校准或验证，并予以妥善维护。且应保存相关的记录。

（2）合规性评价。

a）为了履行遵守法律法规要求的承诺，组织应建立、实施并保持一个或多个程序，以定期评价对适用法律法规的遵守情况。

组织应保存对上述定期评价结果的记录。

b）组织应评价对其他要求的遵守情况。这可以和对适用法律法规的遵守情况的评价一起进行，也可以另外制定程序，分别进行评价。

组织应保存上述定期评价结果的记录。

（3）不符合、纠正措施和预防措施。

组织应建立、实施并保持一个或多个程序，用来处理实际或潜在的不符合，采取纠正措施和预防措施。程序中应规定以下方面的要求：

a）识别和纠正不符合，并采取措施减少所造成的环境影响；

b）对不符合进行调查，确定其产生原因，并采取措施避免再度发生；

c）评价采取措施以预防不符合的需求；实施所制定的适当措施，以避免不符合的发生；

d）记录采取纠正措施和预防措施的结果；

e）评审所采取的纠正措施和预防措施的有效性。

所采取的措施应与问题和环境影响的严重程度相符。

组织应确保对环境管理文件进行必要的更改。

（4）记录控制。

组织应根据需要，建立并保持必要的记录，用来证实对环境管理体系和本标准要求的符合，以及所实现的结果。

组织应建立、实施并保持一个或多个程序，用于记录的标识、存放、保护、检索、留存和处置。

环境记录应字迹清楚，标识明确，并具有可追溯性。

（5）内部审核。

组织应确保按照计划的时间间隔对管理体系进行内部审核。目的是：

a）判定环境管理体系是否符合组织对环境管理工作的预定安排和本标准的要求；是否得到了恰当的实施和保持。

b）向管理者报告审核结果。

组织应策划、制订、实施和保持一个或多个审核方案，此时，应考虑到相关运行的环境重要性和以前的审核结果。

应建立、实施和保持一个或多个审核程序，用来规定：

策划和实施审核及报告审核结果、保存相关记录的职责和要求；

审核准则、范围、频次和方法。

审核员的选择和审核的实施均应确保审核过程的客观性和公正性。

6. 管理评审

最高管理者应按计划的时间间隔，对组织的环境管理体系进行评审，以确保其持续适宜、充分性和有效性。评审应包括评价改进的机会和对环境管理体系进行和修改的需求，包括环境方针、环境目标和指标的修改需求。应保存管理评审记录。

管理评审的输入应包括：

a）内部审核和合规性评价的结果；

b）来自外部相关方的交流信息，包括抱怨；

c）组织的环境绩效；

d）目标和指标的实现程度；

e）纠正和预防措施的状况；

f）以前管理评审的后续措施；

g）客观环境的变化，包括与组织环境因素有关的法律法规和其他要求有关的发展变化；

h）改进建议。

管理评审的输出应包括为实现持续改进的承诺而做出的，与环境方针、目标、指标以及其他环境管理体系要素的修改有关的决策和行动。

五、ISO14001 程序文件

据报道，ISO14001、ISO14010—14014 可能被列入现有的美国环境法规条文中，由此美国一些大的跨国公司已迅速制订 ISO14000 认证计划；澳大利亚、瑞士和土耳其已经采用 ISO14000 标准，日本通产省也已要求日本本土的公司于 1996 年年底前做好实施 ISO14000 系列标准的准备工作。欧盟可能会制定一个中间性文件，以解释 ISO14000 系列标准与欧盟的 EMAS 间的联系，它还可能将 ISO14000 系列标准设为欧盟标准。加拿大每一个城市都成立了推行 ISO14000 办公室，加拿大已有 56 家大公司通过了 ISO14000 认证。在亚洲，ISO14000 系列标准是解决亚洲环境执法问题的良药。许多国家在制定有效的环保法律方面或是在执行法律方面存在令人头痛的问题，ISO14000 系列标准要求组织内部建立环境管理体系，而且要求组织必须符合所在国的环境法律、法规，这就为组织提供了一种符合方法。菲律宾委托欧盟的一些咨询公司开展培训，仅 1995—1996 年已举办了二十余期 ISO14000 系列标准的审核员培训。英国环境审核师注册协会已受理了大批经过培训的技术人员的申请，已有数百人获得审核师与助理审核师的资格证书，这部分人员将活跃于世界各国，积极从事 ISO14000 系列的工作。

ISO14001 环境管理体系标准在区域内实施的目的

ISO14001 标准实施的目的是帮助组织实现环境目标与经济目标的统一，支持环境保护和污染预防，这是国际标准化组织起草和实施这一系列标准的根本出发点，也应成为区域实施标准、建立体系的最终目标。标准不仅是为了强调区域应该达到什么要求，更主要是为区域建立一个不断持续改进的管理体系。标准的实施同时有助于消除国际贸易中各国就环境问题而设置的非关税壁垒，这种贸易障碍已在近几年成为世界关注的焦点问题，并且正在成为最大的非关税壁垒，阻碍着发展中国家向发达国家输出产品。这一国际标准的出台，将改变这一领域的各自为政的局面，形成以各国法律、法规为基础的环境管理标准，为发展中国家在体系的建立与认证方面提供了较大空间，同时为发展中国家的企业环境行为提出了较高的目标，创造了跟上国际环境管理发展形势的契机。

环境管理体系是一项内部管理工具，旨在帮助组织实现自身设定的环境表现水平，并不断地改进环境行为，不断达到更新更佳的目标。

六、如何建立环境管理体系

1. 最高管理者决定

环境管理体系的建立和实施需要组织人、财、物等资源，因此，必须首先得到最高管理者的明确承诺和支持，同时，由最高管理者任命环境管理者代表，授权其负责建立和维护体系，保证此项工作的领导作用。

2. 建立完整的组织机构

组建一个推进环境管理体系建立和维护的领导班子和工作组。企业应在原有组织机构的基础上，组建一个由各有关职能和生产部门负责人组成的领导班子对此项工作进行协调和管理，此外以某个部门（如负责环保工作的部门）为主体，加上其他有关部门的有关人员，组成一个工作组，承担具体工作。明确各个部门的职责，形成一个完整的组织机构，保证该工作的顺利开展。

3. 人员培训

对企业有关人员进行培训，包括环境意识、标准、内审和其他与建立体系有关的，如初始环境评审和文件编写方法和要求等多方面的培训，使企业人员了解和有能力从事环境管理体系的建立实施与维护工作。

4. 初始环境评审

它是对组织环境现状的初始调查，包括正确识别企业活动、产品、服务中产生的环境因素，并判别出具有和可能具有重大影响的重要环境因素；识别组织应遵守的法律和其他要求；评审组织的现行管理体系和制度，如环境管理、质量管理、行政管理等，以及如何与ISO14001标准相结合。

5. 体系策划

在初始环境评审的基础上，对环境管理体系的建立进行策划，以确保环境管理体系的建立有明确要求。

6. 文件编写

同ISO9000一样，ISO14001要求文件化，可分为手册、程序文件、作业指导书等层次。企业应根据ISO14001标准的要求，结合自身的特点和基础编制出一套适合的体系文件，满足体系有效运行的要求。

7. 体系试运行

体系文件完稿并正式颁布，该体系按文件的要求开始试运行。其目的是通过体系实际运行，发现文件和实际实施中存在的问题，并加以整改，使体系逐步达到适用性、有效性和充分性。

8. 企业内部审核

根据ISO14001标准的要求，企业应对体系的运行情况进行审核。由经过培训的内审人员通过企业的活动、服务和产品对标准各要素的执行情况进行审核，发现问题，及时纠正。

9. 管理评审

根据标准的要求，在内审的基础上，由最高管理者组织有关人员对环境管理体系从宏观上进行评审，以把握体系的持续适用性、有效性和充分性。